사랑하는 우리 친가, 외가, 이모가의 모든 어른들과,
꺾은 100년 가까이 마음 편하게, 이 책을 쓰도록 성실히 내조해 준
아내 이정자에게 이 책을 바칩니다.

들머리

정만서는 개화기 때 실존한 코미디언이다. 정만서는 괴짜 중의 괴짜인 경주 사람이다. 정만서는 인생을 만화처럼 살다 간 위인이다. 정만서는 거꾸로 선(물구나무선) 채 세상을 바라본 조선시대 마지막 해학가였다.

그의 얘기는 걸쭉하고 조금은 너저분하다. 그의 얘기는 남을 골리는 데 묘미가 있다. 그에겐 밤낮없이 술이 있어야만 했다. 그는, 꼴리는 대로 행동하면서도 부끄러움을 몰랐다.

정만서란 존재는, '낄낄낄'하는 식의 재담으로 얄팍한 웃음을 자아내도록 하는 개그맨이 아니라, '으흐흐흐'하거나 '클클클클'하는, 자다가도 웃을 법한, 중후한 웃음을 유발시키는 웅숭깊은 해학가라 할 수 있다.

말하자면 '김기사 운전해!' '그냥 내비 둬' 또는 '그까이 꺼 뭐, 대충' 하는 정도로 대여섯 단어 수준의 말장난이 아니라, 타의 추종을 불허하는 깊은 웃음을 끌어내는 그런 익살꾼이요 코미디언이다.

요즘 개그는, 코앞에서 알찐거리는 초파리를 손뼉을 쳐서 잡는 수준이지만, 정만서의 고전 코미디는 하늘 높이 훨훨 날아가는 도요새를 곤두박질치게 하는 고차원적인 일면을 간직했달 수 있다.

정만서는 재담가가 아니라 속 깊은 익살을 아는 골계 처사다.

정만서는 자기가 스스로 남을 웃기겠답시고 행동한 적은 한 번도 없다. 다만 결과적으로 그의 말이나 행동을 지켜본 사람들이 웃을 수밖에 없도록 만드는 마력을 지녔다.

상대를 계략으로 얽어 맬 때는 옴짝달싹 못하도록 외곬으로 몰아붙이는 순발력도 있었지만, 남의 계략에 모르는 사이 스스로 옥말리거나 자기 꾀에 헛 감겨들어 세인의 비난을 받은 적도 없지 않은 것이 정만서의 일생이다. 수구와 개화의 물결이 정신없이 소용돌이치는 개화기 때, 소외된 계층으로 억눌려 살 수밖에 없었던 상황이지만, 반골인 정 공(鄭公)은 야인답게 기지(奇智)와 풍자(諷刺)와 골계(滑稽)로써 어긋나게 살기를 고집하였으니, 그에게는 항상 술이 있어야 했고 들이 마신 술만큼 익살을 토해 냈던 것이다.

이 책에 실린 얘기는 '초당방'에서 한 입 건너 두 입으로 전해오는 얘기들을 오랜 기간 동안 필자가 수집해서 '석유협회보'를 비롯한 여러 매체에 발표한 것들을 한데 묶어 비로소 집대성한 것이다.

넉넉한 웃음, 건강한 웃음은 생활의 활력소인 까닭에, 소탈하게 웃으면 가슴에 응어리진 감정의 매듭까지도 풀리게 마련이다. 혹시라도 이 하잘것없는 글이, 웃음이 메마른 현대인들에게 작은 웃음을 선사해 줄 수만 있다면 더 없이 큰 생광인 것을.

하루를 살아도 웃으며 살자. 으허허허. 크크크크!

긴 세월 동안 자료 수집에 기꺼이 응해 주신 고향의 여러 어르신들과, 반도체 전문가면서 쉬지 않고 일러스트레이션을 맡아 준 김성영 박사에게 감사를 드린다. 그리고 이책이 나오도록 주선해 주신 서울대학교 최명옥 교수님과 도서출판 '역락'의 이대현 사장님 고맙습니다. 이 좋은 책을 손수 만들어 주신 글누림출판사의 최종숙 대표이사님과 이홍주 국장님, 이태곤 편집장님, 안혜진, 임애정, 전희성님 등 관계자 여러분께도 고마움을 표합니다. 또한 묵묵히 성원을 보내준 한수네, 보슬네, 병수네와도 함께 이 즐거움을 나누고 싶다.

2011, 늦여름 꾀꼬리 소리 흐드러진 신갈 집에서
사투리 김주석 삼가 씀.

| 차 례 |

들머리 | 5

제1마당 등 따습고 배부르니

배 없는 강나루 | 16
핫바지 덕에 벼락감투 | 22
통빨래의 구변(口辯) | 27
깨진 벼루 진상(進上) | 33
내 코를 베어 팔겠다 | 39
고맙다 소리는 못할망정 | 41
사방(士方)으로 갈까, 사방(四方)으로 갈까 | 48
장독간 풀을 뜯으려고 | 53
죽음의 철학 | 58
명성황후 시해범은 누구였나 | 64
등 따습고 배부르니 | 66

제2마당 병풍 치고 실례

밀 장수의 허욕 | 76
목신 붙은 나뭇바리 | 87
눈 뜨면 코 베어 갈 세상 | 93
암캐 잡은 셈 치라니까 | 98
병풍 치고 실례 | 102
사람 새끼 낳는 비방(秘方) | 107
병 주고 약 주기 | 112
떡보리와 꿀보리 | 118
무리풀의 효험 | 124
거문고와 방앗공이 | 129
산삼 먹인 약돼지 | 134
죽음이 초죽음 | 140

제3마당 맞돈 낸 돼지들

돼지도 맞돈 내고 먹는 줄 알고 | 148
내 속에서 나온 것이 죽었기에 | 154
공짜로 먹는 복어국 | 159
돈 나올 모퉁이 죽을 모퉁이 | 164
못굴을 빼보려다 | 174
백지장도 맞들면 가벼운데 | 179
나들이고누의 잔재미 | 185
곱사등이 고치는 비방? | 191
이캉 기생 화선이캉 | 197
단발령과 명주 도둑 | 203

제4마당 덧가래 걸린 담배 장수

닭은 닭, 봉(鳳)은 봉 | 212
서 찰방(徐察訪)의 몰풍류 | 218
수탉은 계란을 낳지 않는다 | 223
덧가래 걸린 담배 장수 | 228
방구들이 '너 근 반' | 234
빌린 변소 팔아먹기 | 239

제5마당 큰애기 젖가슴

도둑 뽀뽀 | 248
니노지산과 정만서 | 253
큰애기 젖가슴 | 259
원수 놈을 잡을 심산으로 | 262
직격탄에 유구무언 | 268
네가 봤나, 봤냐고! | 273
해를 삼킨 버버리 | 276

제6마당 젖은 엽초로 팔도 유람

젖은 엽초로 팔도 유람 | 284
어긋난 말잔치 | 289
조선시대 무전여행법 | 295
남의 묘에 벌초 | 305
언양 멧돼지 '똘똘또올' | 311
미동 동무와 삼대 벌초 | 316
벙거지 속의 예쁜 새 | 325
정만서의 비문 | 330

"뭐? 범이 죽어? 흠, 범이(호랑이가) 죽었단 말이렷다! 그 어더매(어디에) 사는 포수가 불질을 했는지 모르지만, 그 놈의 포수 참, 불질 한 번 잘하는 포순 모양이로군. 범을 잡다니? 범을……. 그 참, 명포수로군, 명포수야! 내 그 포수를 만나서 술 한 잔 해야겠군!"

제1마당
등 따습고 배부르니

배 없는 강나루

 길손들이 장마 때마다 겪어야 했던 가장 큰 곤란은 '물 건너기[越川]'였다. 나룻배라도 있는 강나루는 차치하더라도, 웬만한 데는 외나무다리나 징검다리가 놓여 있었지만 장마 때는 그것들마저 홍수에 떠내려갔으니 탈이 날 수 밖에…….
 물을 건널 때 한국인은 너나없이 꼭 신을 벗는다. 이는 구두를 신은 채 물을 건너는 서양 사람들과는 완전히 상반되는 일면이다. 유목민인 저들이야 강을 건널 때마다 구두를 벗었다가 다시 신을 틈이 없을 테지만, 농경민족인 우리야 때마다 짚신을 물에다 적실 수는 없는 노릇이라서 생겨난 습속일 성싶다.
 지금은 매우 생경(生硬)한 말이 됐으나, 전시대에는 '물 건너기'를 '월천'이라 했고, 인정전(人情錢)이라는 팁을 받고 길손을 업어 건네주는 하천(下賤)을 '월천꾼'이라 불렀다.
 다음은 경주 형산강의 강동(江東) 여울목에서 일어난 월천꾼의 실화다. 내로라하는 '양동(良洞 민속마을)'에서 뼈대만 찾던 꾀죄죄한 도포짜리가 강을 건너려니 다리가 간 곳이 없어 매우 곤란스럽게 됐다. 마침 들녘에서 가래질을 하는 한 농부가 보였다.

"여봐라야!"

상놈 위에 양반이 군림하던 시절이라, 도포짜리는 마지못해 다가서는 농부에게 당장 양반의 월천꾼이 되란다. 안 그래도 장마 통에 짜증이 난 농부가 도포짜리의 입성을 살펴보니 명색만 양반입네 했지 실속은 없게 보여, 속으론 밸이 잔뜩 꼴렸지만 내색은 않고 등을 돌려 댔다. 아무 소리 않고 강의 복판쯤 업고 갔을 때 조심성 없는 농부의 첨벙거리는 발길에 튀어 오른 흙탕물이 양반의 바지를 적시고 말았다. 이에 화가 치민 그 알량한 양반이 한 마디 했다.

"애햄, 자네 성이 멍공(뭔가)? 나는 양동 이씨(良洞 李氏)로되, 애햄, 자네한테 말을 놓네!"

도포짜리가 '해라조'로 마구잡이로 내리누르는 것이 아닌가? 화가 치민 농부는, '끼놈, 맛 좀 뵈 주어야겠다' 싶었다.

"아항, 그으래? 그렇다면, 나도 놓네!"

농부는 업고 있던 깍지 낀 손을 탁 풀어 버리자 그 양반은 맥없이 흙탕물 속에 '철버덩' 빠져버렸다.

이렇듯, 여울목에선 월천꾼의 애환이 담긴 이야기도 흔치만, 여기서 우리는 시선을 정만서(1836~1896)한테 돌려보자.

독자들도 익히 알다시피, 비록 알건달인 정 공(鄭公)이지만 입심 하나만은 확실히 살아 있었다. 그는 만나는 기생(妓生)이나 한량에게 풍류남아답게, "우리 집 벽화에는 청룡황룡(靑龍黃龍)이 굽이치고, 안채와 사랑채 사이엔 강물이 가로 흘러 낚시질을 즐길 만하며, 나아가 방안에 누워서도 하늘에 총총한 별빛을 보며 시흥(詩興)을 돋울 만하다."고 너스레를 떨었다.

이렇듯 통이 큰 정 공의 부(富)와 호협함에 홀딱 반한 어느 기생이 몸까지 바치고, 급기야는 '연당 안의 별당'을 차지할 욕심으로 정 공을 따라나섰다.

정 공의 거처는 과연 고대광실 높다란 누각이었을까? 칠락팔락 조선팔도를 쏘다니던 정 공은 집안일을 돌아보는 일이 없었으니[不顧家事] 그의 단칸 오막살이는 이엉 구경도 못한 채 몇 해를 묵혔는지 모를 정도였다.

지붕은 썩어서 푹 꺼진데다, 거기 쑥대는 길길이 자랐으며, 귀퉁이 쪽 서까래는 나팔을 불고 있었다(이엉이 벗겨져 맨 서까래가 하늘을 보고 훤히 드러나 있었다). 이 정도였으니 방안에서도 하늘의 별이 보였을 터였다. 더구나 쇠지랑물(외양간 뒤에 괸, 소의 오줌이 썩어서 검붉게 된 물)보다 더 짙은 지붕 썩은 물이 벽을 타고 흘러내리며 온통 바람벽에다 환칠을 한 것이 바로 청룡황룡을 그린 것 같았다. 또 방구들에는 천장에서 떨어진 빗물이 흘러가기 좋도록 하느라 도구(導溝)를 쳤고, 마당에는 도랑이 파여서 미꾸라지와 올챙이 떼가 물장구를 치고 있었으니 생판 거짓은 아닌 셈이었다.

어느 날 불쑥 정 공이 본가에 들렸다. 부인은 천장에서 새는 빗물을 받느라 그릇이란 그릇들을 몽땅 방바닥에 늘어놓고 도구 저쪽에 쪼그리고 앉아 있었다. 그 반대쪽에 웅크리고 앉아 하염없이 그릇에서 흘러넘치는 빗물을 바라보던 정 공의 뇌리에 문득 한 생각이 떠올랐다.

'비오는 날엔 살찐 약병아리나 한 마리 고아 화주 잔을 기울이면……. 쩝쩝…….'

그러자 술 생각이 간절해서 입맛부터 다셔졌다. 하지만 그것도 잠시일 뿐, 그릇에 고인 물이 호수인 듯 느껴지자 그는 이내 바늘을 휘어 담뱃대 끝에다 매달고서는 용을 낚는답시고 앉아 시흥에 젖어, 월산대군(月山大君)의,

추강에 밤이 드니 물결이 차노매라,
낚시 드리우니 고기 아니 무노매라……

를 흥얼거리게끔 되고 말았지만, 집이 새는 것을 두고 매월당 김시습이 읊은 '옥루탄'의 풍류와는 격이 다름을 본다.

집이 줄줄 새니 심란스러워	屋漏淋冷意不平
보던 책 내던지고 엉거주춤 눕는다	抛書偃臥壓愁城
엇갈리는 빗발에 문밖이 자욱하고	廉纖疎雨千山暝
바람에 못 견뎌 나무들이 우짖는다	料峭長風萬樹鳴
지사의 가슴은 절의뿐인데	志士胸襟存節義
사나이의 기개는 공명에 있는 듯	壯夫氣槪立功名

공명도 절의도 내 할 탓이다만 　　　　功名節義皆吾事
득실이 달라서 아쉽다니까. 　　　　　得失相傾恨莫幷

잠자코 이를 지켜보던 이 씨 부인이 서러운 눈을 들어 원망 섞인 어조로 부아를 돋우며, 부부싸움을 건다.
"아이고, 여보소! 사람이 어찌 그러합니까? 매일같이 술만 먹고 나돌아 다니지 말고, 집구석도 좀 돌볼 일이지, 그래? 지붕에서 비가 새어서 이것이 무진 꼴잉기요? 야?(무슨 꼴입니까? 네?)"
부인이 긁어대는 바가지를 한 귀 준 채 듣고만 있는 듯하던 정만서의 눈에 이글이글 불이 타올랐다. 일촉즉발! 하지만 조강지처(糟糠之妻 : 지게미와 쌀겨로 끼니를 이을 때의 아내라는 뜻으로, 몹시 가난하고 천할 때에 고생을 함께 겪어 온 아내를 이르는 말)를 어찌할 것인가? 눙쳐야만 해학가시지!

"그놈의 것, 참! 격강천리(隔江千里)라고 강이 가로막혀 못 건너가서 망정이지……. 나룻배만 있으면 당장 잡아타고 건너가서 요절 결딴을 내고 말 일이언만, 나룻배가 없으니 어찌할꼬? 그렇다고 월천꾼을 부르기도 뭣하고……. 어흠 어흠! 거 임자 오늘 배 없는 덕 톡톡히 본 줄이나 아시오?"

 모름지기 부부싸움은 이쯤 되어야 제격을 논할 만하지.

> 도움말 : 徐시노, 이기수, 金鶴鳳, 李慶五

핫바지 덕에 벼락감투

갑신정변(甲申政變, 1884)이 일어나기 전까지만 해도, 선비들이 객관적으로 사회적인 추앙을 받을 수 있는 첩경이라면 과거에 급제하여 벼슬길에 오르는 것이었으나, 벼슬이란 걸 더럽고 치사하게 여긴 정만서는 아예 먹물[學問]들과는 담을 쌓아 온 처지인지라 나이가 듬뿍 든 지금에 와서 새삼스럽고 '가로늦게(뒤늦게)' 과거를 본다는 것도 열없는(좀 겸연쩍고 부끄러운) 노릇이라 여겨졌다.

더구나, 당시의 부패한 관리들은, 무엇보다 제 밑천부터 뽑을 양으로, 돈을 받고 벼슬자리를 공공연히 팔아먹던 시절이었기에, 그 짓이 도무지 고깝고 아니꼬운 정만서는, 괴나리봇짐을 둘러메고 방랑을 일삼아 온 터였다.

그러나 젊은이들이 '사랑과 돈'을 무척 소중히 여기는 것 이상으로, 늙은이들은 '명예'를 보다 중히 여긴다는 것이 사회심리학자들의 공통된 견해이고 보면, 젊어서부터 당찬 해학(諧謔)으로 세상을 누비고, 모든 걸 비웃으며 살아온 정 공(鄭公)이지만 이마의 주름살이 늘어남에 따라 차츰 늙은이의 속성이 싹트기 시작하였음일까?

당시에 대구의 경상 감영에서 보이던 향시(鄕試)나, 한양에서 시행하던 생진과(生進科)의 초시(初試)에만 붙더라도 어엿한 정 초시로서 사회적인 우대를 받을 수도 있었고, 나아가서 한양에서 행하던 소과(小科)에 급제하는 날엔 백패를 받음은 물론, '진사(進士)'라 하여 살인죄를 범하지 않는 한 결코 체포 당하지 아니하는, 즉 요즘으로 치자면 국회의원쯤 되는 특권까지 누릴 수 있었으니, 사회적인 갖은 수모를 겪어 온 정 공으로서야 은근한 속마음으로 벼슬을 갖고 싶은 심정이 전혀 없지는 않았다.

필자가 덜 부지런해서 그런지, 불행히도 지금껏 정 공의 시 한 수조차 찾아내지 못한 형편이지만, 그가 늙도록 필낭을 허리춤에 차고 다녔다는 증언(朴龍淳 옹의 증언)을 토대로 미루어 볼 때, 그도 끝끝내 사회적인 일상사를 헌신짝처럼 버릴 수는 없었던 것으로 짐작된다.

남들이 돈으로든, 배경으로든, 물불 가리지 않고 모든 부정한 수단과 방법을 써서 억지로라도 과거에 붙어 가지고는, 그래도 과거에 붙었답시고, 마을 어귀에다 화짓대(솟대)를 세우는 꼴이 정 공의 명예욕에다 불을 붙였음일까? 그는 막말로, '빌어먹을 세상! 밑이 지나 걸이 지나(손해를 보거나 간에) 과거장이란 데가 어떤 덴지 한 번 가 보기나 해야겠다'는 오기가 생겨, 후학(後學) 패거리들이 한양으로 과거보러 가는 틈에 꼽사리를 끼었다.

때는 마침 한여름 삼복 때였으니 해는 오죽이나 길며, 덥기는 또 얼마나 더웠으랴!

달랑 불알 두 쪽뿐인 빈털터리 정 공이 과거장에 입고 간 입성을 보면, 삼동에나 쓰는 휘양(추울 때 머리에 쓰는 모자의 한 가지. 원말은 휘항(揮項))에다 검정 핫바지 저고리 위에 너덜한 도포자락을 걸친 한겨울 차림이었다.

남들은 모두 잠자리 날개 같은 모시옷을 입고서도 덥다고 헉헉거리는 뙤약볕 아래서, 핫옷을 두른 채 콩죽 같은 땀을 쏟으면서도 턱을 덜덜 떨고 있는 살짝곰보를 상시관(上試官)인들 놓칠쏘냐? 얼음물에 들어앉고 싶은 판국에 '생뜸질(생으로 하는 찜질)'을 하는 정 공의 몰골을 뜯어보던 상시관(上試官 : 과거 시험의 시관(試官) 가운데 우두머리)은 속으로, '무슨 화상(和尙)이 저런 화상이 다 있을까?' 싶어 큰 기침 속에 가래를 잔뜩 끌어올리며, 지갈스레(일부러 꾸며서 젠체하며 목청을 길게 빼고 거드름을 피우거나 느릿느릿 행동하며) 물었다.

"자네는 어느 고을에서 올라온 선비인공?"

"예, 경주서 올러 온 사람입니다. 덜덜덜덜."

"그런데 어인 연고로, 이 복중에 핫옷에다 휘양까지 썼단 말인공?"

"예, 실은 어려서 부모덕에 글줄 깨나 읽었지만 한양까지 올 노자가 없어 지금까지 한 번도 과거를 못 보았십니다. 이번 참엔 이웃의 여럿이 과거 보러 온다기에 운김에 따라왔습니더만 학질에 걸려 오늘로서 '열 짝'을 앓고 보니 시방도 간덩이까지 자꾸 벌벌 떨립니다. 덜덜덜덜……."

"그 지경으로도 글을 지을 자신이 남아 있는공?"

"아무렴요. 글을 지을 수야 있겠지만 오한(惡寒) 탓에 평소의 실력이 제대로 다 나올는지가 의문이겠지요. 덜덜덜덜……."

하며 일부러 턱을 들까불어 댔다. 그 말을 들은 상시관이 찬찬히 정공의 아래위를 뜯어보니 이 화상을 땡볕에 계속 앉혀 두었다간 과장에서 초상나기 십상일 성싶은 마음이라 동정심이 급히 일어,

"흠, 그 정신 자세가 매우 가상하도다. 여봐라! 이 선비가 면무식(免無識)은 했다 하고, 잘못하면 과장(科場)에서 초상 치게 생겼으니, 경주 부근에 능참봉(陵參奉)이라도 하나 주어 당장 돌려보내도록 하렸다."

이러지 않는가? 까짓, 능참봉쯤이야 그 시절에는, 말만 잘해도 마구 주어 버리는 하찮은 벼슬인 것을……. 하지만 정 공으로서야, '이것이 웬 자다가 생긴 떡이냐?' 싶었을 밖에지 뭐…….

게걸음 식의 엇길로만 빠져 신소리와 골계로 일관해 온 반골의 야인(反骨野人)에게 이렇듯 희한하게 벼락감투가 떨어졌던 것이다.

또한, 이런 그의 기행은 권태로운 초당방 사람들에게 신선한 만화(漫畵)처럼 통쾌한 웃음을 선사하였다.

이 이야기의 신빙성엔 의심의 여지가 없지 않으나, 경북 경주시 건천읍 용명리(慶北 慶州市 乾川邑 龍明里)의 '군시뱅이'란 언덕에 세워진 오석으로 만든 그의 묘비에는, '증가선대부 동래정공지묘(贈嘉善大夫 東萊鄭公之墓)'라고 분명히 새겨져 있어, 가선대부에 추증(追贈)된 것은 분명하니, 그가 어느 부자 영감 또는 어느 죄 없는 기생으로부터 우려낸 돈을 주고 샀든, 아니면 우리가 상상도 못할 기발한 지략으로든 간에 이른바 '가제참봉'이 된 것만은 확실히 믿을 만한즉, 사람은 누구나 나이가 들면, 어쩨도 떨칠 수 없는 것이 명예욕의 마력이 아닌가 싶다.

● 도움말 : 金鶴鳳

통빨래의 구변(口辯)

 매월당 김시습이 설악산에서, 마치 '늑대 소년'처럼 공연스런 거짓말을 하다가 생긴 일화가 있다…….

 매월당이 세상을 등지고 설악산 깊은 골을 헤매다가 심심했던 나머지 느닷없이, "두둑시리 봤다!"고 연거푸 외쳐 대었다.
 이 말의 뜻은, 설악산 일대의 심메꾼(심마니)들 사이에서나 통하는 '무더기 산삼을 발견했노라'는 은어였는데 처음엔 메아리밖에는 아무런 기척이 없었다. 무료해진 매월당이 또 다시 두어 번 더 외쳐 보았더니 갑자기 돌이 구르는 소리와 함께 한 떼의 더벅머리가 들이닥치는 것이 아닌가? 그들의 차림새로 미루어 산적 무리가 틀림없었으니 산삼 뭉치를 뺏으려고 달려왔던 것인가 보다. 산적들이 단칼에 심메꾼의 목을 날린다는 것이 솜씨가 서툰 탓에 그만 묶어놓은 상투 끝만 자른 모양이었다. 그러자 매월당의 잘리고 남은 머리카락이 이

마와 눈썹까지 내리 덮어 더부룩한 '낙타머리' [頭陀髮]가 되고 말았다. 이때 산적들이,

"어럽쇼? 이 늙다리는 또 뭣인구? 중도 아니구, 아닌 것도 아니구, 빨래도 아니구, 걸레도 아니구?" 했다는데, 여기 '빨래도 아니구 걸레도 아닌 이바구'가 하나 전한다.

어느 늦가을, 낙엽이 우수수 지던 날, 동래 정씨 문중에서 묘사(墓祀) 날을 잡았다는 기별이 왔으니, 불가불(부득불, 하지 아니할 수 없어. 또는 마음이 내키지 아니하나 마지못하여) 정만서도 참례할 수밖에 다른 도리가 없었다. 당일, 묘사에 가자니까 헐었을망정 의관은 형식을 갖추어야만 할 형편인데, 부인이 마침 방아품을 팔러 갔는지 집에 없는 틈이라, 도포를 찾는답시고 농짝을 뒤적이다 보니 마침 풀을 빳빳하게 먹여 보자기에 소중히 싸 놓은 것이 눈에 띄었다. 풀어 볼 것도 없이 도포려니 믿은 정 공은 갓집에서 쭈그러진 유건까지 꺼내어 함께 쌌다.

보따리를 끼고 선영(先塋)이 늘어서 있는 등성이를 향해 산모롱이를 돌아서려는데, 골짜기에서 불어오는 세찬 바람이 귓전을 때리자 그만 '술배'부터 고프기 시작했다. 주막에 들러 잔술을 청해 봤으나, 정 공의 속내를 익히 아는 술어미가 쉽사리 외상술을 줄 턱이 없다. 뭔가 담보라도 잡혀야만 될 성싶은 눈치라서, 정 공은 넌지시 도포와 유건이 든 보자기를 잡히고는 목을 축이고 나니 비로소 '이제 살맛이 나는 것 같았다.'

정 공이 훌쩍 떠나고 난 뒤에, 주모는 그 보자기 속이 뭔가 싶어 살며시 보따리 매듭을 풀어보다가 얼굴이 일그러지는 것이었다.
"아이갸? 이게 뭐냐? 도폰 줄 알았더니, 여자 삼베 속곳이잖아?"
이런 정 공이 대처에 나갔다가 저지른 실화 한 토막.

해가 지면, 여염집에선 물빨래 방망이질을 못하게 되어 있음은 물론, 줄에다 널어 둔 빨래조차도 모조리 거둬들여야 하는 것이 불문율(不文律)이던 개화기 때였다.
얼어 마신 개평술에 거나해진 정 공이 어느 뒷골목을 헤매는 중인데, 먼데서 개 짖는 소리가 밤공기 속으로 퍼지는 품으로 보아, 인경(人定 : 조선 시대에, 통행금지를 알리기 위하여 밤마다 치던 종)을 친 지도 제법 오래 됐나 보다. 굽이친 골목을 내처 누비던 발길이 어떤 담 모퉁이에 이르자, 술기운이 깨려는지 으슬으슬해지며 소피('오줌'을 완곡하게 이르는 말)가 보고 싶어졌다. 바지춤을 까 내리고 담벼락에다 '쏴아' 하고 시원하게 갈기려는 찰나에 '저벅저벅'하는 소리가 뒤에서 덮쳐 왔다. 멈칫 돌아본즉, 털벙거지를 눌러 쓴 꼴이 순라군(巡邏軍)들이었다. 방뇨보다도 통금(通禁) 위반으로 연행되면 금위영(禁衛營)에 끌려가서 하룻밤 낭패는 곱다시 따 놓은 당상이었다. 발등에 떨어진 불은 좌우지간 끄고 볼 일이지만, 막다른 골목에서 옴치고 뛸 재간은 없고, 가진 것이라곤 단지 입심뿐인데 어쩐다?
엉겁결에 정만서는 네 활개를 활짝 펴고 낮은 토담(일설에는 울바자라고 함) 위로 기어올라서는 숨소리까지 완전히 죽여 버렸던 것이다.

저쪽에서 어떤 인기척을 느끼고 코앞에 다가온 순라군 하나가 미심쩍다는 듯 고추 먹은 소리로,

"아아니? 이 밤중에까지 웬 빨래가 아직까지 여기에 널려 있담?"

하며, 일반 관습상으로 으레 걷혀 있어야 할 빨래가 의심스럽다는 투로 지적을 하자, 곁에 따르던 순라가 왈,

"어어? 가만 있자 보자, 이 사람아. 이건 빨래가 아니라 사람이잖나?"

했다. '눈까풀에 명태 껍질을 바르지 않은 다음'에야 사람과 빨래를 구별하지 못할까 보냐?

"야, 이놈, 너 누구냐? 너, 이놈! 도둑놈이지? 응, 바른 대로 대라!"
"어떤요(아뇨). 도둑놈이 아니라 서답이시더(빨래올시다)."
"어랏! 이거 보게?"
하며 저희끼리 어둠 속에서 서로 눈길을 맞춘 순라군들이,
"뭐? 서답이 뭔데?
"빨래란 말입니더."
"빨래? 빨래가 어찌하여 말을 다 한담?"
하고 따지려 들자, 정 공이 너스레를 떨며 한다는 소린즉,
"예, 이거는 '통빨래' 올시더."
"뭐라구? '통빨래'? 얼씨구, 말을 시부렁거리는 '통빨래'라는 것두 있는감?"
"어디요(아뇨). 방금 빨아 널었기 때문에 그런가 봅니더."
"점점? 방금 빨아 널었다는 건 또 뭔감?"
"하이고, 여보소. 옷이 단벌뿐인 나그네가 이가 들끓지만, 벌건 대낮에 홀랑 벗고 빨어 입을 수도 없어, 내 딴엔 남이 안 보는 한밤중에 빨기는 빨었으나, 급한 김에 풀을 너무 시기 믹여가아(세게 먹여서) 그런지 매우 뻐덕뻐덕 하네요. 여기다 모닥불을 피워 놓고 말리기도 뭣한 시간이라, 시방 네 활개에다 걸친 채로 말리는 중입니더만……. 아마도, '풀이 너무 시어가아(세어서)' 바람결에 서걱이는 소리가 말이 되어 나오는가 봅니더!"

미상불, '풀이 참 무척 세긴 센 입심'이 아닐 수 없다. 그 소리에 육모방망이를 쳐든 순라군 하나가 힘껏 내려치려는 자세에서 제물에

풀어지며,

"어긋난 깻벌레는 모로 긴다더니, 웬 사설이 그리도 길어?"

하다가 그만 자기도 모르게 키들키들 웃자,

"똥 싼 주제에 매화타령 한다더니……. 차암!"

하며, 다른 순라군도 킥킥거리는데, 그들은 속으로' 아예 갋지(가루다 : 맞서서 겨루다) 못할 상대를 잡아가 봤자, 칭찬은커녕, 별장 나으리께 꾸중 듣기 십상일 듯싶은 예감이 들었던지, '통빨래'는 토담 위에 널어 둔 채, 부정 탄 물건이라도 피하듯 오던 길을 되짚어 나가며, 계속 키들키들 웃고만 있었다.

도움말 : 金鶴鳳, 孫榮植

깨진 벼루 진상(進上)

때는 임오군란(壬午軍亂)이 일어나던 즈음(1882. 6)이었다. 별기군(別技軍)이라고 하는 신식(新式) 군대가 설치되면서 구식 군인에게는 차별대우가 심하였다. 게다가 한술 더 떠서 봉급미(俸給米)마저 밀려 불평이 심하던 차에, 겨우 한 달 치의 봉급미가 나오긴 했지만 쌀의 분량이 모자라는 건 물론이려니와, 모래까지 섞여 있었다. 이에 격분한 구식 군인들이 변란을 일으켜 민 씨네 일파 외척들의 집을 부수고, 일본 사람 열 몇을 죽임으로써 난리가 터진 것이 바로 '임오군란'이었다.

그 다음 해 봄에 경주에 도임한 부윤(府尹)은, 세상이야 어떻게 돌아가든 자기는 상감의 은혜에 보답한답시고, 경주 특산품을 하나 진상키로 작정을 했다.

'경주 돌이면 다 옥돌이냐' 할 만큼, 경주는 옥돌의 산지였기 때문에 옥 벼루가 제격일 듯싶어 공방(工房: 조선 시대에, 승정원이나 각 지방

관아의 육방 가운데 공예 · 건축 · 토목 공사 따위에 관한 일을 맡아보던 부서 또는 그 부서장)에게 진상품을 준비하라는 분부를 내렸다. 공방으로서야 신임 부윤에게 아첨할 절호의 기회라서, 고을 안에서 손꼽는 장인바치에게 아주 정교하게 다듬도록 지시했다. 두어 달 걸려 뚜껑에 여의주를 희롱하는 듯 꿈틀거리는 용을 조각한 옥 벼루를 만들어다 바쳤다.

성질이 비교적 소탈한 신임 경주 부윤은 벼루를 척 보더니만 단박에 무릎을 치며, '옥에도 티가 있는 법'인데 이만하면 일품(逸品)이니 당장 한양으로 진상하라는 분부를 내렸다. 입이 발채만큼 벌어진 공방이 부윤에게 받은 과찬의 말을 동료인 형방(刑房 : 조선 시대에, 승정원에 각 지방 관아에 속한 육방(六房) 가운데 형전(刑典)에 관한 일을 맡아보던 부서)에게 은밀히 자랑한 것이 화근이 돼, 다른 아전들조차 '딱 한 번만 만져 보자' 하다가 결국 서로 먼저 만지려고 밀고 당기는 통에 그만, 벼루를 마룻바닥에 뚝 떨어트려서 두 동강이 나고 말았다.

'자랑 끝에 쉬 슨 꼴'이 되었는데, 다시 그만한 벼루를 만들자면 수월찮은 시간이 걸릴 테고, 그렇다고 이실직고할 용기조차 없으니 공방은 그만 몸져눕게 될 수밖에 없었다.

뜻하지 않게 일이 꼬여서 공방네 사랑에 병 문안차 모인 육방(六房)들이 묘안을 짜내 보았으나 신통한 묘안이 나올 리 없었고, 시간은 사나흘이 살같이 흐르고 말았다.

이때 '궁하면 통한다'고, 엉뚱하기 짝이 없는 정만서에게 에멜무지로(결과를 바라지 아니하고, 헛일하는 셈 치고 시험 삼아 하는 모양) 기지를

빌어 보자는 공론이 돌았다. 그에게 그간의 경위를 설명했더니, 정 공이 대뜸,
"까짓 거, 염려할 거 없심더. 제가 맡아 가지고 진상하겠심더."
라며 자신이 만만하였다. 말만 들어도 어찌나 고마운지 공방이,
"이 은혜를 어찌 다 갚겠느냐?"고 하니까,
"언제는 지가 큰 돈 탐내는 거 보셨습니꺼? 왕복 여비에다 용채나 좀 얹어 주이소."라고 선선히 말하는 거였다. 사실 정 공으로서는 평소에 고깝게 생각하던 먹물(學問)과 벼슬아치들에 대한 앙심을 이 기회에 한 번 풀어 보겠다는 생각이 앞섰던 것이다.

새 도포에 통영갓 일습으로 뺀 정 공은 깨진 벼루를 아주 볼품 있게 잘 포장하여 괴나리봇짐 속에 소중히 넣고, 한양 천 리 길을 휘이 휘이 떠났다. 주머니가 넉넉한 동안에는 세마(貰馬)도 얻어 타고 하는 사이 드디어 한양에 다다른 정 공은, 일부러 입을 헤벌리고 궁궐 앞에서 그 안쪽을 넘보며, 들어갈 듯 말 듯 머뭇거렸다.

그랬더니 아니나 다를까. 대궐을 지키는 용호영(龍虎營) 나졸 녀석이 창검을 치켜들고 나와 정 공의 덜미를 잡고서는,
"너 이 노옴, 여기가 어딘 줄 알구서 함부루 넘보나? 응? 넌 뭐냐?"
"보면 모르겠나? 나는 사램(사람)이다. 와(왜)?"
살짝 얽은 풍신에다가 체구도 크지 않은 화상이 제법 거칠게 나오자,
"애개개, 요게 하룻강아지 범 무서운 줄 모르구서? 너 어디서 굴러온 뼈다귀냐?"

"왜? 상이라도 줄래? 경주에서 굴러 온 이 나라 백성이다. 임금님께 직접 바칠 베루(벼루)가 있으니 길이나 잘 인도해라!"
"풍신하곤? 점점. '베루'가 뭔데? 천지를 모르구 깨춤을 추구 있네. 얌마! 고이 나가라. 치도곤이 맞기 전에……. 엉?"
바깥이 왁자지껄하자 용호영 별장이,
"왜 이리 소란하냐? 저건 또 뭐고?"
하며 턱짓으로 정 공을 가리키며 노려보는 것이었다.
'때는 바로 이때다!' 싶어진 정 공이,
"아라랏차!" 하는 기합 소리와 동시에 그 깐죽거리는 나졸에게 딴죽을 걸어 공중치기(공중제비)로 넘어뜨리고 말았다. 그런데 책력 봐 가며 밥 찾아 먹을 법한 빼빼장군에게 고스란히 당하고만 있을 나졸이 어디 있겠는가? 아무렴, 딴죽은 딴죽으로 갚아야지. 넘어졌던 나졸은 벌떡 일어나기 바쁘게 정 공에게, "어엿차!" 하며 '번개딴죽'을 걸었다. 사람은 마른 바닥에 개구리처럼 널브러지고 괴나리봇짐은 날아가서 '짱' 하며 곤두박질치는 사이 귀한 벼루가 박살이 나고 말았다. 바로 이 순간을 정 공이 은근히 기다렸던 참이라, 박살 난 벼룻집을 품에 안으며, 코맹맹이 소리로 패악을 늘어놓기 시작했다.
"야, 이놈아, 사아람 쥑이네(죽이네), 아이고 나 죽네. 내 죽는 거야 좋다마는 상감님께 진상할 베루(벼루)가 박살이 났으니 이 일을 어찌 할꼬? 이놈! 내 옥 베루를 당장 물리내라(물려내라)!"
나졸이 정 공을 매다 꽂는 걸 지켜본 증인은 부지기수로 많은데 어찌해? 꼼짝없이 걸려들었을 밖에…….

이런 북새통을 벌이느라 상감님의 행차가 저만치서 다가오는 걸 누구도 의식하지 못하였다. 마침 고종(高宗)께옵서 궁 밖에 납시었다가 환궁하던 길에 먼발치로 이를 목격하시고는, 시종하던 도승지(都承旨 : 조선 시대에 둔, 승정원의 으뜸 벼슬. 왕명을 전달하거나 신하들이 왕에게 올리는 글을 상달하는 일을 맡아 함 : 오늘날 대통령 비서실장)에게,

"무슨 연고인지 알아 오라."고 하명하셨다.

이에 도승지가 와 보니, 어떤 시골 백성이 피 묻은 소매를 들어 나졸에게 삿대질을 하며, 연방 "베루, 베루(벼루)." 하는지라 하도 이상스러워서 연유를 물은즉, 정만서가 이르기를,

"전후사는 약차약차한데, 경주에서 이 옥 베루(옥벼루)를 궁성 앞까지는 신주(神主) 모시는 것 이상으로 잘 모시고 왔건만, '다 된 밥에 코 빠뜨린다는 격'으로 저 나졸 놈이 '번개딴죽'을 거는 바람에 그만, 경주 부윤이 임금님께 진상할 옥 베루(옥벼루)가 박살이 나고 말았으니 장차 이 일을 우찌해야 하오리까?"
하는 것이었다. 전후 사정을 전해 들은 도승지가 침통한 어조로,
"음, 이제 알았으니, 시골 선비는 염려 말고 날 따라 오시게."
하는 것이 아닌가. 정 공에게 주어진 임무는 이렇게 하여 분명히 끝이 난 셈이었다.

　● 도움말 : 李慶五, 崔萬一

내 코를 베어 팔겠다

 일반적으로 사람의 '입'은, 영양을 섭취하는 기능과 말하는 기능을 공유하고 있건만, 정만서의 입은 술만 들이켰고, 들어간 술만큼 익살이 되어 쏟아져 나왔으니, 정 공(鄭公)에게 있어 술은 있으되 안주는 없어도 족했던 것이며, 한국의 모든 괴짜가 그렇듯이 그도 술과의 사귐에 있어서는 전혀 가림이 없었던 것이다.

 하루는 정만서가, 술배가 고픈 나머지 자기에게 술을 사주는 사람에게 "자기 코를 베어 팔겠다."는 엉뚱한 제안을 했다. 영문을 모르는 동류들이 주모를 시켜 가져온 술을, 우선 아무 말 하지 않고 취하도록 퍼마시기부터 한 정 공(鄭公)은, 끝내 주모로 하여금 칼과 도마를 가져오게 하는 것이 아닌가?
 그 시절 러시아의 로마노프 왕조는 강력한 금연 정책의 하나로 흡연자를 잡아 코를 베거나 시베리아로 유배를 보냈다던데, 정말 자기 코를 베려나? 그런데 정 공이 참으로 제 코를 만지며 코를 벨 준비를 하는 것이 아닌가?

거기까진 좋았는데 정작은 '시퍼런 코'를 도마 위에 풀어 놓더니 만 높이 쳐든 부엌칼로 꽈당 하고 내리쳐서 두 동강으로 낸 다음, 너스레를 떨어 가로되,

"이 도마 위에 퍼런 것은 진짜 '코'이고, 내 얼굴 가운데 자리 잡은 것은 '코'가 아니라 '콧집(코의 집)'이라고 억지를 피우더란다.

　　　도움말 : 金鶴鳳

고맙다 소리는 못할망정

 조선왕조 초기, 나라의 기강이 굳건했던 시절엔, 정부에서 부임길에 오르는 수령들에게, 농상을 잘 관리하고 호구 수도 늘리며, 향교(학교)를 세우는 동시 군정도 잘 다스리고, 부역을 고르게 시키면서 부정부패는 뿌리 뽑고, 송사는 간략히 처리하라는 등의 칠사(七事)를 외우도록 해서 엄중한 실천을 지시했었다. 이로써 탄탄하게 지켜 내리던 관리의 기강이 뒷날 조선 말기에 이르러 왕창 무너져 가자, 보고 있기가 안타까워 목민심서(牧民心書)를 저술한 정다산(鄭茶山)이 졸(卒)하던 해(1836) 동짓달에 경주에서 태어난 사람이 바로, 그 시절의 개그맨이랄 수 있는 정만서(鄭萬瑞)란 인물이다.
 독자들도 다 익히 알다시피, 아명이 '개똥이'였고 겨우 열두 살밖에 안된 이가 용상에 올라 고종 임금이 되자, 그 아비인 흥선대원군이 안동 김 씨(安東金氏)를 몰아내고 실권을 장악했는데, 그는 왕실의 권위를 세운답시고, 경복궁 중건을 위해 원납전(願納錢)이란 강제 기부금을 5년 동안에 무려 6백만 냥이나 긁어 들였으니 백성들은 도탄에 빠지고 말았던 것이다. 반면 관리들은 나름대로 자금을 끌어 모아야만 저도 잘 먹고 윗사람에게도 잘 보일 수 있었으니, 그게 그만 벼슬 매매의 공식화를 부채질해, 필경에는 관리들 스스로가 '벼슬 장사'에 재미를 붙이는 통에 이름뿐인 허직(虛職)까지 공공연히 팔아먹는 지경에 이르고 말았으니 '석 달 벼슬로 평생 먹는다'는 속담이 생겨났음에 틀림없었다.

드디어는 허욕에 찬 수령들이, 없는 놈을 짜기보다는 가진 놈 털기가 수월하다는 걸 터득하게 되매, 알부자들만 골라 억지 벼슬을 맡기니, 눌리는 쪽에서야 살아남을 욕심에 지나는 말로라도 '대관절 얼마짜리나 되느냐'고 물어볼 터였고, '요때'를 노린 수령짜리는 턱없는 금액을 요구하게 마련인지라, 알돈 뺏기고 헛벼슬을 사느니, 애시부터 '마다하는 게' 상책이다 싶어 '사바사바'조로 생돈을 헌납하지 않고는 못 배길 시절이었다. 말하자면 헛벼슬을 천 냥 주고 사느니, 생돈 삼백 냥을 '걸뱅이(거지) 떡 사 준' 셈치고 내버리는 것이 상책이란 말이다.

이렇듯 조정은 물론 향교에서조차 매관매직의 먹자판을 벌였으니 어린 백성들이야 무슨 재미로 살까보냐!

때가 하 수상하니 '애라 이 시더럴 세상, 나도 모르겠다.' 생각한 채, 입심만으로 세상을 휘젓는데 재미를 붙인 구구각색들이 고을마다 생겨 났는 바, 손쉽게 경상좌도만 훑어봐도 경주의 정만서를 비롯하여 청송의 백운학, 영해의 방학중, 영천의 김학선, 언양의 이지번에다, 낙동강 건너 쪽에는 김해의 이봉서, 웅천의 오천수 같은 이인

(異人)들이 고을마다 별똥처럼 나타나선 신소리와 헛대포를 무수히 쏘아대기 시작하였다. 그들은 한결같이 돈 있고 권력 쥔 자의 횡포를 조롱하고 위선을 까발리며, 인색한 자를 농락하는 짓거리로 억눌린 민초들의 우상이 됐으니, 그들이 퍼지른 신소리는 발 없는 말이 천리 가듯 유비통신으로 삽시간에 팔도로 퍼져나갔다.

여기서 잠깐! 항간에서는 더러 정만서와 정수동(鄭壽銅)을 같은 사람인양 착각하는 모양인지 적지 않은 글 속에 두루뭉수리로 섞여 나타나는데, 두 사람이 동래정씨의 후손이고 골계에 능했으며 전국을 방랑한 개화기 때 사람인 것 외에는 별 공통점이 없다.

정수동은 한양 출신으로 자기 부인이 출산중 난산에 부딪치자 불수산(佛手散 : 해산 전후에 쓰는 탕약)을 구한답시고 집을 나간 길에 그만, 친구들과 어울려서 금강산 구경을 실카장 하고 돌아왔더니, '가는 날이 장날'이라고 공교롭게도 그날이 바로바로 지난해 태어난 아기의 첫 돌날이었다는, 그런 사람이다.

수동은 1808년에, 만서는 1836년에 태어났으므로 두 사람 사이엔 자그마치 28년이란 나이 차가 분명했고, 수동의 본명은 지원, 별호가 수동이었으니 정만서와는 전혀 다른 사람임이 명백하다.

사방에서 턱없이 쏘아올린 이런 부류의 오발탄은 밤하늘을 수놓는 불꽃놀이처럼 마구 터져 올라선 화려하게 뒤섞여 범벅이 되곤 했다. 그래서 더러는 다른 고장에서 흘러온 신소리를 제 고장 출신에게 접목시키는 통에 신소리의 출처가 적잖게 헷갈리게 됐는지도 모른다. 따라서 오천수의 허풍이 정만서에게 접목된 식의 이바구(이야기)가 고을마다 널렸은즉.……

하루는 돈을 주고 벼슬을 산 고을 원짜리가 정만서의 개그맨 기질을 전해 듣고는 직접 만나 보기를 청한 나머지 술자리를 벌이고는 여흥 삼아,

"여보시게, 참 잘 만났네, 그래, 자네가 이 자리에서 나를 한 번 웃겨 볼 수 없겠나?" 하는 것이었다. 이에 정 공이,

"어떤요(아니요), 지가 그리 할 헹펀이 몬 됩니더(형편이 못 됩니다)."

"그카지 말고 해 보라니까? 정 웃기기 싫거덜랑, 대신 그럼 무슨 소리라도 좋으니 한 마디만 해 보게나, 응? 제발 부탁일세."
하며 강요조로 나왔다. 그러자 정 공이 속으로,

'저렇게 애걸하며 나오는 데야 아무 거면 어떠하며, 못 해 줄 것은 또 뭐람! 그렇담, 한 번 쏴 줘야지!' 하고는 눈을 빛내더니만 댓바람에,

"아이구 참, 내가 참말로 원님 니보고 함부로 말했다가는, 내가 안 죽고 살아남을 수가 있을랑강? 몰라? 응, 이 사람 고을원님아?"

이렇게 막역한(莫逆 : 허물이 없이 매우 친하다) 친구 대하듯 해라조(해라체)로 본때 있게 원님을 조롱했으니, 아연실색한 건 오히려 원님 쪽이었다.

"애앵!!!"
단 한 방에 고을 원님의 코가 납작해지고 말았다.

비록 찢어지게 가난할망정 양반은 뼈다귀란 것이 있는 법이건만, 어떤 어쭙잖은 양반짜리가, 멋들어진 술수로 원님과 허교(許交 : 친하게 사귀어 '해라' 투나 '하게' 투의 말을 씀)하더라는 정 공의 얘기를 전해 듣고는 속으로 자못 통쾌하게 여기면서 정 공을 흠모하게 됐다. 그런 그가 어느 아침나절에 경주 성내(城內)로 가는 길목에서 살짝곰보인 정 공과 우연히 마주쳤다. 가난뱅이 양반이 정 공에게 이르되,

"여보시게, 정 공! 참 잘 만났네. 자네가 말 잘한다는 소문은 익히 들었네만, 오늘 이렇게 만났으니……. 제발 거짓말 한 마디만 해 주고 가게나. 응, 부탁일세, 이렇게." 자기의 두 손을 마주잡아 보이며 애걸이 대단했다.

"생원님도 참, 각중에(느닷없이) 거짓말이라니요? 양반 생원님한테 지가 어찌 거짓말을 하겠능기요(하겠습니까). 거짓말은 고사하고 내사 지굼 억시기(나는 지금 매우) 바쁩니더."

"바쁘긴 뭐가 그리 바쁜가? 딱 한 마디만 하라는데."

"내 참, 양식이 떨어져서 지금 급히 사창(社倉)에 환곡(還穀 : 조선 시대에, 곡식을 사창에 저장하였다가 백성들에게 봄에 꾸어 주고 가을에 이자를 붙여 거두던 일. 또는 그 곡식)을 타러 갈 참인데, 거짓말이나 하고 있을 여가가 어디 있능기요. 저리 좀 비키소, 내사 그만 갈랍니더!"

그러고는 훌쩍 떠나가 버리는 것이 아닌가.

'가만 있자? 저 사람이 지금 뭐라나? 사창에서 환곡이라니? 내가 시방 이러고 있을 때가 아니구나!'

 똥구멍이 찢어지게 가난하고 배고픈 양반은, 뭣보다 관아에서 보릿고개를 넘기라고 양곡을 꿔준다는 소리에 귀가 번쩍 뜨였을 밖에…… 검버섯이 핀 양반짜리가 지게를 지고 사창으로 허둥대며 달려갔으나 거긴 믿기지 않을 만큼 무척이나 고즈넉하기만 하였다. 마침 졸고 있는 고지기한테 진지하게 물었다.
 "오늘 환곡을 태운다던데 벌써 다 타갔나? 왜 이처럼 조용하나?"
 "이 양반이 자다가 봉창 두드리나? 아닌 밤중에 환곡은 무슨 환곡이요?"
 "저기서 내가 시방 정만서한테서 똑똑하게 듣고 왔는데?"
 "그렇다면, 그건 정만서가 생원님한테 거짓말한 것이 분명하외다."
 헛걸음한 것 때문에 제물에 화가 치민 생원님짜리는 정 공을 만나기만 하면, 양반을 속인 죄로 박살을 낼 참으로 잔뜩 벼르던 판인데, 공교롭게도 그날 저녁에 외나무다리에서 정 공과 맞닥뜨리게 됐다. 도끼눈을 뜨고,

"너, 이, 죽일 놈! 니가 감히 나를, 양반을 속이다니? 거짓말로 양반을 헛걸음을 시켜? 돈 없다고?"

"아니, 지굼 무진 소리 하능기요(지금 무슨 소리를 합니까)? 생원께서 바쁜 사람 잡고 거짓말 한 가지만 꼭 해 달라고 애원할 때는 언제고요? 나 원 참! 고맙다 소리는 못할망정, 뭐가 어째요? 이제 와서?"

"험험험……."

● 도움말 : 최만일

사방(土方)으로 갈까, 사방(四方)으로 갈까

어느 나른한 봄날, 갓 시집온 새색시가 간밤의 넘친 춘정(春情 : 남녀 간의 정욕) 탓인지 어째 늦잠이 들었던 모양이다. 이미 동창(東窓)이 밝아 노고지리(종다리)조차 우짖기 시작했음에도 불구하고, 새 며느리가 전혀 일어날 조짐을 보이지 않자, 아침이 늦을 것을 조바심하던 시어머니가 참다 못해 건넌방 앞에서 잔기침을 터뜨리며,

"야야, 노구저리 찌진다. 얼럭 일나거라(새아가야, 종다리가 지저귄다, 얼른 일어나거라)."

이 소리에 화들짝 놀라 깬 새색시가 선하품을 씹으며 한다는 소리가

"노구저리 찌짓이머 난도 한 접시기 주이소(종다리를 잡아서 고기를 지졌으면 나도 한 접시 주세요)."였다.

여기서 '찌지다'는 말은 '새가 지저귀다'와 '음식을 지지다'의 두 가지 뜻을 함께 지닌 경주 방언이다. 가뜩이나 아침이 늦은 데다 새색시의 말대꾸에 화가 잔뜩 치민 시어머니가 체머리를 흔들며,

"애라. 이, 몬실 너무 꺼(에라. 이, 몹쓸 놈의 것 같으니라구)."
하고 나무라자, 어긋난 새색시는 한술 더 떠서 어긋난 곁말을 계속한다.

"몬실 꺼면, 걸래기나 하시지요, 머(못 쓸 것이라면, 걸레로나 쓰시지요, 뭐)!"

"……???"

새색시치고는 참으로 걸레 같은 입버릇이라, 시어머니는 더 말할 생각을 잊은 채 그만 혀를 끌끌 차며 뒤돌아 서버렸다.

이렇듯 곁말 쓰기를 즐기는 것이 어긋난 사람들의 어긋난 짓거리다. '곁말'은 말장난인 동시에 놀림 기까지 섞여 있다. 개화기(開化期) 때 곁말로써 영남(嶺南) 지방을 온통 휩쓸며 어긋지기(어긋나기) 짝이 없던 정만서에게 낯선 길손이 경주에서 길을 물었다.

"저어, 미안하외다만, 사방(慶州市 安康邑 土方里)으로 가는 길은 어느 쪽인지요?"

"사아방? 사방(四方)이라. 거거사 여보소, 이쭈구루 가든지 저쭈구루 가든지 당신 맘대로 가소, 와(그거야, 여보시오, 이쪽으로 가든지 저쪽으로 가든지 길손 맘 내키는 대로 가지 그러시오)."

"앵? 머라구요?"

이 사방(四方) 아닌 '사방'(士方)을 힘겹게 찾아 소관을 마친 길손이, 안강(安康)을 지나 동쪽으로 시오리쯤에 있는 '오금마을'(서울 송파구에도 인조 임금의 전설이 얽힌 '오금'이란 땅이름이 있다)을 찾아 나섰는데, 마침 쇠꼴을 베러 가는 듯한 더벅머리 총각이 저만치 앞서 가며 콧노래를 흥얼거리는 중이었다. 길손이 바람결에 더벅머리의 사설을 들어보니, 그는 지게목발 장단에 맞추어 장(場)타령을 신바람 나게 흥얼거리는 것이 아닌가. 길손도 심심하던 차여서 귀를 유심히 기울이니, 그 사설은 이러하였다.

설설 간다 기계(浦項市 北區 杞溪面)장
무릎 아퍼 몬 뽀고(못 보고)
앉어 본다 안강(慶州市 安康邑)장
고개 아퍼 몬 뽀고
서서 본다 서어월(서울 = 한양)장
다리 아퍼 몬 뽀고
입도 크다 대구(大邱 = 大口)장
무섭어서(무서워서) 몬 뽀고
도보(徒步)한다 경주(慶州 = 競走)장

숨이 가뻐 몬 뽀고
울울적적 울산(蔚山)장
답답해서 몬 뽀고
국 낄린다(끓인다) 장내장(?)
묵구 접어(먹고 싶어) 몬 뽀고
초상(初喪)났다 상주(尙州 = 喪主)장
시끄럽어(시끄러워) 몬 뽀고
이산 저산 양산(梁山 = 兩山)장
산이 많어 몬 뽀고
코 풀었다 흥해(浦項市 北區 興海邑)장
미끄럽어 몬 뽈쇠(미끄러워 못 보겠구나).

　느린 걸음으로 뒤따르며, '장타령'의 구성진 가사를 음미하던 길손은 속으로 감탄을 금치 못했다. 언뜻 들으면 평범한 땅 이름들. 그저 별로 의미를 생각 않고 불러 왔던 땅이름을, 음운(音韻)을 따르거나, 유사음(類似音)의 다른 말로 꿰어 맞추는 기막힌 익살이며 기지(機智)라니! 내가 헛 살아온 건 아닐까?
　'코 풀었다 흥이라……. 흥, 흥, 흥이라…….'
　그러는 사이 개울가에 다다른 길손이, 구레나룻을 스치는 미풍(微風)에 후딱 정신이 들었는데, 더벅머리가 마침 길섶으로 비켜서며 길을 내어 주기에,
　"여보소 젊은이, '오금'(慶州市 江東面 유금리)으로 가자면 어느 길

로……?"

"예, 오금요? '오금'이야, 이 어른아!, 복성씨(복사뼈) 뒤로 종아리를 타고 살살 올라가 보이소, 바로 거기 있지. 벨로 머잖심더(별로 멀지 아니합니다)."

"……?!"

한참 만에야 길손은 속으로,

'하하하하, 이 사람에게 길을 물은 내가 그르지'라며 박장대소했다. 더벅머리가 말하는 '오금'이나 '복사뼈'는 땅 이름이 아니라, 신체 부위(身體部位)의 이름인 것을…….

비록 쇠꼴을 베는 초동일지라도, 길손과 이 정도의 풍류 섞인 해학(諧謔)을 나눌 수 있는 여유가 있다면 산다는 것이 오죽이나 푸짐할까! 우리가 비록 생활에 쫓길지언정 조금만 더 마음을 쓴다면, 이 정도의 여유쯤이야 못 누릴 법도 없을 것이거늘……. 그저, 두루두루 웃고 살도록 노력함만 같지 못하다.

● 도움말 : 金鶴鳳, 李瓦柱

장독간 풀을 뜯으려고

때는 이하응(李昰應)이 아직 대원군이 되기 전인 조선조 말엽. 당시의 세도가인 안동 김 씨(安東金氏)네는 건방지게도 임금님이신 철종에게 감히 '강화도령'이란 별명을 붙이던 무렵인데, 종친의 신분으로 대감의 품계를 지닌 이하응은 웬일인지 여간 탈선을 일삼는 것이 아니었다.

벼슬아치들의 시회(詩會)가 있을라치면 어찌 알고 찾아가선, 그들이 먹다 남긴 음식을 채신없게 해치울 뿐 아니라, 세도 당당한 '안김(安金)'들의 잔치에도 불쑥불쑥 나타나선, 따가운 눈길을 받으면서도 게걸스레 술과 안주를 집어먹기도 했다. 그럴 적마다 벼슬아치나 안김들은 배꼽을 잡으며 그를 한껏 비웃어 주는 것이었다.

어디 그뿐인가. 흥선군은 여염의 상가에도 어김없이 찾아들었으며, 목로주점에 앉아 시정잡배들과 어울려선 막걸리를 퍼마시는 파락호 짓까지 서슴없이 행하곤 하였다.

이런 흥선군에게 안김들이 처음 붙인 별명은 점잖게 '궁도령'이었으나, 끝엔 '막걸리 대감' 또는 '상갓집 개'로까지 전락했다.

또 그는 종로 육의전의 장사치나 무뢰배들과 짜고서 사기 투전판을 벌이기가 일쑤였고, 돈이 떨어지면 뛰어난 솜씨로 난초를 쳐서는 세도가들에게 사 달라고 구걸도 했다.

작다란 체구에다 해어진 도포와 찢어진 갓을 쓴 초라한 행색의 흥선군은 골목의 개에게조차 업신여김을 당했지만, 기실 그건 모두 고도의 위장술이었으니, 뒤에 나라를 떡처럼 주무르기 위한 전략이었다고 하는데…….

타협을 모르고 꼬장꼬장한 성품에다 가난을 가난으로 여기지 않을뿐더러 작은 일에 구애 받지 않던 점에서는, 그 시절 영남을 돈키호테처럼 주름잡던 정만서가 흥선대원군(1820~1898)을 닮긴 많이 닮았으나, 흥선군은 실제로 현인이면서 어느 시기까지 신분을 위장한 데 반해, 몸집이나 성질만 엇비슷할 뿐인 정만서는 결코 권력에 대한 꿈도 재물에 대한 욕심도 없는 억시기(매우) 소탈한 인물이었다.

그런 정만서가 과객 행색으로 어떤 부잣집 앞을 지나치려니까, 그 집의 영악한 삽사리가 악착같이 짖으며 익살꾼인 정 공의 도포 자락을 물려고 덤벼들더란다. 그때 언뜻 '흥선군이 골목의 개에게 당했다'던 소문이 머리를 스치자, 금방 '범 본 개 똥 싼다'던 속담을 떠올리곤, 필낭에서 먹을 꺼냈으나 급한 김에 먹을 갈 틈이 없었기에, 손바닥에다 침을 뱉기 바쁘게 생먹으로 범 호(虎)자를 쓰고는 개 눈앞에 들이댔으나, 성난 삽사리는 계속 물듯이 짖기만 하는지라, 정 공이 가로되,

"이 무식한 개가 어찌 범(虎)을 알아보리오, 유식한 내가 참는 게 옳지!"

했더란다. 풍류도 이쯤은 되어야 호걸스럽달 수 있지……. 험험!

한편 '고수머리에 옥니박이와는 말도 말랬다'는 속담과 더불어 '영천 장꾼 앉았던 자리에는 풀도 안 난다'는 속담이 있으니, 그건 영천장꾼이 상리에 밝고 옹골차단 뜻일 것이다.

매일처럼 주막에서 염치없이 외상술만 퍼마시던 정만서가, 오늘은 주모에게 신세 갚음으로 장독간에 무성한 잡초를, '영천 장꾼…'이란 속담을 곧이곧대로 이용해 몽땅 없애 볼 심산인데, 그날이 마침 경주 장날이었다.

오랜 장마 끝에 모처럼 빛나던 태양이 기우는 해거름녘, 정 공은 건천(乾川 : 慶州와 永川의 중간 지점) 당나무(당산나무) 거리의 주막집 툇마루에 걸터앉아 있었다. 포구나무(느티나무의 일종) 가지에선 수십 마리의 쓰르라미가 귀 따갑게 합창을 해댔다. 그때 한길 쪽이 술렁거리더니 경주장을 보고 가는 조랑말 모는 상단 사람과 보부상들이 베수건으로 땀을 훔치며, 포구나무 밑으로 우루루 들어섰다. 아마도 저물기 전에 목축임을 한 뒤 서늘한 밤길을 갈 요량인가 보였다.

"저어, 어디 상단이싱기요(상단이신지요)?" 하는 정 공의 질문에,

"영천 장꾼이올시다, 왜요?"

하며 하필 고수머리에다 옥니박이인 작자가 호기롭게 대꾸하는 것이었다. 그를 눈여겨 뜯어본 정 공은, 제 손으로 잡초를 뽑을 마음은 추호도 없는 대신, 앉혀 두기만 해도 풀이 안 난다는 '영천 장꾼'을, 그것도 '고수머리에다 옥니박이'인 작자를 재주껏 장독간으로 유인해 들이기만 하면, 옛말대로 효험이 듬뿍 날 것이라고 텅텅 믿은 터였다. 그래서 정 공이,

"노형! 저어……. 지금……. 저어……. 나 좀 봅시다."

한쪽 눈을 찡긋하며, 쭈뼛거리는 장꾼의 소맷자락을 장독대 뒤로 이끄는 품이 잠상질(법령으로 금지하고 있는 물건을 몰래 팔고 사는 일)할 물건이라도 숨겨 둔 성싶었다. 척하면 삼척인 것이 장사치의 눈치 아닌가? 정 공이 먼저 장독 뒤에 쪼그리고 앉자 장꾼도 따라 앉았는데, 입맛만 쭉쭉 다시던 정 공이 뜸을 잔뜩 들이다가, 한 손으론 하릴없이 잡초를 뜯으며,

"저어……. 할 이야기가 조금 있는데, 여기서 좀 기다리실랑기요(기다리실래요), 내가 시방 안에 들어갔다가 인차(금방) 나올 참이니까……."

기대에 젖은 장꾼이 "그러마." 하고 쪼그리고 앉아, 초조한 나머지

담배를 거푸 두 대나 태웠는데도 정 공은 좀체 나타날 낌새조차 보이지 않았다. 기다리다 지친 영천 장꾼이 잔뜩 화가 나서 벌떡 일어서려니까 발이 몹시 저렸다. 하필이면 코끝에다 지푸라기를 붙이려는 찰나에 나타난 정 공은 장꾼을 완전히 무시한 채 무성한 잡초에만 눈길을 주며 혼잣소리로 씹기를,

"아니? 풀이 아직 많이도 남았잖아? 영천 장꾼 앉은 자리엔 풀도 안 난다고 했는데……. 그게 공연한 소리인감?"

"……??"

'아직 남았다'는 건, 그 장꾼이 무료를 달래느라 무심코 몇 포기를 뜯다 말았달 뿐으로, 정작은 풀이 그대로 남아 있어서 기대에 몹시 어긋났다는 걸 역설적으로 한 말이었다.

이리하여 손도 안 댄 채 코를 풀려던 장독간에서의 돈키호테식 황당한 꿈은 온통 깨지고 말았으니, 아이 저걸 어쩌나!

  ● 도움말 : 金鶴鳳, 우성조

죽음의 철학

경주에 성주 붙인 사람치고 개화기 때 우스갯꾼(웃음꾼)인 정만서 시리즈를 한두 가지쯤 모른다면 수상쩍은 존재다.

술은 누구나 권하는 맛으로 마시고, 장모가 따르더라도 여자가 따른 술맛이 낫다고들 한다. 그래서 권커니 잣거니로 '이제 그만 취했다'며 서로 잔뜩 사양을 하고 있는 남의 술좌석에 끼어들어서는,

"당신네들이 진정 서로 먹기 싫은 술이라면 내가 대신 마셔 주지!"라는 궤변을 떨며 남의 술잔을 비우다가 뭇매를 얻어맞기도 했건만, 끝까지 당당했다는 것으로 미루어 봐, 정 공이란 화상은 대단한 호주가(豪酒家)임에 틀림없다.

이처럼 술과 신소리로 살아오던 그가 바람결에 요상한 소문을 얻어들었으니, 명성황후(시해 당시에는 민비였고 후에 명성황후로 추증되었다)가 일본 낭인들의 칼에 시해됐다는데…….

때는 정 공이 60살 되던 1895년 가을, 서울에 와 있던 일본 낭인배들이 몰린 곳은 마포의 아소정(我笑亭)으로 대원군의 별장이었다.

그들은 서대문을 지나 경복궁으로 돌입했고 내전인 건청궁(乾淸宮)에 난입한 폭도들은 칼을 뽑아 들고 궁녀들의 머리채를 잡아 흔들며 "황후 있는 곳을 대라."고 다그쳤다. 상궁과 궁녀들이 죽기로써 항거하자 4명의 궁녀를 살해했다.

이때 고종이 내전 앞에 나섰으니 시선을 끌어 명성황후에게 조금이라도 도피할 시간을 주기 위함이었다. 그러나 자객 중에는 임금의 눈앞에서 궁녀들을 치는 자도 있었다. 한편 내전에 깊숙이 숨어 있던 궁내대신이 달려드는 폭도들을 양팔을 벌리며 막으려 했으나 자객은 그를 베고, 뒤에 있던 명성황후를 난자했다. 궁내대신이 피를 흘리며 이 비보를 알리려고 임금 앞으로 다가가자 폭도들의 칼이 그에게 쏟아졌다. 임금이 보는 앞에서 그는 처참하게 숨을 거두었고, 폭도들은 신음하며 동궁을 부르는 명성황후의 가슴에 다시 칼을 꽂았다. 그리고 생사의 확인도 없이 명주로 감아 궁궐 뒤 사슴 사냥터로 끌고 가서는 석유를 뿌리고 불을 질렀다. 이 같은 참극은 시위대 교관이던 미국인과 러시아인 기사도 목격했다.

그건 처참한 주검이었다. 이 소식을 소상히 전해들은 정만서는 어쩐지 실컷 울고 싶었다. 물꾼지서기로(물구나무서기로) 세상사를 뒤집어 보는 안목으로 뭇 사람을 웃겨 온 정 공을 오히려 울게 만들 핑계거리가 생긴 셈이다.

맏아들인 '범이'의 죽음쯤 우스개로 받아들였을 뿐 아니라(66~67쪽 참조), 자신과 마누라까지도 헛죽음을 경험케 함으로써(141~142쪽 참조) 세속적인 죽음을 초월한 뚝심 좋던 정만서가 왜? 왜 그랬을까?

　누가 죽었건 죽음이란 그 자체는 엄숙하다. 왜냐하면 누구에게든 죽음이 필경 닥쳐오게 마련이기 때문이다. 사람은 누구나 한 번 죽는다는 것이 진리다. 그러나 남은 다 죽는다고 생각하면서도 자기 자신만은 영원히 산다고 착각하기 일쑤다. 만약 영원히 죽지 않는다면 그건 정말로 감당할 수 없는 무지무지한 고통인 것을……

　이튿날 장터거리 당산나무 밑에 발을 뻗고 앉아 땅을 치며 통곡하는 정 공을 의아해진 장꾼들이 에워쌌을 밖에……

　아무리 가렴주구가 심해 배를 곯았다 손치더라도 허기 때문에 꺼이꺼이 울고 있을 정 공이 아닌데 왜 울고 있을까? 혹 '술배'가 고프다면 모를까만, 하필 만장판(만장중)의 장꾼들이 보는 데서 울긴 왜 울어? 정 공답지 않게!

의심이 부쩍 커진 장꾼들이 까닭을 캐물어도 대답이 없자, 참다못해 막걸리를 동이 채로 안기고서 따져드니, 뜻밖에도 '까마귀가 고욤을 마다 하는' 식으로 술동이를 밀치며 한다는 소리가,
"여기 모인 사람들이 모조리 죽게 생겨 먹었길래 그게 서러워서 운다, 왜?" 하더란다. 보통과 달리 예언스러운 정 공의 '떼죽음' 소리에 놀란 장꾼들이,
"왜? 무슨 난리라도 터질 법하냐?"
또는,
"천지개벽이라도?"
라고 중구난방으로 떠들자, 정 공은 그 특유의 코맹맹이 소리로,
"여기서 장차 안 죽을 사람 있으면 나와 보시오!"
라는 것이었다. 이건 코앞의 이익에만 눈먼 속물들에게 죽음의 실존 즉, '대문 밖이 저승'임을 깨우쳐 준 고차원의 익살이다.
한퇴지의 시에,
'덧없는 인생에 갈 길은 많지만 저승으로 난 길만은 똑같다(浮生離多途超死惟一軌)'하였고, 세르반테스가 쓴 '돈키호테'의 비문에는 '미쳐서 살았고, 정신이 들어서 죽었노라'는 말이 적혀 있다고 한다.
그러나 하루하루를 힘겹게 살아가는 범인들에게 '죽음'이란 어쩔 수 없이 가장 두렵고 충격적인 대상일 수밖에 없는데도 사람들은 바쁜 일상에 찌들어 죽음 그 자체를 있는 그대로 파악하기를 거부하고 자기와는 전혀 상관없는 남의 것인 양 지나치려 하고 있는지도 모른다.

위대한 인물들의 최후는 본인의 생애와 무관치 않을 성싶다.

10·26 때 가슴에 총탄을 맞고도 "나는 괜찮아!" 한 인물은 박통이고, 마지막 순간 "이제 불을 꺼 주게."라고 말한 건 루즈벨트다.

서양의 제1회 근대 올림픽이 열리던 1896년의 북풍 몰아치는 섣달. 생과 죽음의 갈림길에서 돈키호테처럼 '미쳐서 살았고 맑은 정신으로 임종을 맞는' 익살꾼에게 '헛죽음' 때도 던져졌던 어기찬 질문이 또다시 던져졌으니,

"죽어 가는 맛이 어떠하냐?"고······.

그런데 이처럼 가당치도 않은 질문에, 스켈턴(1460~1529)이란 영국의 희극시인은.

"내가 쾌차하면 임종의 애읍(哀泣)을 주제로 멋진 익살을 만들 참인데, 죽음 앞에 웃는 것이 이처럼 쉬울 줄 예전엔 미처 몰랐어요!" 했다던데, 이 영국식 우스개가 우리 귀에 별로 우습잖게 들리는 건 무슨 까닭일까? 이게 바로 문화의 차이란 건가?

이에 반해, 평생을 술에 절어 흰소리만 치며 살아온 정 공은 조선의 마지막 개그맨답게, '죽음이 초죽음'이란 말로 자기 '주검'을 두려워하기에 앞서, 뭇 사람에게 다가올 죽음을 슬퍼할 수 있다는 건 정 공 나름의 역설적 휴머니즘인 동시에 삶에 대한 지극한 애착이랄 수 있다.

사는 재미는 어디에 있고, 죽는 맛의 실상은 어떠할까? 정 공의 말마따나 아무도 아직 겪어 보지 못한 것이 '초죽음'이라 알 길이 정녕 없는 걸까? 익살 속에 사는 재미를 심던 정만서가 저승에서는 신소

리를 퍼지르고 싶어 어찌 살까? 술을 퍼마시고 싶은 건 또 어찌 참고
있을까?

🌑 도움말 : 박용순, 이원주

명성황후 시해범은 누구였나

을미사변의 전개 과정 중에서 충격적인 사실 중 하나는 흔히 '낭인(浪人)'이나 '폭도'로 알려진 명성황후 시해범들 중 상당수가 일본의 지식인 출신 엘리트였다는 것이다.

이들 중에는 미국 하버드대 출신도 있었고, 훗날 일본 정부의 각료나 중의원 등으로 정계에 진출한 자들도 있었다. 이것은 을미사변이 '무지한 폭력배'들에 의해 우발적으로 일어난 사건이 아니라 '일본의 조선 침략'이라는 커다란 밑그림 위에 치밀하게 계획 되었고, 극우 지식인들에 의해 실행된 작전이었음을 말해 주고 있다.

을미사변으로 재판에 회부됐던 일본인들은 모두 56명이었고, 그 가운데서 '민간 낭인'으로 분류된 32명 중에는 특히 규슈 지방의 사족(士族) 출신이 많았다. 당시 서울에서 일본어로 발행되던 신문인 한성신보(漢城新報) 주필 구니토모 시게아키는 주도적 인물 중의 한 명이었다. 그는 1900년 국민동맹회를 결성해 '조선 장악'을 주장했으며 조선 북부와 간도 지방에서 줄곧

지형 조사와 정탐 활동을 했다. 또 다른 주도급 인물 시바 시로(柴四朗)는 미국 하버드대와 펜실베이니아대학에서 경제학을 공부하고 귀국한 뒤 작가로 이름을 날렸고, 1898년 중의원에 당선된 뒤 10선 의원을 지냈다(『조선일보』에서 인용).

등 따습고 배부르니

 항간에서는 '춥고 배고프다'는 말과 더불어 '등 따시고(따습고) 배부르다'는 말을 흔히들 쓰는데, 이 말에 얽힌 내력에는 이런 이바구(얘기)가 전해온다.
 창밖에 궂은비가 추적추적 내리던 어느 봄날의 늦은 오후, 동리 주막의 골방에서 담배 연기 자욱한 투전꾼들 뒷전에 쪼그리고 앉은 몰락한 선비가 있었다. 얼어 마신 개평술에 그의 약간 얽은 얼굴은 불콰하게 젖어 있었다.
 정만서의 일상이 이런 형편이고 보니, 가세가 '춥고 배고플' 수밖에…….
 그의 맏아들인 범이가 오래 전부터 모진 병에 걸려 시름시름 앓아 왔건만, 약 한 첩을 제대로 써볼 엄두를 내지 못했는데, 결국 그날 오후에 서러운 오열(嗚咽)을 터뜨리는 엄마의 치마폭에 안기어 기어이 눈을 감고 말았다.
 이 소식을 전해 들은 어느 이웃 사람이 애처롭고 안쓰러워, 짚신

에서 튀어 오르는 진흙 방울에 바짓가랑이를 적시며 황급히 주막으로 달려와,

"여보게, 이 사람들아! 정 공(鄭公) 여기 와 있겠지? 옳지 저기 있구나! 여, 이 사람아! 범이 죽었다네. 응? 범이 죽었는데 거기서 술이나 얻어 마시고 있을 참인가? 어서 정신 차리고 집으로 가보게나!"

하자, 방안 가득히 둘러앉았던 투전꾼들은 잠시 바쁜 손길을 멈추고서 연민의 눈으로 정 공이라 불린 사내에게 눈길을 보냈으나, 정작 당사자는 초점 없는 눈을 들어 사람들의 어깨 너머로 안개 자욱한 먼 산을 바라보며,

"뭐? 범이 죽어? 흠, 범이(호랑이가) 죽었단 말이렷다! 그 어더매(어디에) 사는 포수가 불질(총이나 포 따위를 쏘는 일을 비유적으로 이르는 말)을 했는지 모르지만, 그 놈의 포수 참, 불질 한번 잘하는 포순 모양이로군. 범을 잡다니? 범을……. 그 참, 명포수로군, 명포수야! 내 그 포수를 만나서 술 한잔 해야겠군!"

자기 아들의 목숨을 앗아간 병마를 호랑이를 쏘아 잡은 '포수'에 비유하며, 역설적인 소화(笑話)를 한 마디 남겼지만, 자식이 죽었다는데 아비로서 어찌 가슴에 응어리지는 슬픔이 없었으리요? 그러나, 이미 잡다한 일상사에 무량택심(無量宅心)해 온 정 공이었으니, 주먹을 들어 눈시울을 훔쳐야 할 순간에 아비로서의 마지막 애정을 이런 식으로 표현하고는 표표히 과객 길에 올랐던 것이다.

이렇듯 어긋난 인생을 살아감으로써 초당방으로 전해오는 걸쭉한

애기를 남긴 괴짜는 바로 본명이 용서(容瑞)요, 자는 만서(萬瑞)인 우리의 주인공이다.

경주가 낳은 해학가인 정만서는 '양반이 사는 마을'이란 뜻의 고지(高志) 마을에서 태어났다. 정만서는 병신년(1836) 경주에서 탄생하여 다음 번 병신년(1896)에 저세상으로 떠났으니 딱 60 평생이다.

정만서가 네 살 되던 해에는 천주교의 대탄압인 기해사옥(己亥邪獄)이 일어나서 '죽고 싶어서 까부느냐?'는 뜻의 '너 지금 천주학 하느냐?'는 속담이 생기기도 하였다. 이러한 시대에 천재적인 두뇌와 재주를 타고난 정만서는 문란한 현실에 혐오감을 느낀 나머지, 과거를 포기한 채 기행(奇行)을 일삼게 되었다.

어느 날 정만서는 양다리를 벌리고 엉덩이를 추켜든 채 고개를 숙이고 땅과 하늘이 도치(倒置) 되도록 바라보는 치기를 스스로 연출했다.

그러면서, '왜 진작 이런 생각을 하지 못했을까. 이 더러운 세상, 아예 더럽게, 아주 철저히 어긋나게 살자' 하고 속으로 다짐했던 것이다.

이렇듯 물구나무서기로 세상을 보는 '도립사상(倒立思想)'을 싹틔우면서도, 어떻게든지 착실하게 살아보려고 했다. 그래서 결혼도 하고 두 아들까지 보았지만 그는 맏아들인 '범이'를 잃게 되었고 결국 처자와 고향을 등지고 영원한 방랑길에 오르게 된다.

그러나 천재의 오기(傲氣)가 타락하면 사기(詐欺)로 변한다는 것을 실증이라도 하듯이, 타락한 세상을 등쳐먹는 짓에 익숙했으니, 한 끼는 굶고 다음 끼는 거르는 방랑길에서 언제나 어긋나고, 짓궂고, 엉뚱하여 발길이 닿는 마을마다 기인(奇人)의 행적을 남기고 떠나는 것이 상례였다. 정만서가 참으로 셀 수 없는 기발한 얘기를 남겼음에도 불구하고, 점잖은 사람들은 아무도 그의 행적을 거들떠보려 하지 않았다. 따라서 그에 관한 기록은 영영 찾을 길이 없게 되었다.

그런데 연산조 때 호를 청송문(青松文)이라 했던 그의 12대조가 거짓으로 미친 척하며 세상을 오만하게 살았다는 기록이 있는 것으로 보아, 그의 핏줄 속에는 미친 척하는 유전자가 숨어 있었는가 보다.(331쪽 참조)

엇길로만 빠진 그의 평생은 신소리와 풍자로 점철되었으며, 반골의 야인이었던 그의 생애는 '춥고 배고픈' 나날의 연속이었지만 그의 발랄한 기지는 평범한 서민들에게 웃음을 선사했고, 그의 기행과 상상력은 권태로운 초당(草堂) 사람들에게 신선한 만화로까지 받아

들여져 왔다.

정만서는 스스로의 인생을 만화처럼 살다 간 사람이었는데, 그의 묘비에 '증가선대부'란 벼슬 이름이 새겨진 것조차도 분명히 코미디랄 수밖에 없는 희극인 동시에 가관이 아닐 수 없다.

'춥고 배고픈' 나그네 길에서 안주 없는 강술을 퍼마셔 왔던 그가, 그만 배가 경주 남산만큼 부어오르는 복막염에 걸려 찾아갈 곳이라고는 수구초심(首丘初心 : 여우가 죽을 때에 머리를 자기가 살던 굴 쪽으로 둔다는 뜻으로, 고향을 그리워하는 마음을 이르는 말)이라고, 버리고 떠난 처자식이 있는 고향뿐이었다.

어렵사리 달구지를 얻어 타고 마을의 차부(車部)에 도착하자, 동리 꼬맹이들 편에 그의 집으로 득달같이 기별이 닿았다. 신작로까지 목숨이 경각(頃刻)에 다다른 아버지를 마중 나온 사람은, 정 공의 둘째 아들인 재선이었으니, 그동안 정 공이 객지로 나돌아 다니는 사이에 장성하여 이미 장골이 되어 있었다.

병든 아버지를 어떻게든 업고 가야겠으나, 워낙 배에 물이 들어찬 중환자였기에 도저히 업을 방도를 찾지 못하다가, 결국 아이들이 '콩등지기 놀이'를 할 때처럼 아비와 자식이 서로 등과 등을 마주 대어 업고 가는데, 비록 죽음이 눈앞에 닥친다 한들 희대의 익살꾼이 어찌 한 마디 없을쏘냐?

등을 타고 아들의 체온이 따스하게 전해오자 숨이 턱에 닿은 목소리로 정 공이 아들을 부른다.

"야아야(애야)?"

"예, 아부지, 많이 불편하십니까? 좀 쉬었다 갈까요?"

가래가 끓는 목소리를 가다듬으며, 코맹맹이 소리로 정 공이 하는 말인즉,

"아니다. 이 애비는 지금, 기가 맥히게 기분이 좋구나!"

"사경(死境) 중에 계신 어른의 기분이 무엇이 그리도 좋으십니까? 오랜만에 집에 오시니 그래서 좋으신지요?"

하자, 다 죽어가는 정만서가 소리를 빽 질렀다.

"야, 이넘우 손아(이놈의 자식아)! 사람이, 몰풍정(沒風情)하기는? 그래, '등 따시고 배부리며(등 따습고 배부르면)' 그것으로 족하지, 또 뭐가 더 부러울 것이 있단 말이냐?"

사실 그렇다. 작은 것에 만족할 줄 아는 사람이 바로 행복을 아는 사람이니 더 바랄 것이 뭐가 있겠는가? 그런데 나라 한쪽에서는, 세계 각지에서 돼지 삼겹살이란 삼겹살은 몽땅 수입을 해다가 배를 두

드려 가며 구워도 먹고 삶아도 먹고서는 살이 디룩디룩 쪄서 비만인 사람이 넘쳐나는 동시, 청소년조차도 비만에 헉헉거리는가 하면, 그와 비례하여 음식물 쓰레기로 인한 자원 낭비가 연간 20조 원을 넘어서고 또 그 옆에서는 에스라인이 어떻고 다이어트가 어떻고 하며 그쪽이 신흥 산업으로 떠오르는 세태가 아닌가 말이다. 그런가 하면 나라의 다른 한쪽에서는, 언제 적 목표인 '쌀밥에 고깃국 먹고 기와집에서 비단옷 입고 살게 하겠다는 것'을 아직도 달성하지 못한 채 헤매고 있으니, 참……. 한편에선 다이어트가 잘 안 된다고 안달이고 다른 한편에서는 강냉이 밥조차도 배불리 못 먹는 인고의 세월 속에 최근에도 굶어죽는 자가 속출한다니 세상 참 고르지 못하다.

그래, '등 따시고 배부리면(등 따습고 배부르면)' 그것에 만족해서 더는 큰 욕심을 부리지 말고 마음 편하게 사는 것이 도리이거늘. 욕심에는 한이 없는 법. 옛 어른들 말씀에 '욕심이 많으면 실물을 감한다.'고 했다. 작은 것에 만족하며 행복을 누리는 이의 지혜로움을 배움만 같지 못하다.

◉ 도움말 : 李基守, 金鶴鳳, 朴萬鍾, 이원주

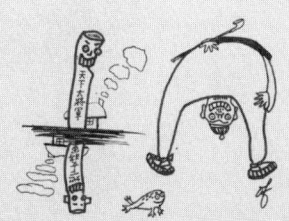

스무나무 아래 서러운 손이
망할 놈의 집에서 쉰밥을 먹었노라
二十樹下 三十客이
四十家에 五十食이라

제 2마당
병풍 치고 실례

밀 장수의 허욕

"얇은 사 하이얀 고깔은 / 고이 접어서 나빌네라,"로 시작되는 조지훈 선비님의 「승무」라는 시에 볼라치면, "빈 대에 황촉불이 말없이 녹는 밤에 / 오동잎 잎새마다 달이 지는데,"라는 구절이 나온다. 이 시에서 말하는 '황촉'이란 '밀초'를 가리키며, '밀'이란 꿀을 뜨고 남은 찌꺼기인 토종 벌집의 재료를 가리키는 말이다. 양초란 것이 아직 나오지 않았던 개화기 때, 서민들은 상어 기름이나 피마자기름으로, 부자들은 밀초로 밤의 어둠을 밝히곤 했었다.

어느 여름날, 할 일 없는 정만서가 경북 성주(星州) 장엘 갔더니, 어느 가게에서 누런 밀(蜜)을 잔뜩 쌓아 놓고 파는 것이 눈에 띄었다. 그래 일부러,

"히야아! 참, 얄궂네? 여기서는 밀을 다 팔고?"

했으니, 귀가 번쩍 뜨인 것은 성주 밀 장수였다.

"아니? 여보소! 지금 당신 뭐라고 했소? 그럼 그저 주는 데도 있단 말인가요?"

"아암! 있다 마다요!"

"어더메(어디에) 그런 데가 있습디까? 그래?"

"저기, 강원도 평해(平海 : 지금은 경북 울진군에 속함) 쪽에 가면, 거기서는 벌을 얼매나 많이 키우는지, 밀을 감당할 방법이 없어 밖에 내다 버리는 집도 있고, 더러는 돈을 줘 가면서 치워 달라는 집도 있습디다, 왜?"

'내다 버린다'는 말에 솔깃해진 밀 장수가 미심쩍은 듯,

"노형이 어찌 거기 일을 그렇게 소상하게 알고 있소?"

"그거야 여보소, 우리 누님이 평해에 사시는데 지난봄에 내가 매가(妹家 : 시집간 누이가 사는 집)에 갔더니, 그 마을에서는 한 집에서 벌을 이백 통도 먹이고, 삼백 통도 먹이는데, 우리 매가에서도 이백 통은 넘게 키웁디다. 내가 거기 가서 직접 봤으니까 알지요. 그러니까, 그쪽에다가 기별만 할 지경이면, 공짜나 다름없이 가지고 올 수 있을 것입니더만."

'공짜라면 비상도 먹는다' 했으니, 군침이 동한 욕심 많은 밀 장수가,

"호오. 그으래요오! 그럼 가져올 수만 있다면 한 짐 가져오면, 여비사 좀 들더라도 한 밑천 잡겠네……."

"아무라무상요(아무렴요)! 거기서야 지천이라 도무지 처치 곤란한 물건인데……. 여부가 있을라고……."

"그렇다면, 이렇게 만난 것도 인연인데, 노형이 좀 수고스럽더라도 한 행보만 해다 주실랍니까? 여비야 툭툭히 드릴 참이니까?"

"청이 정 그렇다면, 거절하기도 뭣하고, 노는 셈치고 딱 한 행보만 해 볼까아……."

이렇게 해서 여비조로 받은 것이, 도포 소매가 축 처질 만큼의 엽전 꿰미였는데, 그것이 모두 대구 기생집에서 술값으로 탕진되었음은 불문가지(不問可知)였다.

정 공이 밀 가게 주인한테는 언제쯤 올 것이라고 미리 약조를 해 뒀으니, 밀 장수는 '이제나 올까? 저제나 올까?' 하고 몹시 기다렸건만 약조한 날을 열흘씩이나 넘겼음에도 정 공은 전혀 나타나질 않았다. 기다림에 지친 밀 가게 주인이 드디어 경주 어디에 산다는 정 공을 찾아 나섰다.

당초 약조 시에 정 공이 말하기를, 자기는 경주 북문 안에 사는 정 부자로서 경주 성내에 와서 물으면 세 살 먹은 아이까지도 단박 다 알 거라고 떠벌렸으니, 경주에만 가면 살짝곰보인 정 공을 찾는 일쯤이야 수월하리라고 믿었던 까닭이었다.

밀 장수가 경주 북문거리 주막에 들러서,

"여기 정 부자네 집이 어디쯤 되는가요?"

하고 물었겠다. 주막에 모여 놀던 술꾼들이 단박, '정 부자라니? 정만서가 또 어디 가서 허풍을 떨었나 보군' 싶어 턱짓으로 정 공네 집이 있는 골목 어귀를 가리켜 주었다.

한편, 정 공은 그 나름대로 지금쯤 성주에서 사람이 찾아올 때가 가까웠음을 예감하고는, 모든 준비 절차를 말끔히 끝낸 뒤였다. 널찍한 빈터에다 깨어진 기왓장이며, 불에 그슬린 서까래와 기둥 및 숯덩이 나부랭이를 너저분하게 모아 놓곤 그 옆에 움막을 짓고서 기거하는 중이었다.

성주서 온 밀 장수가 골목 어귀에 들어서는 것이 보이자 한달음에 뛰쳐나와서 밀 장수의 손을 덥석 잡으며,

"하, 여보소! 내가 당신이 찾아올 줄 미리 다 알고 있었소. 그런데 이런 변고가 있나, 그래. 내가 지난번에 성주 갔다가 오는 길에 경산(慶山)서 며칠 묵고 오니까 그만 우리 집에 불이 나서 화재를 당하고 보니, 도무지 경황이 없어 이 지경이 댓심더(됐소이다)."

하며, 잔뜩 너스레를 떨었다. 불탄 자리를 휘둘러보니 주춧돌이 여기저기 듬성듬성 박힌 꼴이 본디 있었던 집은 제법 규모가 있은 듯싶지만, 밀 장수로서야 아랑곳할 것이 아니니까,

"그래 대관절 밀은 어찌 됐소?"

하고 다그치며 나왔다.

"밀? 그건 염려 놓으시오! 내가 우리 생질(甥姪 : 누이의 아들) 있는 데다 기별을 보냈으니까, 지금쯤 영덕(盈德)은 지났을 터이고, 내일모래면 청하(靑河), 흥해(興海)를 거쳐서 내려올 참이니 너댓새만 기다려 봅시더. 그래."

하며 둘러대는 것이었다. 떨떠름한 표정인 성주 밀 장수가 두꺼비눈을 슴벅이는 걸 본 정 공이 얼른,

"그럴 것 없이, 여보소. 우리 그동안 애기 바위가 있는, 저기 애기청소[愛妓淸水]에 가서 낚시질이나 하고 놉시더. 소풍 겸해서 말입니더."

하고 밀 장수를, 여우에게 살구기름을 먹이듯이 살살 호리기 시작했다.

"애기청소는 명주 꾸리 한 개가 다 들어가는 깊이인데다가, 장마철에는 팔뚝 같은 황어(黃魚)가 올라올 뿐 아니라, 지금 가면 살찐 모치(미처 다 자라지 않은 어린 '숭어')도 숱하게 떼 지어 물살을 가른다."며, 낙동강 수계(水系)인 성주 사람이 짐작이 잘 가지 않는 형산강계의 어종을 들먹이며 밀 장수의 주의를 흐려 놓았다. 드디어 못 이긴 채,

"그럼, 그래 볼까……." 하며 마지못한 억지 대답을 끌어낸 정 공은 부인에게,

"오늘, 이 손님과 함께 애기청소에 소풍 겸 물고기를 낚으러 갈 터이니, 점심때가 되거들랑 점심밥을 지어서 내오시오."

'그러고, 거기 와서는, 이렇게 저렇게 처신하라'는 특별 지침도 은밀히 시달하는 것이었다.

경주 북문거리를 나와 내다보이는 사방(土方) 가는 쪽의 애기청소에 다다라 물속을 들여다보니, 성주에서는 전혀 볼 수 없던 희한한 물고기들이 물 속에 그득한데, 정 공은 손짓 섞어, 여기가 금장낙안(金丈落雁)으로서 경주가 자랑하는 삼기팔괴(三奇八怪 : 예부터 경주에는, 세 가지 기이한 것과 여덟 가지 괴상한 것이 있다고 전해오고 있다)의 하나이며, 예전엔 금장대(金丈臺)가 있었고, 경치가 너무도 아름다워 날아가던 기러기조차 내려와 쉬었기로 '금장낙안'이 되었다느니, 고성숲(황성공원)과 백률사에 얽힌 전설은 어떻다느니 하며, 극진한 설명을 곁들이는 것이었다. 정 공은 제물에 겨워, '낚시 드리우니 고기 아니 무

노매라'라는 시조를 읊조리며 겨우 꽃피리(갈겨니의 수놈) 몇 마리를 낚아 올렸는데 벌써 점심참이 가까워 왔다. 때마침 자기 부인이 점심 바구니를 이고 저만치 나타났을 때, 정 공이 바위 끝에 올라서서,

"저것 좀 보소! 저놈의 은어 떼들이 물살을 가르는 걸! 히이야아……."

하며 금방이라도 몇 마리 건져 올릴 듯하더니, 손쓸 사이 없이 "어, 어엇!" 하며 기우뚱하는가 싶다가 그만 쉰 길 청소 속으로 '철버덩' 빠져버리는 것이 아닌가. 처음엔 '압푸, 압푸' 하고 몇 번 허우적거리더니 이내 '꼬로록' 하고는 가라앉아 종무소식이었다.

놀란 밀 장수가 엉겁결에 '어라? 어라?' 하는 참이, 바로 바위 뒤를 돌아 올라온 정 공의 부인이 점심 바구니를 내려놓는 찰나였으니, 이거 참 난처하기 짝이 없었다.

정 공이 갑자기 시야에서 보이지 않는 데다 당황한 밀 장수의 난감해진 표정을 읽은 부인이,

"아, 여보소! 우리 집 양반은 어디 가고 없소?"

"그 양반 방금, 은어를 잡으려다 그만 물에 빠졌소이다. 이를 어찌지요, 부인?"

"오라! 그게 아니라, 밀 값 몇 푼 때문에 당신이 물 속에다 떠밀어 넣었지? 그 양반이 왜 빠져? 애기바위 구경 온다더니, 여기 와서 천금 같은 남의 주인을 물에다 처박아? 너 이놈!"

서슬이 시퍼렇게 나왔다. 자기는 혼자인데다가, 본 사람은 아무도 없지! 물 속에 가라앉은 정 공은 떠오를 기미조차 없으니 이미 황천

객이 됐을 테고, 발명(發明 : 죄나 잘못이 없음을 말하여 밝힘. 또는 그리하여 발뺌하려 함)을 해 봤자 통할 턱도 없고. 정 공 부인은 따지고 들지? 큰 일이 나긴 났으나, 하도 어이가 없어 멍한 판인데, 부인이 악을 쓰며, 밀 장수의 멱살을 조여 쥐고,

"우리 주인 건져 내라."고 다그친다. 여기서 어물거리다간 '문둥이 때려죽이고 살인 누명 쓰기 꼭 알맞겠다.' 싶어 까짓 멱살 잡은 가냘픈 여자의 손목쯤이야 댓바람에 뿌리치고, '에라, 모르겠다. 사세 불리하면 삼십육계 줄행랑이 으뜸이다.' 싶자, 냅다 뛰어 그 길로 뒤도 돌아보지 않고 한달음에 성주로 도망쳐 갔다.

'어휴우, 이젠 평해든 밀이든 까맣게 잊어버리자. 그까짓 돈, 거지 떡 사준 셈 치지 뭘' 하고 그는 자기의 허욕을 뉘우치며 밀 장사에만 골몰하게 되었다.

한편, 어느 때 농부들이 '못굴'을 빼달라고 부탁할 적에는, 물이 깊다느니 차갑다느니 하며 핑계도 많던 정 공이었으나(178쪽 참조), 궁지를 헤어나려니까 자맥질 실력이 되살아났던지, 애기바위에서 뛰어내리자마자 쉰 길 되는 청소의 바닥을 기어서는 어떻게, 어떻게 강을 건너왔다.

 그런 다음 몇 달이 지난 뒤, 가을도 가고 어느 눈 내리는 겨울날에, 새 옷 일습으로 갈아입고 의관도 새것으로 정제한 정 공이 어슬렁거리며 또다시 성주의 저자 거리에 나타났다. 장터거리에 들어서서 이 가게 저 가게를 기웃기웃하며 문제의 밀 장수네 가게를 향해 올라가고 있을 때, 마침 그 밀 장수가 먼발치로 가만히 보자 하니 말끔하게 차린 입성이 다르달 뿐, 걸음걸이나 생긴 모습이 천생 정만서(鄭萬瑞)를 쏙 빼닮은 사람이 올라오고 있지 아니한가 말이다.

 '아니? 저게 누구지? 그 화상은 경주 애기청소에서 빠져 죽었는데? 그럼 저게 귀신인가, 혼령인가? 이게 도무지 어찌 된 영문일까?'

 제 살을 꼬집어 봤으나 꿈은 아니었다. '그렇담 습격을 해야지!'

 "이게 누고? 경주 정만서 아닌가? 너, 이눔, 밀 사준다고 내 돈 떼먹은 넘이지? 오늘 잘 만났다. 당장 그 돈 내놓아라!"

 "앙이(아니), 이것이 무진 소린강(무슨 소린감)? 날아가던 까마귀 방귀 뀌는 소린강(소린감)? 당신이 정만쇠를 어찌 알며? 밀이 어쩌고 어째? 오호라! 네놈이 바로 그 성주 밀쟁이로구나! 그렇지? 이넘! 내가 니넘을 찾을라꼬(네놈을 찾으려고) 몇 달을 헤맸는지 알기나 해?"

 적반하장이다. 손바닥에 침을 칵 뱉어 쓱쓱 문지르며,

"우리 형수씨가 어떻게든 성님의 원수를 갚아 달라더니, 이넘 너 여기서 잘 만났다. 애기청소에다 우리 성님을 떠밀어 넣은 녀석이 바로 니넘이지(네놈이지)? 그래 너 당나귀[鄭氏] 맛 좀 볼래?"
하며, 귀쌈(귀싸대기)부터 처얼썩 올려붙였다. 갑자기 멱살을 바짝 조인 밀 장수로서야 이런 날벼락이 있나? 분기충천하여 고래고래 소리를 지르며 우선 당차게 나올 밖에…….

"이게? 까불어? 이 손 못 놔? 대관절 넌 누구냐?"
뭔가 애기의 앞뒤 아귀가 맞지 않는 것이 미심쩍은 구석이 있다는 소리다.

"내가 누군지 알고 싶어? 내가 누군고 하면? 얘기해 줄까? 애기청소에서 네놈이 빠뜨려 죽인 '만'자 '서'자 쓰시는 어른의 아우 되는 몸이시다, 왜? 내가 못 찾아올 줄 알았지? 우리 형제는 본디 상딩이(쌍둥이)였는데 말이다……. 내가 우리 형수씨한테서 소상스럽게 듣진 못했으나마 우리 성님의 원수가 성주란 데서 밀 장사를 하는 놈이란 소린 분명히 들어뒀다. 이 쥑일 놈! 하늘이 내려다본다. 이놈아! 우리 성님의 원수놈! 살인 죄인은 당장 관가로 가자!"

이런 낭패가 있나? 밀 장수가 가만히 기억을 더듬어 보자니까, '정만서가 그날 애기청소에 빠지는 것을 내 눈으로 똑똑히 봤는데 여기 똑같은 작자가 나타난 걸 보면, 쌍둥이 동생이 있기는 있었던 게 사실일 것 같단 말씀이야.' 여기까지 생각이 미치자,

"하이고, 여보소! 실은 내가 그때, 떠밀어 넣은 것이 아니라, 자기가 은어를 잡으려다가 발이 미끄러져서…….”

하며, 딴엔 자초지종을 밝히려는데, 정만서가 밀 장수의 말머리를 우격다짐으로 뚝 자르며,

"뭐가 어째? 시끄럽다. 임마!"

하곤 내쳐 속사포로 쏘아붙이기를,

"주둥아릴 그냥? 야 임마야! 너 죽어 볼 테? 아니면 주리 맛을 보고 싶으냐? 그것도 아니면 담금질 맛을 보고 싶나? 응? 원하는 대로 말해라. 염라대왕 앞에까지 모셔다 줄 참이니까. 응? 고춧가루 물은 어떻겠나?"

나오는 가락이 보통내기가 아닌데, 그냥 잠자코 있었다간 뼈도 못 추릴 기세였다. 이처럼 급한 김에 어째? 땅바닥에 납작 엎드려서 두 손을 싹싹 비비며,

"하이고, 성님. 어떻든지 좀 봐주이소, 야(네)? 내, 내가 하, 한 밑천 장만해 드릴게, 야? 성님! 살콰만 주이소. 성니이임!"

죽은 놈 원도 들어준다는데 산 사람 원이야 못 들어줄 것도 없지, 더구나 한 밑천까지 장만해 주겠다는 데야…….

◉ 도움말 : 朴龍淳, 金學述

목신 붙은 나뭇바리

헌종, 철종, 고종의 삼대 동안 어전에서 판소리를 읊은 이날치(李捺致, 1820~1892)는 '새타령'의 명수였다. 이 명창이 어느 부자 양반 집에 초대를 받아 갔더니 그 부자란 작자가 한다는 소리가,

"애햄, 자네가 사람을 곧잘 울린다던데, 상놈들이라면 몰라도, 품위를 아는 사대부들에겐 안 통하는 얘기여. 만일 자네가 나를 울릴 수 있다면 상으로 천금(千金)을 내리겠지만, 그렇지 못할 경우에는 자네의 목숨을 바칠 수 있겠는가?"

라며 노래 한 곡조에 목숨을 바치라는 식으로 대단히 교만스레 내기를 걸어왔다.

이를 쾌히 승낙한 이날치가, 뱃사람들에게 팔려 가는 심청이가 영문을 모르는 심 봉사와 이별하는 장면을 구성지게 읊어 나가자, 그만 저도 모르게 목을 놓아 울더란다.

이렇듯 사람을 울리기도 쉬운 일은 아니지만, 꼭 울리기 내기를 한다면야 두드려 패는 식의 고통을 주는 방법도 있을 테지만, 가만히

있는 사람을 웃기기란 참으로 힘든 노릇이다. 차라리 '가만히 있는 부처를 울리는 것이 쉽지', 여간 재주로야 아무리 웃기려 한들 누가 웃어 줘야 말이지…….

이날치와 동시대 사람인 정만서는 목청이 아니라 입심으로 웃기는 코미디언이요 개그맨이었다.

우리는 가정불화로 말미암아 말이 많은 집안을 가리켜 '콩가루 집안'이라고들 핀잔하는데, 그 유래는 이러하다.

제법 어긋난 집구석의 바깥 건달이 마누라에게,
"망할 놈의 세상, 비는 오고 심심한데 우리 떡이나 해 먹자!"
하고 운을 떼면, 그 마누라쟁이가 널름 받아 이르기를,
"팥이 있어야지?"라며 입맛은 아직 살아 있다는 투다.
"뒷집에서 송아지팥(굵은 팥의 일종)을 꾸어다가…….."
"그럼, 땔나무는 있능강(있는감)?"
이 마누라쟁이는 한 마디도 빠지지 않고 꼭 대꾸가 따른다.
"저기 통시(뒷간) 울타리를 뜯어다가…….."
이런 것이 바로 '떡 해 먹을 집안'의 전형이다.

그런 '통시 울타리'도 없는 변강쇠는 "나무를 해 오라."니까, 동구 밖의 장승을 모조리 뽑아다가 패어 때고는 뜨끈한 아랫목에서 옹녀와 흐드러지게 방사(房事)를 꾸몄다던데, 그렇게 뜯어 땔 통시 울타리는커녕 장승조차 없었던 것이 우리 정 공의 형편이었다.

땔나무가 없어 엉덩이가 시린 정 공이지만, '머리에 털 난 뒤로'지

게라곤 져 본 역사가 없었으니, 어디 가서 검불인들 한 짐 끌어 올 수가 있었을까!

이씨 부인이 긁는 바가지보다 오히려 제 엉덩이가 더더욱 시린 정 공은, 건천 장터 끝머리의 나무 시장으로 나가 보았다. 거긴 솔가리, 삭정이와 장작 짐들이 즐비했고, 더러는 소달구지에 싣고 나온 마른 나뭇단도 있었다. 그런 나뭇바리를 유심히 살피던 정 공이 삭정이를 높이 실은 마부에게 다가가서, '얼마냐' 하는 듯 턱짓으로 묻는 눈치였다. 나무를 팔아야만 간고등어 한 손에다 딸내미 얼레빗 나부랭이를 사 들고 돌아갈 마부는, 열 냥쯤 받을 속셈으로,

"에, 나으리, 열닷 냥만 주이소, 예."

라며, 실은 에멜무지로(결과를 바라지 아니하고, 헛일하는 셈 치고 시험 삼아 하는 모양) 해본 소리였는데, 이 소리를 들은 정 공은 앞장을 서며, 옆 고갯짓으로 당장 '따르라'는 신호를 보내는 것이 아닌가? 마수걸이로 열닷 냥짜리 '횡재를 했다' 싶어진 마부는 휘파람까지 불며, 나뭇

바리를 실은 달구지를 끌고 정 공네 집에 당도했다. 지붕이야 찌그러졌지만, 담장이 어그러진 사립 기둥 사이를 보자 하니, 미역과 숯덩이 및 솔가지 따위가 꽂힌 왼새끼줄이 가로막혀 있었다. 그건 '금줄(禁-)'인 바, 누구도 함부로 넘나들지 못하게 불문율로 정해져 있는 통행금지 표지였다. 그래서 나무꾼이,
"어디에다가 나무를 부려 디리끼요(드릴까요)?"
하고 물었으나, 철저히 입을 봉한 정 공은 허물어진 담 너머로 던져 넣으라는 시늉의 몸짓이었다.
'눈치가 빠르면 절에 가서도 젓국을 얻어먹는다.' 했는 바, 단박 그 뜻을 알아차린 나무꾼은 바짝 마른 나뭇단을 마차 위에서 기합까지 섞어 가며, 낮은 정 공네 담 너머로 훌쩍훌쩍 던져 넣었다.
나무꾼이 "쉿차! 어엿차!" 하자, 나뭇단은 떨어지면서 '푸사삭, 푸사삭'하며 장단을 맞추는 듯하였다.
일하는 재미에 빠져든 마차꾼이 나뭇단을 반 넘어 부렸을 즈음에, 눈을 화등잔처럼 크게 뜨고 달려 나온 정 공이 밑도 끝도 없이,
"보소, 이거 도로 가지고 가시오, 얼른 퍼뜩(빨리)!"
하며, 비로소 입을 열었는데, 그 표정이 정말로 처절하리만치 일그러져 있었다. 이에 놀란 마부 또한 화등잔만한 눈이 되어,
"아니, 왜요오? 도로 싣고 가다니요? 어디로요?"
반문하자, 울상이 된 정 공은,
"집에 산모(産母)가 있으나, 까짓 마른나무쯤이야 어떻겠나 싶으면서도, 혹시 하는 마음에, 방서 삼아 입을 꼭 다문 채 땔나무를 들여

놓으려고 했더니, 뭔가 심상치 못해요! 아무래도 목신(木神)이 붙어 들었는가 싶소이다. 생때같던 아기가 불덩이처럼 열이 올라 갑자기 울지도 못하고, 산모조차도 네 방구석을 매고 있으니, 삼신할미가 노한 것이 틀림없다 싶소. 어미와 자식을 몽땅 한 쌈에 잃을 판이요! 잔소리 할 틈이 없으니 부정 탄 나뭇바리를 빨리빨리 싣고 가소, 얼른! 안 가고 뭘 하는 거요?"

"아니? 보소, 뭐라고요? 예? 나으리!"

따지고 들고 싶었지만, 나뭇바리에 딸린 목신 때문에 두 목숨이 저승길에 든다는 데야 어째?

주술적인 시대에 태어나서 자란 마부로써, 어찌 생사람 둘이 시방 이몽가몽(완전히 잠이 들지도 잠에서 깨어나지도 않은 어렴풋한 죽음 직전의 상태)이라는 데야 별 방법이 없지!

"지꺼무 떠거랄(제미 떡을 할)……. 재수 참 옴 붙었네! 팻패……. 패애……."

하고 마른침을 세 번 뱉은 마부가 잔가지는 온통 부셔져 나가고, 굵은 줄기만 엉성하게 붙은 나뭇단을 대강대강 주워 싣더니, 삼신 귀신에게 쫓기기라도 하는 듯 뒤도 돌아보지 않고 애꿎은 말 궁둥이에 모진 채찍만 가하였다.

그로써, 어그러진(부서진) 잔가지가 두 짐쯤 공짜로 떨어졌으니, 땔감 걱정은 한 며칠 잊은 셈이지 뭘! 이건 누구 말마따나, '떡고물'이 아니라, '콩고물'을 반타작은 한 거지!

독자 여러분! 정만서의 부인 이씨가 단산한 지가 언젠데 안방에

'아이'가 있고, 삽짝에 금줄이 있어?
그게 다 정 공이 꾸민 거지! 안 그래요?

🌑 도움말 : 李準基

눈 뜨면 코 베어 갈 세상

흔히들 세상 인심을 얘기할 때 '산 사람 눈도 빼어 먹겠다'라고도 이르지만 때로는 '눈 감으면 코 베어 갈 세상'이라는 말도 한다. 청파역 앞의 저잣거리(장거리)에서 야무지고 깐지기 짝이 없다는 한양 장사치의 쌈짓돈을 "닭이니, 봉이니." 하는 궤변(詭辯)으로(212쪽 참조) 벗겨 먹은 정만서는 낮술 몇 잔을 걸친 다음, 불콰한 기분에 젖어 삼개[麻浦]쪽으로 나가 경강(예전에, 서울의 뚝섬에서 양화 나루에 이르는 한강 일대를 이르던 말) 너머로 지는 석양을 망연히 바라보며 무심의 경지를 한껏 즐기고 있었다.

이때, 서강(西江)쪽으로 난 한길을 따라, 짐 실은 큰 말을 몰고 오는 사내가 있었다. 그는 노을을 등에 지고 지친 걸음을 옮겨 놓으면서도, 시름없이 앉아 허공에 눈을 박은 정 공(鄭公)을 멀리서부터 찬찬히 지켜보며 다가오는 것이었다. 그러는 과정에서 왠지 모르게 사색에 잠긴 정 공에게 어떤 알 수 없는 친근감을 느낀 마부 사내는 오랜 친구 마냥 스스럼없이 정 공에게 말을 건네는 것이었다.

"저어, 노형! 날씨는 차고 해는 지고 있는 판에, 객줏집을 정해야만 할 형편이우만, 어드메로 가면 마땅한 객주를 얻을 수 있겠수?"
"음? 아! 애애. 쩝쩝."
마치 잠에서 깨어난 듯 손바닥으로 마른 낯을 씻으며, 사내에겐 눈길도 주지 않고서,
"저기, 포구 안쪽으로 들어가 보소. 거긴 쌔고 쌘 것이 객주니까."
했다.
"듣자 하니 말씨가 경강[漢江] 분이 아니신 듯한데, 노형은 삼남(三南)에서 오셨나요?"
"그런 거는 왜 자꾸 묻소? 갈 길이나 가시잖고?"
약간 귀찮은 태도였다.
"하, 네에, 저는 해서(海西 : 황해도)에서 막 올라오는 홍 가올시다. 이거 반갑수."
하며 깍듯이 인사를 드린다. 마지못해 정 공도,
"예, 나는 영남 사는 정 가외다."
일단 인사를 받긴 받았으되, 아직도 정 공은 시큰둥한 눈치다.
"노형! 초면입니다마는, 저는 어쩐지 처음 뵙는 어르신네 같지가 않아서 그러는데, 미안하지만 부탁 좀 드립시다."
"거, 무슨 부탁이요? 할라면 해 보소!"
아직도 이쪽은 뻣뻣하다. 그러나 워낙 저쪽에서 공손히 나오니 정 공도 고개를 돌려 찬찬히 사내를 훑어보다가, 엉뚱한 데로 화제를 돌려,

"그 말이 참 좋소이다!"
하며 코에서 흰 김을 풍풍 뿜어내는 말을 보더니 비로소 알은척을 하는 것이었다. 이 소리에 왈칵 반가움을 느낀 사내는,
"예, 삼전도(三田渡)에 산다는 전 우찬성(右贊成 : 의정부에 속하는 종일품 벼슬) 댁에 소작료와 함께 해서(海西) 특산물인 봉물을 좀 싣고 가는 길입지요. 오늘은 날이 저물어서 도저히 못 가겠으니 쉬었다가 내일 밝는 날 갈라꼬요(가려고요). 근데, 노형은 참 보는 눈이 계시네요! 이게, 이래 뵈도, 젊었을 때는 한창 날리던 호마(胡馬)입지요, 네. 안목이 참 높으십니다요!"
하며, 묻지도 청하지도 아니한 말을 제 혼자 신이 나서 지껄이는 것이었다.
"아직 쓸 만한 호마에다가 저런 무거운 짐을 실으면, 말을 그만 못

쓰게 되는 법인데…….."
"아, 네, 그건 그렇습죠. 그러나 이미 한창때는 지난 놈인 걸요."
"그런데, 여보소! 부탁이란 뭐요?"
정공도 그 마부 사내와 몇 마디를 나누는 사이 차츰 친근감이 생기는가 보다.
"네 다름이 아니고요, 제가 저기 가서 객주를 정하고 돌아올 때까지만 이 말을 좀 보아 주십사구요. 그리고 갔다 와서 우리 같이 한 잔 나눕시다요. 네? 날씨도 찬데 말씀이지요."
시큰둥하던 정 공의 표정에 갑자기 활기가 돌기 시작했으니, 한 잔 하자는 데야 마다할 장사가 어디 있으랴, 더구나 억지로 말을 맡기는 데야 건성으로라도 봐 줄 수밖에…….
"그렇게 하소! 쇡히 댕기오소(속히 다녀오세요)!"
"고맙구려. 그럼 내, 이내 다녀오리다."
하고 막 떠나려던 사내가 일부러 돌아서더니만 긴히 한다는 소리가,
"근데, 노형! 한양은 '눈 뜨면 코 베어 가는 곳'이라던데요, 이 말을 단단히 지키고 계시구려, 알았지요?"
"예, 예, 알았소. 글랑 염려 마시고, 폇떡 댕기오기나(얼른 다녀오기나) 하소 보자."
사내의 말 속의 문제인즉, '눈 감으면 코 베어 가는'을 '눈 뜨면 코 베어 가는'이라고 잘못 발음한 것이었다. 그걸 귀담아 들은 정 공은, 사내의 뒤통수가 길모퉁이를 돌아서기를 기다렸다가, 선걸음에 말은 물론 말 짐까지 몽땅 아무렇게나 헐값에 팔아 챙기고는, 시침 뚝

따고서 도로 그 자리로 돌아왔다.

  한 '담뱃참(담배 한 대를 태울만한 시간)'은 좋게 지난 뒤에 사내가 정갈한 객주를 정해 두고 돌아와 보니, 말과 말 짐은 간 곳 없고, 정만서 혼자 앉아서 두 눈을 꽉 감은 채, 한 손으로는 자기 코를 감싸 쥐고 또 다른 손으로는 끊어진 말고삐만 잔뜩 움켜쥔 채, 또 무심에 젖어 있는 것이 아닌가 말이다!

  "어? 어?" 하며 다급해진 목소리의 사내가,

  "노형, 노형. 정신 차리시오! 말과 말 짐은 다 어디 가고……?"
했다. 그 소리에 갑자기 정신이 든 듯, 심봉사가 청이를 만날 때처럼 눈을 번쩍 뜬 채 흰자위를 드러낸 정 공은 사방을 두리번거리며,

  "아이갸아……. 말이 그 사이에 없어져 버렸네 그랴! 그 참, 당신이 '눈을 뜨면 코를 베어 간다'기에 줄곧 눈을 감고 코를 쥔 채 이까리(고삐)만 잡고 있었더니, 내, 원 참, 뭐가 보여야 말이지. 허음, 내 코는 여기 그대로 붙어 있는데, 그 참 어떤 놈이 말을 몰고 가버렸지? 그놈 참, 빠르네!"

  "아니 이 냥반이! 뭐가 어째요???"

  🌀 도움말 : 朴五仲, 朴龍淳

암캐 잡은 셈 치라니까

애꿎은 영남(嶺南) 사람들만 벗겨 먹는 짓거리에 시들해진 정만서는 찌는 듯한 삼복더위도 아랑곳하지 않고, 한양을 향해 만화(漫畵) 같은 과객 길을 나섰으니 필경 이화령을 넘었을 것인 바, 연풍(延豊) 땅에서 있었던 얘기가 어떤지 들어나 보자.

정만서는 낭중무일푼(주머니에 돈이 한 푼도 없음)인 상태에서 시쳇말로 무전여행을 떠났던 것인데, 그때는 각 고을의 부잣집에서 과객들에게 숙식을 제공함은 물론, 때로는 적잖은 노자까지도 쥐어 주는 것이 풍습이었으니까.
따갑게 내려 쪼이는 햇살을 헤집고 이화령을 넘자니까 땀은 콩죽같이 쏟아지고 배 속에선 미꾸라지 소리가 요란하였건만, 주막집은 그리 쉽사리 나타나 주질 않았다. 숲 속에서 한가하게 우짖는 매미 소리를 귓전으로 흘리며, 가파른 재를 쉬엄쉬엄 넘어서 연풍(延豊) 땅으로 들어서자, 골짜기에서 치불어 오는 시원한 바람이 길손의 땀

방울을 식혀 주는 것이었다. 내리막길을 내려서니 마침 세 갈림길에 있던 주막집이 눈길에 들어왔고, 곧이어 개장국 끓는 냄새가 풍겨와 배 속의 회를 진동 시켰다.

주막집 뒤쪽의 늙은 홰나무(회화나무) 그늘에 펴둔 살평상에 올라앉은 정 공은 옷섶을 헤쳐 잡고 훨훨 연방 부채질을 하면서, 주모에게 우선 막걸리 한 양푼부터 달라고 시킨 다음 고개를 돌리다 보니, 서 말치(서 말 들이) 솥에서 방금 건져 놓은 살찐 황구의 살갗에서는 김이 무럭무럭 피어오르고 있는 것이었다.

자기도 모르는 사이에 군침을 꿀꺽 삼킨 정 공은 빈 주머니를 한번 만져본 다음, 누가 들을세라 매우 은근한 목소리로,

"아, 여보소, 주모, 참 인심 좋게 생겼군요. 주모! 저어……. 저거 기양(저것을 그냥, 공짜로) 날 좀 주이소, 예?"

하며 개 뒷다리 사이의 불룩한 부분을 손짓하며 애원하듯 부탁하는 투였다. 하지만 영남(嶺南) 말씨를 잘 못 알아들은 충청도 주모는 제 나름으로,

'눈빛이 서글서글한 품으로 보아 노자깨나 지닌 알짜배기 손님인가 보다'는 혼자 생각에 젖어 참으로 '값지고 귀한 보양 고기'를 갖은 양념과 함께 접시에 담고서, 따로 진국까지 곁들여서 술병과 함께 차려다 주는 것이었다.

반주에 더하여 이른바 보신탕의 진수라고 일컫는 구랑(狗囊 : 개의 불알)에다 정력제라고 믿는 '만년필 고기'(수캐의 음경)까지 흐드러지게 즐긴 정 공은, 또 한 번 저고리 섶을 열어 큰 활갯짓으로 부채질을

하는 것이었다. 오랜만에 푸짐하게 늦은 점심을 마친 정 공은 일면 "끄, 꺼어억." 하고 게트림을 하며, 일면 살구 씨를 씹으며 입맛을 쩝쩝 다신 것까지는 좋았는데, 정작 주모에게 내놓은 것이라곤 엽전 몇 닢의 막걸리 한 되 값에 불과하였다. '귀하고도 비싼 안주 값'을 받지 못한 주모는 금세 눈 꼬리가 세모꼴로 접히면서 앙칼지게 언성을 높여,

"아니, 여보시오! 선비님! 술값만 내고 비싼 안주 값을 셈하지 않는 것은 무슨 심사요? 그건 단골손님일지라도 선뜻 내드리지 않던 귀한 고긴데?"

그렇지만 염치없는 정만서는 여유 있는 미소를 띤 채 속으로는,

'선비는 무슨, 이 염천에 얼어 죽을 선비!' 하면서도 겉으로는 눈을 짐짓 찡긋해 보이며, 코맹맹이 소리로,

"저, 주모, 주모, 고정하시라니깐 그러시네. 내가 진작부터 '기양 달라(그냥 공짜로 달라)'고 부탁하지 않습디까. 그거야 본디부터 양다리 사이에 덤으로 붙어 있던 고긴데, 그 까짓 것 길손에게 적선한 셈 치시지, 뭘! 안 그래요?"

이 말을 들은 주모는 양 볼이 잔뜩 부어올라,

"아니, 이 냥반이……. 점점?"

하며 '줄욕(잇따라 계속 퍼붓는 욕)'이라도 퍼부으려는 참인데, 그때 벌써 벗어 놓았던 짚신을 발 어림으로 주섬주섬 찾아 꿴 정만서는 뒷걸음질을 치면서,

"여보소, 주모! 그렇게 공연히 화를 내면 복스러운 얼굴에 주름살만 늘어나요. 아예 생각을 눅쳐 잡수시라니깐요, 응? 그, 저어……. 수캐가 아니라 아예 당최, 암캐를 잡은 셈 치시면 될 걸 가지고 뭘 자꾸 그러실까아! 헤헤……. 그 참 암캐 잡은 셈 치시라니깐요. 네!"

　　도움말 : 金鶴鳳

병풍 치고 실례

 요새 와선 도통 보기 힘든 풍경이 됐을망정, 초례(전통적으로 치르는 혼례식)를 치른 신랑 각시가 첫날밤 동방에 들러치면, 짓궂은 동네 아낙들이 '화촉동방 고운 밤에 사(邪)가 생길까 두렵다'는 핑계 속에, 침을 묻힌 손가락으로 창호지를 뚫고서는 신방의 은밀함을 엿보던 습속이 있었다. 그때 아무리 어린 초립둥이 새신랑일지라도, 찢어진 방문 앞에다 병풍(屛風)을 둘러쳐서 눈가림을 하는 지혜가 있었으니, 이는 멋을 소중히 여기는 배달겨레가 예로부터 지켜 내린 자랑스러운 유산이랄 수 있다.
 신방에 둘러쳐진 화조병풍(花鳥屛風)의 안쪽엔 첫날밤의 짜릿한 환희가 흘러넘치는 반면, 그 반대쪽엔 언젠가 찾아올 상청의 암울한 주검의 세계가 도사리고 있는 것이 사람 사는 세상에 존재하는 이중 구조의 단면들이 아니겠는가?
 대체로 서민들의 병풍이란 것은 한 면엔 화조(꽃과 새를 아울러 이르는 말)가, 다른 한 면엔 내리쓰기의 초서가 차지하고 있어, 기쁨과 슬품, 생(生)과 사(死) 등 지극히 상반된 두 세계로 갈라놓는 의식성 물건으로, 양면성을 지니는 데 그 특성이 있다. 더구나, 우리 민간의 병풍은 길흉 간에 '훗두루맛두루(휘뚜루마뚜루)' 공용하는 아이러니를 지녔는데, 이걸 고작 벽 가리개(Wall Screen) 쯤으로 인식하는 서양 오랑캐[洋夷]들이야 어찌 감히 그 병풍이 지닌 상극적인 깊은 멋을 짐작인들 할까 보냐! 병풍이 지닌 이런 의식성 때문에, 누가 그걸 방에 있던 자리에서 들어내기라도 하게 되면, 길흉 간에 '큰일'을 치를 조짐이 확실하기에, 떡이 생길 것을 염두에 두고 침부터 삼키던 것이 배고픈 두메 아이들의 애달픈 눈치였다.

또, 서민들은 '독 씻고 단지 씻고' 단 하나밖에 없는 그 차단 설비를 '큰일' 때 아니고는 장만할 수 없었던 것이 불문율(아무 때나 병풍을 장만하다가는 '큰 탈'이 생기는 줄로 믿었다)이었기에, 병풍이란 물건은 장바닥에서조차 엄청난 값에 거래될 수밖에 없는 귀물이었다.

신라의 석학인 최치원(崔致遠)은 우리 겨레의 기본 정신을 '풍류(風流)'라 했고, 그 풍류란 건 바로 자연의 흐름을 말함이었다. 이를테면, '에밀레종'의 비상 선녀가 나부끼는 옷자락처럼, 바람에 하늘거리는 선의 멋이 풍류의 전형적 유형이랄 수 있다. 때마침, 바람도 맑은 풍류의 계절이고 보매, 병풍을 둔 정만서의 풍류 기담이나 더듬어 보기로 하자.

장돌뱅이야 아닐지라도, 쉬울세라 대처(도회지)의 장판을 떠돌다가 보면, 냉수에 탄 지렁(간장) 사발로 배를 채워야만 했던 정 공인 바에야, 먹을 것이라면 비상도 사양찮을 처지건만, '밥'은 언제나 뒷전에 둔 채 '술'을 곯고는 살 수 없는 체질이었다. 당시의 술이란 건, 거품이 부글부글 괴어오르는 보리 막걸리였는데, 그 시금털털한 걸 장복(같은 약이나 음식을 오랫동안 계속해서 먹음)해 왔으니 배 속인들 오죽 텁텁했을까. 노상 뿌글거리는 거품이 방귀로 나오거나, 신트림이 되어선 목으로 넘어 올랐겠지, 뭐! 더구나 장바닥에서 얻어 걸친 음식이고 보면 이런 날씨에 상하기 십상이라 배탈 나기가 일쑤였을 테지!

점심에 걸친 것이 뭐가 잘못 되었음인지, '방귀가 잦으면 뭐 싼다'고 아랫배가 사르르 아픈가 싶더니 손쓸 사이 없이 뒤가 급해 왔다.

하기사(하기야), 오죽이나 음식이 잘 쉬는 계절이면 그래, 김삿갓[金笠]도 어느 나쁜 놈의 집에서 쉰밥을 얻어먹고 배탈이 나자,

'二十樹下 三十客이　　　　四十家에 五十食이라'
(스무나무 아래 서러운 손이, 망할 놈의 집에서 쉰밥을 먹었노라)

고 그에게 쉰밥을 준 집을 육두문자 섞인 이런 시로써 욕을 했을까?

때 아니게 초긴급 상황에 몰린 정 공이 시장바닥의 사방을 살펴봤으나 마땅한 곳이 눈에 띄지 않았다. 예나 이제나 대처란 데는 칙간[便所]이 그리 흔치 않은 까닭에, 촌사람이 칙간 찾기가 여간만 어려운 법이 아닐지니. 이 일을 장차 어찌할고?

마침, '헌 갓 쓰고 똥 누기 예사'라는 속담처럼, 정 공이 찢어진 갓을 쓰고 있긴 했지만, 장판에서 몸을 숨길 '어지'(가려져 있기에 센 바람

이 잘 들이치지 않는 곳 또는 의지해서 기대거나 숨을만한 곳)가 있어야 말이지? 단벌뿐인 홑바지에다 지릴 수도 없는 노릇이고, 이 일을 어찌할꼬?

이때 갑자기, 표범에게 쫓기는 여우처럼, 짐짓 뒤돌아보는 몸짓의 정 공이 허겁지겁 찾아든 곳은 시장 모퉁이의 병풍 장수께였다. '똥 마려운 강아지 꼴'을 살짝 감춘 정 공은 시침을 뚝 따고서,

"보소, 아자씨! 저기 날로(나를) 시방 찍어 죽이려는 모진 놈이 낫을 들고 막 쫓아오는 참이니, 잠시 병풍 뒤에 숨겨만 주신다면, 평생 그 은혜는 잊지 않겠습니다. 제발 부탁입니다, 참 급합니더!"
라고 너스레를 떠는 것이었다. 그리하여 물정 모르고 인심 하나 좋은 병풍 장수 덕분에, 열두 폭 병풍을 둘러친 '간이 화장실'에 들어앉은 정 공은, 그리도 급하던 볼일[用便]을 여유작작하게 보게 되었다. '어이구 시원해. 인제 살 것 같군.'

반면, 시간이 지남에 따라 사실을 눈치 채고는, 배신감에 치가 떨

린 병풍 장수는 눈알을 부라리며,

"숨겨 달라더니, 이 뭥기요? 당장에 치고(치우고) 가소! 안 치기(치우기)만 해봐라, 그냥 놔두능강(놓아두는가)?"

"아무렴! 치라면 치지요, 까짓 것쯤이야!"

하는데, 때마침 그 앞을 지팡이를 짚은 어느 상주가 지나기에, 그가 짚고 가던 대나무 지팡이를 빼앗기 바쁘게, 정 공은 '문제의 빈대떡'을 겨냥하여 요새 사람들이 골프를 치는 솜씨로 냅다 '장치기(겨울철에 어린이들이 하던 공치기 놀이의 하나. 두 편이 각각 막대를 가지고 나무 공을 쳐서 상대편 골문 안으로 밀어 넣기를 한다)'를 했던 것이다.

"철버더덕! 덕!"

"아니? 그걸 치워 버리라고 했지, 누가 후려치라고 했나?"

"당신 말대로, 치라고 해서 쳤잖았소? 시키는 대로 했는데도 또 잔소리야?"

"아니, 뭐가 어째? 남의 열두 폭 병풍에다 노랑 똥물을 들였으니, 이걸 어찌한담······."

◉ 도움말 : 李基守, 朴龍淳

사람 새끼 낳는 비방(秘方)

 빈 주머니에다 폐포파립(敝袍破笠 : 해어진 옷과 부서진 갓이란 뜻으로, 초라한 차림새를 비유적으로 이르는 말)의 몰골인 정만서는 충청도와 경기도에서 터덜터덜 과객질을 일삼다가 드디어 과천을 지났다. 동작진을 건너 바야흐로 한양에 다다른 정 공은 국민의 노력동원으로 1867년에 재건했다는 고래 등 같은 경복궁의 궁궐 지붕을 먼발치서 구경하고, 종로의 육주비전(六注比廛 : 조선 시대에, 전매 특권과 국역(國役) 부담의 의무를 진 서울의 여섯 시전(市廛)) 거리도 기웃거려 보다가, '아차' 생각하니 또 낭중 무일푼(囊中無一一 : 주머니 속에 한 푼도 없음)이었다. 텅 빈 주머니를 채울 방도를 궁리 중에 있던 정 공(鄭公)은 숭례문(崇禮門 : 지금의 남대문) 밖 주막거리로 나가, '신수, 사주, 관상' 등이라 쓴 종이를 앞에 깔고 길가에 퍼질고 앉아서, 지나가는 길손을 긴하게 불러 세우며 말하기를,

"어허, 쯧쯧. 노, 노형! 집안에 우환이 있구나요. 차암!" 하는 것이었다.

"그걸 어떻게 아시우?" 길손은 흠칫 놀라는 눈치다.

"노형의 관상을 보면 내가 단박 알지, 그럼! 가만 있자. 방재비방(防災秘方 : 재앙을 미리 막아 없앨 수 있는, 자기만 알고 남에게 공개하지 않는 특효의 약방문)이 있기는 한데……. 말씀이야……."

"아이, 그, 그게 뭔데요? 네? 우, 우리 집의 삼대독자 외동아들이 시방 매우 위독하다우! 제에발 그놈을 좀 살려 주시우, 네?"

'물에 빠진 사람이 지푸라기라도 잡는다.'고, 길손도 이제는 위독한 삼대독자 아들을 살릴 방도가 있음 직하다 싶었는지 그만 정 공에게 착 달라붙는 것이었다.

"정 그렇담, 이리 앉아서 손금을 좀 펴 보시지 흠. 가만 있자, 오늘 동남쪽으로 가다가 보면 목 씨(木氏) 성을 가진 의원을 만나게 될 것이외다. 그 의원만 만나면, 그 아이는 틀림없이 살릴 수 있을 것이외다."

(그러나, 여기서 독자 여러분! 잠깐만요. 정만서가 말한 목 씨 성이란 이(李) 씨, 박(朴) 씨, 임(林) 씨, 송(宋) 씨 등등 나무 목(木) 변이 붙은 성씨 가운데 한 사람을 만날 것이라는 황당무계한 소리였다는 걸 양해하시기 바랍니다.)

"고맙고도 고오맙수……. 약소하나마 이걸……."

이렇듯 어수룩한 한양 사람 몇쯤 그럴듯하게 속여 먹는 일은, 그야말로 정 공(鄭公)에게는 '삼 동서 앞에 식은 죽 한 그릇' 격이라고나 할까? 반나절 동안 그런 식으로 응얼응얼 읊고 있다 보니, 이젠 주머니도 제법 두둑해진 김이라, 더 이상 과욕을 부리지 않고 막걸리로 목이나 축일 생각으로 막 일어서려는 참인데, 공교롭게도 만석인 부인과 동행하던 어떤 중년 사내가 무릎걸음으로 바싹 다가앉으며, 자기 부인의 배 속에 들어 있는 아기가 '딸일지 아들일지' 꼭 보아 달란다. 솔직히 말해서 정 공으로서야 그걸 참으로 알 수 없는 데다, 이미 하루치 술값은 넉넉하게 벌어 놓은 터인 그는 그만 짓궂은 생각이 들어 아무 생각 없이 나오는 대로,

"거기 송아지가 들었겠네요. 저런 쯧쯧……." 해 버리고 말았다.

"엄머, 엄머……. 아니 뭐라구요???" 하며 놀란 김에 내외도 잊은 부인은 눈을 크게 치뜨며 소리를 질렀고,

"그것 보라니까! 내가 진작부터 외양간에서는 소피('오줌'을 완곡하게 이르는 말)를 보지 말랬더니, 나 원 참! 내 말 안 듣더니, 그것 봐!" 하며, 남편이란 작자는 부인에게 눈을 흘기면서도, 별안간에 송아지를 낳게 되면 크나큰 낭패라는 강박관념에 젖은 나머지,

"복채(卜債)는 얼마든지 낼 테니까, 제발, 제발 송아지가 아닌, 사람새끼만 낳도록 하는 비방(秘方)을 좀 가르쳐 주시우! 내가 이렇게, 이렇게 비우!"
하고 두 손을 모은 채 머리까지 조아리는 것이었다.
이때 정만서는 자기 특유의 코맹맹이 소리를 섞어 뭐라고 하는지 도통 알아들을 수 없게시리 혼자서 한동안 흥얼거리다가 능청스럽게도,
"정, 청이 그렇다면, 여기서 한 담뱃참(담배 한 대를 태울만한 시간) 동안만 기다려 주소. 허, 참. 내가 워낙 이런 심부름은 하지 않는 사람이오만……. 워낙 사정이 딱하니 비방 약을 만들어 드리리다."
하더니, 주막집 뒤곁의 부엌 아궁이 앞에 가서 한참을 꾸물거리다가, 무엇인가를 정갈한 백지에 싸면서 혼잣말로,
'원 참. 사람의 배 속에서 사람의 자식이 나오지, 송아지가 나오지 않을 것은 정한 이치고, 임금님 수라상에도 불티 묻은 음식은 올라가는 법이라던데, 임부(妊婦)에게 이걸 먹인들 태아(胎兒)에게 해로울 턱이야 있을라꼬!'
하며, 앉았던 자리로 되돌아 나온 정만서는 종이 봉지에 싼 무엇을 그 중년 사내에게 건네주면서 엄숙하게,
"집에 가서 정화수(이른 새벽에 길은 우물물)를 떠다 받쳐 두고, 제발 송아지가 아닌 사람 새끼만 낳게 해 달라고 삼신님께 치성을 드리도록 하시오. 그리고 나서 이 약을 부인이 단숨에 삼키면 송아지를 낳는 불상사는 면할 거요. 그리고 앞으로는 외양간에서 소피를 보는 일

은 절대 금물이오. 조심하시오, 잘 하면 달덩이 겉은 딸 하나 얻을 것이외다."
하였는데, 기실 그 종이 봉지 속엔 숯가루와 소금 섞은 것이 반 숟갈 쯤 들어 있었으니, 딸이건 아들이건 사람 새끼를 낳게 하는 비방약(秘方藥)임에는 틀림이 없었다.

　● 도움말 : 崔萬一

병 주고 약 주기

　대로변 공사장에 붙어 있는 '보행에 불편을 드려서 대단히 죄송합니다'를 경주 토박이말로 고치면? '댕기시는 데 걸거치구로 해가아 억시기 미안심더'가 모범 답안이다. 이 '걸거친다'는 말과 관련하여 이런 이바구(얘기)가 있으니…….

　때는 갑신정변(1884) 조짐이 있던 시절로, 벼슬자리를 공공연히 사고팔던 때라 경주 젊은이들이라고 굳이 과거에 급제할 생각은 없었으나마, 한두 번 이를 핑계 삼아 돈 쓰는 재미로 한양 구경을 가곤 했다. 정만서는 본디 알건달(알짜 건달)이고 보매 그를 데리고 가 봐야 '걸거치기만' 할 터이므로 또래들은 아예 그를 따돌린 채 저희끼리만 과거 길을 떠났던 것이다.

　한양이 천 리 길이니 적어도 첫 날은 80 리 상거인 영천(永川)까진 가야 했음에도, 놀기 삼아 떠난 서생(書生)들은 겨우 50 리 길의 아화(지금의 慶州市 西面 阿火里)에서 주막을 정했으니 첫 날부터 30 리를 까먹은 꼴이다.

 한편, 매일처럼 모여 놀던 패거리들이 통째로 사라진 것을 알아차린 정 공(鄭公)은 '이 녀석들이 저희끼리만 한양 구경을 가? 내 얼른 뒤따라가서 골탕을 좀 먹여야지'라고 작심을 하곤 괴나리봇짐도 없는 맨몸으로 선걸음에 나섰다. 역마을(역참이 있는 마을)인 아화 삼거리를 지나치려니까 마침 귀에 익은 목소리들이 주막집 담 너머로 어렴풋이 들리는 지라 비교적 쉽사리 찾을 수 있었다.

 본디 서생들이란 대부분 부잣집 자제들인 관계로, 술에 곁들여 너비아니(얄팍하게 저며 갖은 양념을 하여 구운 쇠고기)에다 갈비찜 등속을 뜯느라 정신이 없는 반면, 정만서는 저녁도 쫄쫄 굶은 채 나름대로 정보 수집에 열중하던 중, 마침 동접들이 든 주막집 딸의 혼사 날이 가깝다는 것을 귀동냥으로 얻어듣게 되었다.

 밤이 이슥할 즈음, 주막집 딸이 뒷방에서 한 땀씩 혼숫감 바느질을 하고 있는데, 느닷없이 여닫이가 펄렁했다. '그믐밤에 홍두깨' 모양으로. 기실은 정만서가 성큼 처녀 방에 들어서서 행투(행티)를 부렸으니, 처자는 엉겁결에 "으으악!" 하는 비명과 함께 그 자리에 까무러치고 말았다. 난데없이 명주 천을 찢는 소리가 삼경의 정적을 깨자 주막거리는 단박 술렁거리기 시작했고, 눈을 부라린 역마을 왈패들이 쫙 둘러선 사이로, 소맷자락을 걷어붙인 주막 주인이 부르르 떨고 있었다. 시쳇말로 '처녀에게 욕을 보인 성폭행범'을 색출해 내어서는 '린치(정당한 법적 수속에 의하지 아니하고 잔인한 폭력을 가하는 일)'를 가할 판으로,

"너, 이넘들(이놈들)! 부잣집 자식들이 진탕 퍼마시고는 날을 받아 둔 남의 처녀 방에 숨어들다니? 어떤 놈이냐? 응? 당장 나서거라. 그냥 물고를 내기 전에……." 하며, 눈에는 핏발이 서고 입에는 거품을 물었다.

초저녁부터 퍼마신 풋술에 곤드레만드레가 됐던 도련님짜리들은 마른하늘의 벼락을 맞고서, 아직 잠이 덜 깬 채 선하품을 씹으면서도 심상찮은 사단이 벌어진 것을 알아차리고는 서로가 서로를 의심하며 벌벌 떨기부터 했다.

"너, 이놈들, 어느 놈이냐? 선뜻 안 나오거든, 애들아 '모조리' 초죽음을 시켜 관가로 끌고 가자!"

공생관계에 있는 주막 주인이 왈패들을 독려하며 족치라는 눈짓을 보낸다. 왈패란 것이 워낙 무지막지하여 무섭기도 하려니와, 그보다도 먼저 창피가 두려운 도련님짜리들은 오금이 저려왔다. 멱살잡이에다 주먹 찜질이 막 시작되려는 그 북새통 속에 시침 뚝 따고 나타난 것이 정만서였는데,

"야, 이 녀석들아, 도무지 어찌된 영문이고?"

하는 정 공은 전혀 자초지종을 모르는 척이다. 또래들은 막판 궁지에까지 몰렸던 김이라 평소에 '걸거치던' 것은 말짱 잊고, 지옥에서 옥황상제나 만난 듯이 그저 정 공의 기지에 도움을 청하는 눈빛을 보내왔다.

"주인자앙! 꼭 '모지리(모조리)' 손을 봐야만 속이 시원하시겠소?"

하는 정 공의 질문이다.

"아암, 된 욕을 보여야지!" 주인의 결의가 대단하다.

"그래요오? 그러면 몇 넘이던가요? 두울? 셋?"

"한 넘이라더라, 왜? 그런 것은 왜 묻노?"

"그렇담, 그 한 넘을 찾아내야지, 와(왜), 죄 없는 모지리고(모조리냐)?"

정만서가 주인장을 착착 자기 계획대로 감아 붙이기 시작한다.

"그 한 넘이 안 나서니 그렇지! 이넘의 새끼들 속에 분명히 있을 것이다?" 주인도 매우 퉁명스럽다.

"주인 여엉감! 잠깐 고정하시고, 큰 쟁반을 하나만 갖다 주이소 보자, 야(네)? 내가 족집게처럼 끄집어낼게."

이어서 정 공이 또래들을 향하여 가로되,

"자네들! 오늘 여기서 치도곤을 맞기 전에, 방서 삼아 우세를 한 번만 미리 함세. '헌 갓 쓰고 똥 누기 예사라지 않던가?' 그러니 모지리 헐끈(모조리 허리끈) 풀고 자기 연장을 이 쟁반 위에 쭈욱 올려놓게!"

이건 진짜로 내려진 단호한 명령이다.

어떤 축은 "그걸 어째?" 했고, 또 어떤 축은 "만서만 믿어 보자."고 의논이 분분했는데, 결국 연장 진열이 되고 말았다. 그때 정 공이 주막 주인에게,

"자, 그럼 인제 당신 딸을 여기 불러오소, 보자! 당신도 안 봤고, 나도 안 봤으니, 오직 본 사람은 그 처자뿐이잖소? 안 그렇소?"

　말인즉슨 이치야, 틀림이 없으나마 서생들 연장을 처녀에게 사열 시켰다간 시집보내기는 다 틀린 판이매, 도리어 난감해진 건 오히려 주막 주인 쪽으로 둔갑했다. 그래 주막 주인은 얼굴이 누렇게 변하여 가지곤 목이 멘 채 애원조로,
　"하이고, 여보소! 그만 없었던 걸로 합시더!"
하는 것이었다. 바로 이때를 기다려온 정 공은,
　"뭐가 어째? 없었던 걸로 하다니? 지금 와서? 쥑일 놈! 니넘버텀 (네놈부터) 죽어 봐라. 당장 관가로 가자!"
　주인의 멱살을 조여 잡고서,
　"너 이넘, 나뿐 넘, 과거 보러 간다니까 돈푼깨나 있음직 해 보이니깐, 그걸 통째로 발라먹으려고 개수작을 꾸몄지? 바른 대로 대애라!"
　서슬이 시퍼렇다.
　안다리걸기로 정 공을 넘어뜨리려고 설 건드렸다가, 오히려 정만

서의 덧가래에 오달지게 감긴 주인 영감은 제물에 강박관념에 쫓겨,
"하이고오, 할배요. 한 번만 용사해(용서해) 주이소오."
했으니 정 공은 눈을 흘기며,
"진작 그렇게 나올 것이지!" 했단다.

◉ 도움말 : 朴龍淳, 金學述

떡보리와 꿀보리

인간의 욕구를 단순화 시키면 크게 두 가지로 나눌 수 있는데, 그건 갖고 싶은 욕구와 누리고 싶은 욕구다. 누구나 갖고 싶은 욕구(To have)를 충족 시키고 나면 다음으로는 자기의 존재 가치를 누리고 싶은 욕구(To be)로 발전한다는 것이 학자들의 주장이다.

그런데 조선말 개화기 때의 정만서는 평생을 춥고 배고프게만 살아왔던 탓에 그에게 있어서 'To be'의 욕구는 배부른 흥정이랄 수 있었다. 왜냐하면 'To have' 특히 '술'이 급한 판국으로 배 속에선 미꾸라지 소리가 한창인데 무슨 헛소리 같은 'To be'냐 이거였다. 아무리 세상이 좋아도 '금강산도 식후경'이란 것이 전해 내린 속담임에랴.

아이들의 수수께끼 가운데 '고개는 고갠데 눈에 보이지 않는 큰 고개는 무엇?'이란 것이 있는데, 그 정답은 바로 '보릿고개'였다. 60년대까지만 해도 양식은 떨어진 지 이미 오래인데 보리는 아직 여물지 아니한 음력 삼사월은, 굶으면서 겪어야 했던 무서운 세월이었다. 20년에 한 번씩은 난리를, 10년에 한번 꼴로 흉년을 겪어야만 했던 우리 선대들의 배고픔[飢餓]은 주검에 버금가는 애달픔이었다.

　사람이 굶으면 얼굴이 누렇게 뜨는 부황(浮黃 : 오래 굶주려서 살가죽이 들떠서 붓고 누렇게 되는 병)이 들게 마련이다. 일제 말기에 두메 어린이 두 명 가운데 하나 꼴로 부황이 들었는데, 나물죽일지라도 알곡 한 줌만 섞을라치면 부황은 좀 막을 수 있었다지만 그때 어디 좁쌀인들 있어야 말이지…….

　부황이 심하면 눌치(訥痴)라 하여 지각이 마비되고, 말까지 더듬는 백치가 되었다가, 더 심해지면 눈 둘레의 근육이 수축되어 눈알이 튀어나오는 돌안(突眼) 단계로 접어들게 된다. 이런 것이 바로 아프리카의 소말리아 등지에서 빚어지고 있는 굶주림의 참상과 같다.

　임진왜란이 일어나던 이듬해인 계사년은 전쟁에서 떼죽음을 당한 데다가 굶주려 죽은 사람이 너무도 많은 터라 농토의 삼분의 일밖에 모를 내지 못했더란다. 그런데 한술 더 떠서 살아남은 사람조차도 눈만 튀어나오고 기력이 없어 김을 매지 못했기에 모를 심은 논마저도 가을엔 쑥대밭이 됐더란다. 이듬해 봄, 때가 봄이라 그런지 무심한 종다리는 보리밭 상공에서 노골노골 노래하고, 뻐꾸기란 놈들은 숲 속에서 꾀꼬리와 함께 끝없이 지저귀건만, 허기진 농부의 창자는 채울 길이 없었다. 그때 들판의 보리알에 겨우 물이 드는 듯싶으면, 그 시퍼런 걸 이삭 째 끊어다가 솥에 쪄서는 디딜방아에 넣고서 '떡보리'란 걸 찧어 곡기(穀氣)를 이어야만 했었다. 산다는 것이 뭔지 까끄라기 투성이인 그것도 알곡이랍시고 나물죽에 섞어 넣음으로써 부황을 막고 목숨을 연명해야 했으니 참······.

옛날 속담에 미덥지 않고 불안한 상태를 두고 '떡보리 방앗간에 아기 넣어 둔 것 같다'고 했은즉, 그 내력은 정만서의 해학과 무관하지 않을 성싶다. 디딜방아란 본디 두 사람이 양 가랑이를 나누어 디디며 찧고, 그때 또 한 사람은 확(공이로 찧을 수 있게 돌절구 모양으로 우묵하게 판 돌)에서 튀어나온 낟알을 쓸어 넣어야 하건만, 어떤 부황이 든 아낙이 칭얼대는 젖먹이를 업은 채 혼자서 한데 방앗간에서 진땀을 쏟으며 떡보리란 걸 찧는 중이었다. 그 아낙이 조금 찧다가 내려와선 흩어진 것을 쓸어 넣고 또 올라가선 무겁게 방아를 디디는 꼴이 엄청 안쓰러워 보였다.

마침 그 곁을 지나던 정만서란 위인은 창자 속의 미꾸라지 소리를 감추면서 겉으론 짐짓 인정 어린 목소리를 꾸며 가로되,

"여보소, 이렇게 더운 날씨에 아기를 업고 호분차서(혼자서) 고생이 참 많소이다, 그려. 그 애기를 좀 내리시오 보자, 내가 안고 잠시 쓸어 넣어 줄 참이니까."

그 말에 아낙은 감격해서 '이런 고마울 데가 어디 있으랴' 싶어져선 내외(內外 : 남의 남녀 사이에 서로 얼굴을 마주 대하지 않고 피함)도 잊은 채 포대기를 풀어 애기를 내려 주곤, 스치는 바람결에 땀방울을 식히며, 쿵덕쿵덕 방아를 찧으니 한결 수월하고 살 것만 같았다.

그런데 떡보리란 것은 처음에는 이삭이 따로 놀다가도 제법 찧어지면 차진 덩어리가 되어 막판에는 방앗공이에 척 올라붙게 마련이

라, 사실 '부자 밥 먹듯 굶어온' 정 공은 그 순간이 오기를 잔뜩 노리던 참이었다.

가만히 지켜보자니까 드디어 방앗공이에 시퍼런 떡보리가 척 올라붙는 것이 아닌가. '이때다' 하고 떡보리 덩이를 잽싸게 공이에서 벗긴 정 공은, 어느새 아기를 방아확 속에 집어넣기 바쁘게, 힐끗힐끗 뒤돌아보며 산길을 따라 줄행랑을 치는 것이었다.

"아니? 저 화상을 그냥?"

했지만, 아낙이 떡보리를 뺏을 참으로 만약에 디디고 섰던 '방앗다리'를 놓았다간 쿵덕 소리와 함께 공이가 아기를 향해 내리박힐 형편이고, 그렇다고 저 날도둑놈을 멍하게 바라만 보자니 눈이 뒤집힐 지경이었지만, 어째 움치고 뛸 재간이 없었다. 아낙도 사실은 여러 끼니를 굶은 터라 기력이 쇠진하여 '저놈 잡아라아!' 하는 소리조차 목구멍으로 기어들었을뿐더러, 감정마저 메마른 탓에 눈물도 안 나오는 형편이었지만, 모정(母情)이란 것이 얼마나 모진 건지 잠겨 드

는 목소리로,

"여보소, 떡보리야 가져가거나 말거나, 얼라(아기)는 확에서 내어 주고 가소 보자, 제발."

했지만 그런 소리에 멈칫할 정만서가 아니었다. 하지만 아낙은 아기가 다칠세라 떨리는 다리를 안간힘으로 버티며 방아 가랑이를 디딘 체 먼산바라기를 하자니까, 무심한 뻐꾸기 소리가 아낙네의 안타까움을 아는지 모르는지 한가롭게 봄 하늘을 맴돌다가 공허하게 귓전을 스치며 사라져 가는 것이었다.

아무려나 어린 생명을 담보로 제 먹거리부터 챙기려 하다니? 앵이? 인간이 그러면 쓰남? 사람이면 순리를 알아야지······.

방앗간에서 떡보리를 훔쳐 삼십육계 줄행랑 중인 정만서가 헐레벌떡 고갯마루를 넘자니까, 거기 마침 양철통을 얹은 지게를 받쳐둔 꿀 장수 하나가 다리쉼을 하면서 곰방대를 빠는 중이었다. 그 맞은편에 퍼질고 앉아 가쁜 숨을 고르던 정 공이 꿀 장수를 찬찬히 훑어보더니만 말을 걸기를,

"보소, 그 양철통에 든 게 멍기요(뭐예요)?"

"꿀이래요!"

"한 식기에 얼마씩 받능기요?"

"단돈 열 냥씩이래요."

"한 식기만 주소 보자! 그런데, 내게 시방 그륵(그릇)이 없으니 여기다가 좀 담아 주실랑기요(주시려요)?"

하며 떡보리 덩이를 움푹하게 파서는 꿀 그릇 대용으로 내미는지라, 꿀 장수는 무심코 거기다가 꿀을 듬뿍 퍼 담아 줬을 밖에……. 그러자 정 공이 새끼손가락 끝에다가 꿀을 찍어 올리더니, 또닥또닥 떨어지는 꿀의 점도(粘度)부터 유심히 살피고 나서, 혓바닥을 길게 내밀어 손가락을 핥는 척하더니만 생트집을 부리기 시작하는 것이었다.

"무슨 꿀이 뭐 이래? 엄청 묽구먼 그래, 도통 달지도 않고. 옜다, 한 냥만 받으소."

"아니 무슨 말씀을? 열 냥짜리를 한 냥이라니? 당신한테는 꿀을 안 팔래요."

"음! 뭐라고, 참말?"

하면서 정 공은 아예 반말지거리로 나왔다. 사실 그가 꿀 장수한테서 나오기를 노렸던 것이 바로 그 소리였음에랴!

"그렇담 나도 이런 꿀은 살 생각일랑 애시당최(애당초) 안 한 걸로 칠 테니까 그만 도로 가져가지, 그래!"

라며 꿀을 양철통에 도로 붓는 척했으나, 떡보리에 꿀이 잔뜩 스며든 데다가 꿀 자체의 점성 때문에 제대로 부어질 턱이 있남? 보나마나 반타작도 안 되었지 뭘! 그 통에 훔친 떡보리 덩이가 이젠 온통 꿀보리로 둔갑을 하고 말았으니, 허기에 찬 정 공으로서는 '이게 웬 자다가 생긴 떡이냐'였겠지.

흠, 꿀떡이란 것이 바로 이처럼 곱치기 속임수로 불쌍한 사람들의 '등치고 간 내어 먹기'식으로 생겨난 것이려나? 이 꿀떡을 두고 달다고 해야 할까? 고약스럽다고 해야 할까? 나 원 참! 입맛이 쓸 뿐이다.

무리풀의 효험

성내 장날만 되면 좀이 쑤셔서 도저히 못 배기는 정만서가 '하릴없는 장판을 볼일 없이' 휘돌자니 배는 고프고 목도 타왔다. 그해 섣달 대목장도 파장(과장(科場), 백일장, 시장(市場) 따위가 끝남)으로 접어들 무렵, 장터 끝머리의 '떡전' 거리를 지나려는데 정 공을 본 한 떡장수 아낙이 성큼 나서서 한 팔을 낚아채며 하는 말이,
"아자씨 이 떡 좀 잡숫고 가세요"
라며, 눈웃음을 친다.
새벽같이 떡판(떡을 담은 함지)을 이고 대목장을 보려고 먼 길을 왔건만 아직 몇 덩이가 남은 형편이라 얼른 팔고 싶은 욕심이 그 아낙을 조급하게 만들었나보다. 그러나 장판의 풍상을 겪어 익힌 정 공이 떡 장수의 잔꾀쯤 꿰지 못 할쏘냐!
"하, 이거 놓으소 보자. 나는 신물이 잘 오르고, 떡은 또 떡떡 목에 걸려 별반 즐기지 않는 성미라오. 술술 잘 넘어가는 술이라면 혹 모를까……."

"아이고, 아자씨도, 참. 떡이야 '그저' 자시면 될 일이지 무슨? 이 김칫국과 함께 자시면 신물이 오르지 않아요. 예?"

극성스런 떡 장수가 정 공을 좌판 앞에 반 강제로 앉혀 놓고 시루떡을 쑹쑹 썰어 도마 째로 내민다. '시장이 반찬'이라고 배가 고픈 판에 주는 떡을 안 먹어? 바짝 마른입에 한입 덥석 베어 물고 두꺼비를 문 능구렁이처럼 목을 빼고 눈을 끔벅이자, 이를 본 떡 장수 아낙이 얼른 동치미 사발을 들이대 준다. 남은 떡을 두꺼비 파리 삼키듯 맛있게 집어먹고 뱃구레가 빵빵해진 정 공이 수염에 묻은 고물을 털며 두말없이 돌아서자 떡 장수 아낙이,

"여보소! 떡 값은 내고 가셔야지?"

"뭐요? 떡 값이라니? 바쁜 사람 옷소매 부여잡고 못 먹는 떡을 김칫국까지 안겨 가며 억지로라도 제발 먹고 가랄 때는 언제고? 시방 와서 뭘? 사람이 경우가 있어야지……."

"……."

도무지 말을 붙여 볼 틈도 없다.

이런 정만서가 설을 쇠고 나서 대처(도회지)엘 나갔는데, 배 속의 회는 요동이 심하지만, 그렇다고 차마 구걸로써 허기진 배를 채우기엔 그 알량한 자존심이 도무지 허락하지 않았다. 그래서 어느 저자 골목엘 들어서서 이리저리 누비며 뚜렸뚜렸 살피는 중인데, 쌈지가 빈 것이야 어느 때나 마찬가지지만, 마침 엽전 몇 닢이 남아 있는 것이 아닌가. 난전 끝에 보니 쌀로 쑨 '무리풀'을 흥건한 소래기 물에 담가 놓고 파는 아낙의 좌판이 눈에 들어오는 것이었다.

"보소, 그거 한 덩거리에 금새는(덩이에 값은) 어찌하오?"
"네, 고운 옷에 먹이기 좋도록 쑨 쌀풀입지요, 네. 한 사발에 두 푼씩입니다만……."
"한 사발만 주소 보자."
"……."

풀 장수 아낙의 대답이 없다는 건, 남정네가 무리풀을 사겠다는 것이 자못 미심쩍다는 뜻이다. 그러나 달라는 데야 팔지 않을 필요도 없었으니 한 사발을 퍼줬을 밖에…….

풀 사발을 받은 정 공이 한 입 맛을 보니, 아뿔싸. 물컹하며 도통 씹히는 것이 없을뿐더러 닝닝하여 네 맛도 내 맛도 없었다. 그도 그럴 것이 두꺼비도 벌을 잡아먹을 때 '톡톡 쏘는 맛에 잡아먹는다'고 했는데, 이건 아예 간(소금)을 치지 않았으니 헛구역질이 올라올 수밖에……. 맛으로 쳐서는 사발 째 내동댕이치고 싶지만, 명색이 '쌀풀'이라기에 곡기(穀氣)를 생각해서 억지로 눈을 슴벅이며 입에다 퍼넣었다.

이때 마침, 어깨에 전동(화살을 담아 두는 통)을 걸친 한량 패거리 서넛이 사정(射亭)에서 내려오다 꾀죄죄한 도포 자락 차림이 아낙네들 틈에 섞여 풀을 사서 퍼먹고 있는 장면과 마주쳤다.

의협심이 동해 '이런 화상 하곤?' 싶어진 한량 하나가 정 공의 엉덩이 밑에 발을 넣어 번쩍 들어 올리며 호기 어린 말로,

"야, 이 멀쩡한 화상아! 아무리 본 바 없는 백성이라도 그래, 명색이 남자란 것이 장바닥에 퍼질고 앉아 풀을 사먹어? 응?"

무심결에 꼬꾸라질 뻔한 정 공이 몸을 겨우 가누곤 혀를 끌끌 차며,

"허허, 여보소. 그만한 걸 짐작할 만한 사람이 뭐라 그러나, 시방? 공연히 그쪽에서 가만히 있는 부처를 건드렸겠다?"

라며 시비조로, 돈이 없단 소리를 하는 대신 둘러치기(말을 이리저리 둘러맞추기)를 했다.

"짐작은 무슨 얼어 죽을 짐작? 이 답답한 화상아!"

"내가 주체(酒滯)가 좀 심해! 하늘에 해 박힌 날 치고 술을 안 먹는 날이 없는 몸이시니까. 그래 용한 의원에게 진맥을 받았더니, 술독 오른데 제독(除毒)하는 데는 무리풀이 선약(仙藥)이라기에 시방 약으로 먹던 참인데, 아무 것도 모르면서 가만히 있는 날 왜 건드려, 응?"

대처 한량이란 짝패들이 술 안 마시는 날이 없고, 주체 또한 심한 터라 유심히 듣고 보니 솔깃했을 밖에…….

"저것이 주체에 그리 좋다는데……. 아주머니 우리도 한 사발씩 퍼 주시오 보자."

한량이란 작자들이 좌판 앞에 죽 둘러앉아 맛대가리라곤 하나도 없는 밍밍한 풀 사발에 코를 박고서, 몸에 좋다니까 무리풀을 퍼먹는 그림이란 참으로 가관이었다. 이에 벌떡 일어선 정만서가 못난 한량들의 덜미를 잡고 서로 쌍 박치기를 시켜 나가며,

"야! 이 덜 떨어진 주책들아! 나야 참, 모르고 먹었다마는 그래 네 놈들은 저것이 무리풀인 줄 알고도 그걸 사먹어? 이런 얼뜨기 시러베 아들 놈들아, 쯧쯧쯧쯧."

　●　도움말 : 이기수, 李英植

거문고와 방앗공이

 삼패(三牌)란 몸뚱이만 가지고 노는 계집을 가리키나, 일패라면 노래에다 춤을 얹은 가무와 기예에 능통한 동시에 풍류를 알던 일류 기생을 지칭하는 말이다. 당대의 한량들 틈에 섞인 정만서가 대처(도회지)의 기생집에서 한 판을 결판지게(거방지게 : 매우 푸지게) 벌였으니 여흥이 어찌 없을쏘냐? 간드러진 노래와 춤이 어우러진 뒤에 일패 기생인 해월(海月)이가 거문고산조를 퉁기는데 그 솜씨가 제법이었다. 어깨춤을 덩실거리던 정 공이 짐짓,
 "자네 꺼뭉고(거문고) 솜씨는 그만하면 참으로 능란한데 말씀이야……. 어딘지 뒷소리[共鳴]가 좀 어둡다고 할까, 맑지 못한 구석이 있단 말씀이야. 그건 '괘'나 '줄'의 문제라기보다는 '오동나무 널'의 문젤 성싶단 말씀이야……. '명품(名品)'으로 하나 개비함(있던 것을 갈아 내고 다시 장만함)이 어떨는지 말씀이야……."
 거문고는 울림통 위에 6개의 현이 얹힌 악기로 집게손가락과 가운뎃손가락 사이에 해죽(海竹)으로 만든 술대를 끼우고 줄을 내려치

거나 올려 뜯어서 소리를 낸다. 거문고는 고구려의 왕산악이 만들었다고 전하며, 소리가 그윽하여 학문과 덕을 쌓은 선비들 사이에 많이 숭상되어, 연주를 하면 검은 학이 날아들어 춤을 추었기로 현학금(玄鶴琴)이라 하다가 뒤에 현금(玄琴)이라 불려졌다.

그 시절 '선비'라면, 차를 달일 약탕기와 외로울 때 퉁길 거문고 하나쯤은 갖추고 있어야 했는데, 완전히 전문가인 척하는 정 공의 평에 이은, '명품(名品)'이란 말에 그만 귀가 솔깃해진 해월(海月)은,

"아이고, 선비님도, 참. 명품을 구하기가 어디 그리 쉬운가예? 선비님께서 하나 구해 주신다면 혹 모르지만예!"

하는지라, 정 공이 가로되,

"꼭 소원이라면 하나 구해 볼까? 경주 손 진사 댁에 쓸 만한 것이 하나 있긴 하던데 말씀이야……."

"하이고, 선비님, 꼭, 좀, 구해다 주이소, 예?"

이때, 옆에서 듣고만 있던 기생 산월(山月)이도 고운 눈을 흘기며 찰싹 끼어들었다.

"선비님! 해월이만 구해다 주시면 소녀는 우짜고예? 구하시는 김에 소녀 것도 하나 더……."

"그래에? 하지만 그게 두 개씩이나 한꺼번에 구해질까 몰라……. 자네는 어떤 꺼뭉고(거문고)를 원하나?"

"그야, 뭐 지도 좋은 꺼뭉고지예(거문고지요)!"

"오오냐, 그래. 죽은 놈 원(願)도 풀어 준다는데 하물며 산월이 소원이야 못 풀어 주겠느냐? 가부간 내가 한 번 알아나 봐 줌세!"

"아이고 좋아라! 그런데 선비님 값은 얼만지예? 대단히 비싸겠지예?"

"그거야 모르지. 팔는지 안 팔는지부터 알아봐야지……. 손 진사 댁 것은 대물림 같던데……. 쉽게 팔지 몰라?"

이 말에 안달이 난 기생들은, 아마도 '거금일 꺼'라고 지레 짐작하고서는, 다투어 엽전 꿰미를 선금이라며 강제로 맡기는 것이 아닌가?

우선 못 이긴 체 챙겨 넣은 정 공은 그 길로 훌쩍 떠나더니, 몇 달이 지나도록 '가물치 콧구멍(감감무소식)'이었다.

'곶감 빼먹듯' 꿰미 돈을 다른 술집에서 야금야금 다 까먹은 다음에야 정 공은 생각하기를,

'참! 내가 해월이한테 뭔가를 구해 주기로 했는데? 그게 뭐더라? 아항! 꺼뭉고였지(거문고였지)!' 하고 얼핏 생각이 떠오른 정 공은, 적당한 버드나무 토막을 구해다가 껍질을 하얗게 벗겨 가지고는, 좀 기다랗게 잘라서 '방앗공이' 같은 물건 두 개를 다듬는 것이었다. 그중 하나를 모닥불에 잘 그을어 '깜장 공이'로 만들고, 나머지 하나는 '하양 공이'인 그대로를 긴 자루 속에 넣고 '혼수짐바'처럼 아주 느직하게 짊어지고는 문제의 기생집을 찾아갔다.

이제나저제나 하고 목이 빠지도록 기다리던 해월이와 산월이는, 정 공이 제법 길쭉한 걸 짊어지고 저만치 나타나자, '얼씨구나, 저거다' 싶어, 버선발로 뛰어나와,

"하이고, 선비님! 소녀는 기다리다가 지쳐서 눈까지 짓물렀어예.

"호호홍, 우째 인제야 오십니껴? 명품을 드디어 구하싰능갑지예?"

하나가 그러자 다른 하나는 안달이 나서 못 견디겠다는 투로,

"얼른 퍼뜩(빨리) 한 번 보입시더, 예?"

"허허, 급하긴? 자루 속에 있는 것이 어디 가나? 아이고 목 말러! 쩝쩝……."

"참, 그렇지! 예, 유월(六月)아! 여기 술상 걸판지게(거방지게) 한 상 자알 차려라아! 우리 선비님 목마르실따, 호호호호."

무엇보다 우선 술부터 몇 사발 거푸 기울인 정만서는 수염 끝에 묻은 술 방울을 손등으로 쓰다듬으며,

"어디 보자아! 그래, 자네는 어떤 거로 할래? '꺼뭉고'로 할래, '흰고'로 할래? 맘대로, 취미대로 하나씩 골라 가지려무나."

서로 좋은 것을 차지하려는 욕심에 찬 두 일패 기생이 다투어 자

루를 끌러 본즉,

"??????????"

"세상에? 세상에? 선비님! 무진 '꺼뭉고'(거문고)가 이래예? 줄도 없는 두루뭉수리고?"

하나가 소리를 치자, 또 다른 하나의 기생이 덩달아 손짓까지 섞어 가며 새된 소리로,

"이런 것 말고예, 술대로 이렇게 뜯는 '꺼뭉고'(거문고) 말이라예……."

"어허, 참! 모르는 소리! '깜장[黑]고'가 '꺼뭉고'요, '하얀[白]고'를 '흰고'라고 일컫는 법이거늘……. 그걸 모른다고 해서야 이거 원! 참! 좌우지간 '거문고'든 '흰고'든 간에 맘에 드는 걸로 하나씩 나누어 가지고 퉁기든지 뜯든지 신멋 대로 하려무나!"

"예? 하이고 복장이야! 내 돈은 다 어찌하고……. 이 일을 장차 어찌할꼬??"

(참고 : 여기서 문제가 되는 점은, 방앗공이를 경북에서는 그냥 '고'라고 하기에, 검은 색깔의 방앗공이 ➡ 검은 방앗공이 ➡ 검은 공이 ➡ 검은 고 ➡ 거문고 ➡ 꺼문고 ➡ 꺼뭉고라고 발음해진다는 데 착안한 점이다.)

도움말 : 金學述

산삼 먹인 약돼지

　19세기 무렵, 서구 식민주의자들이 약소국들을 파먹는 수법을 보면, 맨 먼저 탐험대가 상륙해서 지도를 만든 다음 뒤따라 선교사가 들어가서 기독교로 토착민의 적대 감정을 누그러뜨려 놓는다. 그 뒤에 학자들이 달려들어 그곳의 역사와 언어, 풍습 따위를 조사하여 총정리하고 곧 이어 군대가 총포를 들이대고서 협박과 회유로 통상의 길을 열게끔 하였다.
　그런 다음에 비로소 지금까지 거둔 모든 정보를 바탕으로 장사치들이 상륙해서는 미개한 나라를 홀라당 물 말아 먹어 치우는 다단계를 거치는 것이 그들의 지능적인 수순이었다.
　그런 개항에 맞서 쇄국으로만 치닫던 조선의 개화기 때는 웃지 못할 일들이 허다했는데 그 가운데 이런 이바구(얘기)가 전한다.

　어느 농부가 잡곡 나부랭이를 소바리에다 싣고 읍내 5일장에 내다팔러 갔는데, 할 일이 참 많았다. 곡식을 팔아 노모님의 반찬에다 살림 등속이며, 또 딸내미 댕기도 사고 보니 시간이 꽤 많이 흘렀다. 오후에 접어들어 속이 출출해진 장꾼들은 흔히 막걸리 사발을 들이켜게 마련인데 그러는 새 어느덧 파장이 되면서 땅거미가 내리는 것이었다.

얼큰하게 취한 농부가 살찐 소를 앞세우고 밤길을 걸으며 언덕길을 넘으려는데, 언덕배기(언덕바지) 초입에 예쁜 꽃신 한 짝이 떨어져 있는 것이 눈에 들어왔다. 분이 뽀얗게 핀 것이 앞서 가던 장꾼이 흘렸음 직해보였으나 실은 누가 일부러 두고 간 것인데…….

아까운 생각이 들었지만 외짝을 갖고 뭘 하나 싶어 그냥 지나쳤다. 그런데 언덕을 넘어 컴컴한 내리막길을 거의 다 내려와서 보니 어럽쇼! 꽃신 한 짝이 또 떨어져 있는 것이 아닌가? 그제야 그걸 주워 본즉 딸내미 발에 꼭 맞을 성싶었다. '아이갸, 아까 그걸 주워 왔더라면 공으로 꽃신 한 켤레가 생기는 건데……' 싶어진 농부는 느린 소를 몰고 언덕길 초입까지 도로 갔다 오기도 뭣해, 살찐 암소를 길섶에다가 매어 둔 채 급한 마음에 언덕길을 되짚어 뛰기 시작하였다.

그런데 "보리 밥알로 잉어 낚는다." 듯이 의도적으로 꽃신 짝을 길바닥에 흘려 둔 '소도둑놈'은 그 어간에 살찐 암소를 몰고 사라졌으니, "욕심이 많으면 식물을 감한다." 했던가?

이 고전적 기만 수법에 비해 우리 외조부께서 들려주신 개화기 때 경주 해학가인 정만서의 수작은 이러하였다.

어느 봄날, 넉넉한 살림이면서도 계속 돈독이 올라 있는 알부자들이 골패 놀음으로 소일하는 '방내 마을'에 어지빠른 정만서와 그 짝패인 이지번이 들렸다. 여기서 '방내'란 김유신 장군이 소싯적에 도를 닦던 단석산(斷石山) 아래에 있는 동리로 지금은 경주국립공원에 접한 마을 이름이다.

그 마을 큰사랑에 들러 영감들의 면면을 훑어본즉 생판 낯설지는 않았지만 그렇다고 정 공 패거리의 사기 행각까지는 깊이 모를 법한 얼굴들이었다. 이에 이지번이 제법 오래된 개화(開化) 이바구(이야기)를 입담 좋게 엮어 나가자 좌중의 이목이 금세 호기심으로 가득 차는 것이었다.

"불란서 군함이 고군산열도(고군산군도)에 표류했을 때, 인정 많은 조선 사람들이 코배기들을 극진히 구호해 줬더니 감사의 표시로 자명종(自鳴鐘)을 비롯한 선물을 잔뜩 주고 갔다지 뭡니까. 그런데 이것들을 보관해 둔 움막에서 '똑딱' 소리가 그치지를 않자 '어린 백성들'은 귀신의 장난이라고 믿어버린 나머지 민심이 동요했고, 엉터리 무당은 제 나름대로 악귀 탓이라는 점괘를 풀어냄에 따라 관가의 주도로 끝내는 굿판까지 벌였다지 뭡니까요? 이것이 바로 서해안 만경(萬頃)과 부안(扶安) 사이의 신지도에서 있었던 일이라니, 그 참 가관이 아니고 무엇이겠습니까요. 아니 그래, 풍문에 '시계'란 소리도 아직 못 들어 봤단 말씀입니까? 무지렁이 같은 사람들하곤……."

이지번이 이런 식으로 일단 좌중의 관심을 끌어 놓은 다음, 정만서가 요새 부동산이나 주식에 손을 대어 금시발복한 졸부가 판치는

것처럼, 그때도 개항된 인천에서 양곡(糧穀) 어음이란 것을 살 참이면 사흘 안에 떼돈을 벌 수 있을 것이라고, 돈독이 오른 영감님들이 군침부터 흘리도록 말머리를 돌려버렸다.

"단석산 너머 저쪽 소태골 깊은 골짜기에 굵직한 칡뿌리에다 산삼을 섞어 먹인 약돼지가 스무 남은 마리 있어서 말씀인데, 우리는 지금 대구에 가서 인천의 양곡 어음보다 몇 곱절 이문이 남는 박래품(舶來品 : 다른 나라에서 배로 실어 온 수입 물품) 장사에다 투자를 할 참으로 저 약돼지 놈들을, 어흠 어흠, 헐케(싸게) 팔 작정인데 좌중에 혹시 저것들을 사실 어르신은 안 기십니꺼(계십니까)?"

라며 은근히 영감들이 군침을 삼키게끔 유혹을 하는 것이었다.

그러자 꼬장꼬장하게 생긴 노랑 수염짜리 영감이 체머리 짓에 잔기침까지 섞어가며,

"애햄, 애햄, 단석산에 약돼지 기른다는 소문은 못 들어 봤는데? 대관절 어느 골짜기외까, 그게?"라며 따지고 드는 것이었다.

"세상 소식에 참 어두우시군! 남들은 모두 다 알고 있는 것을 영감님 혼자서만 모르신대서야, 원 참?"

이렇게 정만서는 비아냥으로 영감님의 자존심부터 왕창 꺾어 놓은 다음에,

"저기 탱방우절[神仙寺] 너머 소태골 깊은 골짜기에 우글거리는 것이 모조리 우리 약돼지들 아닙니까요. 한 마리에 백 냥씩은 받아야 하겠지만, 까짓 것 반 뚝 잘라서 오십 냥. 아니 거기서 또 좀 깎아서 사십 냥이면 드리고 가지요 뭐. 모르는 사이도 아닌데다, 돈이 좀 급해 놔서……."라며 멧돼지를 두고서 짐짓 의뭉을 떠는 것이었다. 멧돼지 없는 골짜기가 세상에 어디 있겠어……. 골짜기마다 지천인 것이 멧돼진데.

이 말에 이지번이 팔을 걷고 나서기를,

"싸움은 말리고 흥정은 붙이라 했으니, 어흠, 사십 냥은 무슨 사십? 넉 사(四=死)자는 글자도 그렇고 하니, 서른 냥씩에 드리도록 하지! 욕심은? 우리는 시방 급전이 필요한 판국인데, 안 그래?"

라며 정 공을 향해 눈을 흘긴 채, 제법 인심깨나 쓰는 척했다.

백 냥짜리 돼지를 한 마리에 서른 냥이면 공짜나 다름없고, 풍문에 듣자하니 언양 원님이란 위인도 살아 있는 멧돼지를 사설랑은 한양으로 진상을 보내려 한다는 소문도 있는(311쪽 참고) 판국이고 보매, '돌아서면 너덧 배 장사쯤은 따 놓은 당상이다' 싶어지게 되었다.

이런 생각으로 싼 비지떡에 눈이 어두워진 영감님들이 이제 서로 사겠다며 안달이 났다. 성급한 놈 술값 낸다더니, 이때를 그만 놓칠세라 노랑 수염이 쌈지를 몽땅 털어 선금이라며 거금을 척 내주는 것이 아닌가?

'주는 걸 안 받아?' 쌈지 채 널름 받아 넣었지 뭘!

약돼지는 무슨 놈의 약돼지? 저 신선사 너머 소태골 깊은 골짜기에는 멧돼지들이 무리 지어 노닐었을 뿐인데…….

속으로 쾌재(일 따위가 마음먹은 대로 잘되어 만족스럽게 여김)를 부르며, 엽전 꾸러미를 챙기는 손놀림이 재빨라진 정만서와 이지번은 선걸음에 육덕(肉德)이 푸짐한 대구 기생집으로 직행했다는 소문이다.

소 한 마리가 반 살림인 농사꾼에게서 소를 탈취한 소도둑놈이야 분명히 잡아다가 혼쭐을 내야 마땅하겠지만, 정 공의 이런 소행을 선머슴 아이들 닭서리쯤으로 치부해야 될지 아니면, 저놈의 짝패를 잡아다가 곤장을 쳐야할 지는 독자들의 판단으로 남겨 둔다.

🌸 도움말 : 이석순, 이기수

죽음이 초죽음

아이들이 제 할 일은 팽개쳐 두고 공연히 노는 데만 몰입하면, 어른들은 "이놈들아, 지금이 팔월 추석이냐 설이냐, 왜 놀기만 하려 드느냐?"고 핀잔을 주곤 하는데, 이때 '팔월과 설'을 들먹이며 꾸중하리만치 추석과 설날은 겨레의 명절이라 할 만하여, 객지에 나갔던 식구들도 이맘때면 꼭 돌아오게 마련인 1890년 구정의 단대목이었다.

사처(四處)에 솥 걸어 놓고 지내는 정만서(鄭萬瑞)지만, 방랑을 일삼다가 설날 대목 밑에 이르러, 여느 사람들이 모두들 고향엘 간다며 들뜨는 것을 지켜보자 자기도 느닷없이 고향이 그리워지며 가고 싶어졌다. 객지에 나가 돈을 많이 번 축은 입을 것과 먹을 것을 싸 들고 고향으로 돌아왔건만, 정 공은 맨몸으로 저물녘에 기신기신 고향 집에 찾아 들었다. 초라한 행색의 가장을 맞은 부인 이 씨(李氏)가 첫 마디로,

"아이고 여보소, 어더메 갔다가, 인자사(이제야) 오시능기요?"

라며 울먹이는 소리에 미운 정을 실어서 맞아 주었다.

"하늘을 지붕 삼아……. 무심한 세월 속에……."

미안스럽다는 뜻인지 그동안의 안부를 묻는 건지, 정 공의 말은 도무지 아리송한 선문답(禪問答)이다.

"그래, 단대목인데 빈손이싱기요? 남들은 떡이다 고기다 하여 명절 쇨 준비에 바쁜 판에, 아예 오지나 말 일이지. 우리는 이게 무진 꼴잉기요? 이 태평 같은 양반아……. 쯧쯧쯧."

힘 빠진 목소리에 원망이 잔뜩 서려 있었다. 방바닥에 불기가 가신 것은 물론, 설빔은커녕 굶는 데 이력이 난 탓인지, 어른거리는 관솔불 빛에 누렇게 뜬 부인의 부황 끼를 읽어 내린 정 공이 한껏 목소리를 낮추어,

"가만 있자, 부인! 명절만 쇨 요량(요령 : 생각)이라면 오늘 내가 한번 죽어 봄이 어떠리까?"

"아니? 악착같이 살아도 못다 할 처지에 각중에(느닷없이) 죽어 본다는 거는 또 무, 무진 소링기요? 이 답답한 양반아."

이 씨 부인의 질문에 정 공의 대답인즉,

"입치장이라고 해야 모조리 쳐봐도 세 식구뿐인데……. 내가 시방 죽을 참이니까 대자리 거적으로 날 덮어 두고, 동네 사람이 들을 수 있을 만큼만 목 놓아 곡(哭)을 하소. 그렇게만 하면 닭이 홰를 치기 전에 무슨 수가 생길 터인즉. 영감탱이가 주당(고혈압이나 심장병 같은 것으로 급사하는 병)에 걸려 급사했다는 헛소문을 퍼뜨려 놓고……."

이 씨 부인으로선, 워낙 엉뚱한 구석이 많은 정 공에게 무슨 꿍꿍이속이 있는지 도무지 짐작도 못할 일인데다, 하늘 같은 가장(家長)

의 지시이니 거역할 엄두조차 낼 수 없는지라, 마지못해 흉내라도 내는 도리밖에 없었다.

부인은 벌써 며칠째 곡기(穀氣) 구경을 못한 터여서 곡(哭)을 할 기력도 없었으나, 거적 밑에 든 가장에게 눈길을 보내며 내키지 않는 헛곡을 하다가 보니, 그 자체가 기폭제(起爆劑)가 되어 '삶이란 것이 하 모질다'는 생각이 치밀면서 차츰 설움이 방울방울 맺히는가 싶더니, 웬걸 저도 모르게 '꺼이꺼이' 하는 울음소리로 변해 갔다.

잠시 뒤엔 곡성 속에 잔사설까지 섞여 나왔는데 그 소리가 캄캄한 울타리를 타고 넘어 마을의 골목골목으로 퍼져나갔다.

"아이구 내 팔자야! 꺼이꺼이……. 밖으로만 나돌던 양반이 꺼이꺼이……. 바람처럼 단대목에 나타나더니만 꺼이꺼이……. 찬물 한

모금 마시지도 못하고오……. 잿불 가듯이 호분차만(혼자만) 떠나며 언 꺼이꺼이. 나는 어찌 살락꼬오(살라고)……. 꺼이꺼이…….”

거적 밑의 정 공은 참으로 답답할 터인데도 미동조차 않고, 이 씨 부인의 넋두리는 점입가경(漸入佳境)이 되어갔다.

한편 동네 사람들은 그믐날, 그것도 때 아니게 청승스런 곡성이 들리자 그만 명절 기분이 온통 잡쳐지는 고로, 마을 유지들 사이에 소위 말하는 '긴급 대책회의'가 열렸다. 손꼽던 해학가를 잃은 것은 차치해 두고, 저 재수 없는 곡성 때문에 좋던 명절 기분을 망치게 생겼으니 어쩌면 좋으랴? 악머구리처럼 청승맞은 부인의 울음을 그치게 하자면 혹시 먹을 것이라도 좀 갖다 주는 것이 방법이 되지 않을까? 그리하여 마을 사람들은,

“제발 곡소리를 그치고, 이거라도 잡숫고……. 어쩌고…….”
하며, 자기네가 명절에 쓰려고 빚은 떡과 반찬 가지 나부랭이를 정 공 집에 갖다 주기도 하고, 쌀과 돈을 날라다 주기도 하였다. 어떤 이는 초상에 보태 쓰라면서 밀초와 흰 종이도 가져왔다.

“제발, 제발, 편하게 잘 보내도록 하이소오.”
하며 건성으로 위로하는 이도 있었으나, 모두 자기네 명절 쇨 준비가 바쁘다는 핑계로 선걸음에 돌아들 갔다.

그럭저럭 삼경이 가까워지자, 곡성은 사그라든(사그라진) 반면 정 공네 봉노에는 이른바 '구호물자'가 수북이 쌓였다. 이때 허투루 죽어 쓰고 있던 거적을 털고 부시시 일어나서 마른 낯을 씻은 정만서가,

“어떻소, 그만하면 명절을 쇨 수 있겠소? 부족하면 한바탕만 더 울

어 보든지……."

 밝은 날, 이런 정 공의 기행에 옴팍 속은 것을 알게 된 이웃들이, 비아냥조로 죽지 않고 말짱한 정 공에게, '왜 마을 사람들을 속였느냐'고 묻질 않고 '참새가 죽어도 짹한다'는데,
 "죽어 보니 저승길의 맛이 어떠하더냐?"
며 따지듯 캐고 들었는데, 망설일 것도 없는 정 공은 대뜸,
 "죽음이 초죽음이라……. 뭐가 어떻게 되어 가는지 도통 모르겠소!"
하였다니, 참으로 '사람은 그에게 주어진 사명이 다할 때까지는 죽지 않는다.'던 리빙스턴의 말이 생각나는 대목이다.
 기실, 정만서(鄭萬瑞)의 어록에 있어 첫손 꼽히는 이 말의 참뜻은, '사람이 죽기 전까지는 살아 있으니까 죽음이 어떤 것인지 모를뿐더러, 죽는 순간부터는 진짜로 죽었으니까 죽음이 무언지 모른다' 함이었으니, 결국 사람은 '죽음' 그 자체를 영원히 모를 뿐이라는 말이었는데…….
 그런데 '죽음이 초죽음'이란 말은, 국운이 쇠퇴해 가던 조선 말엽, 불운의 그 시대에 '모르쇠(아는 것이나 모르는 것이나 다 모른다고 잡아떼는 것)'의 뜻을 지녀, 발뺌하는 데 쓰이는 일대 유행어가 되어 가지고선 세상을 휩쓸었으니 '알고도 모르고 몰라도 모른다'는 것이 상책이던 사회 풍토가 그걸 수용해 준 탓이었으리라.
 지금도 경주지역에선,

"정만쇠 문자가 아니더라도, 죽음이 초죽음이라, 어쩌고······."
라는 인용구를 흔히들 쓰고 있으니, 정 공의 기행이 참으로 죽어도 살았음을 보는 듯하다.

🌑 도움말 : 이석순, 이기수, 김학봉

술 잘 먹는 영감에게
술 못 먹게 하느라고,
술독에다 넣었다가
사흘 만에 건져내니,
아, 안주 주소
아, 안주우 주소.

제3마당
맞돈 낸 돼지들

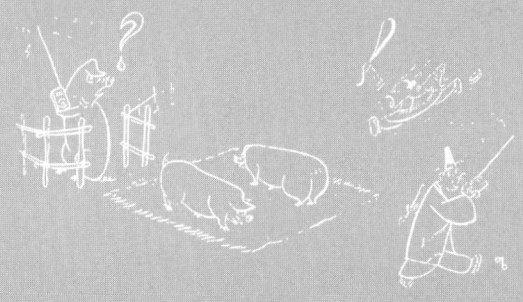

돼지도 맞돈 내고 먹는 줄 알고

한때, 밤낮없이 술에 절어 지내는 사람을 두고서,

술 잘 먹는 영감에게
술 못 먹게 하느라고,
술독에다 넣었다가
사흘 만에 건져내니,
아, 안주 주소
아, 안주우 주소.

라는 좀 우스꽝스런 노래가 유행한 적이 있었다.
  풍류객 치고 술을 못 마시는 위인이야 있으랴만, 특히 정만서로 하여금 술에 절어 지내도록 빙계를 준 당시의 정치사회적 배경을 살펴보면 이러하였다.

강화도령에서 어느 날 갑자기 임금님으로 추대된 철종(1831~1863)은 정치적 경륜이 적었던 바, 왕권은 몰락한 반면 외척들의 세력이 등등하여, 철종 말년에는 세도정치의 폐단이 극도에 달하였다. 따라서 나라 재정의 기본인 전정(田政 : 토지에 대한 전세, 대동미 및 그 밖의 여러 가지 세금을 받아들이던 일), 군정(軍政 : 장정으로부터 군포(軍布)를 받아들이던 일), 환곡(還穀 : 곡식을 사창(社倉)에 저장하였다가 백성들에게 봄에 꾸어 주고 가을에 이자를 붙여 거두던 일)의 삼정은 문란하기 짝이 없었고, 탐관오리들은 백성을 봉인 양 여기고 농촌을 온통 피폐하게 만들었다.

그래도 천성이 순해 빠진 농민들은 웬만한 수탈쯤은 팔자소관으로 치부하고 겉으론 죽어지내는 시늉으로 살아가는 도리밖에 없었던 것이다. 그러나 지렁이도 밟으면 꿈틀하는 법이라, 압박과 설움이 목구멍까지 차오르자 차츰 술렁이기 시작하였다. 그러다 마침내 1862년 2월에 경상 우병사인 백낙신(白洛臣)의 착취에 분노한 진주 백성들이 조직적으로 봉기하여 이방을 박살하는 것을 시발점으로 진주민란을 일으켰으니, 이것이 바로 근세 민중운동의 선구였다. 한번 불이 당겨진 화약고의 불은 경상도에서 전라도와 충청도 등지로 연쇄 폭발을 일으켜, 일 년 동안 부패에 항거하는 민중운동으로 이어져서는 결국 동학농민혁명으로 치닫는 계기가 되었다.

진주민란 당시(1862) 스물일곱 살이던 정만서는 세상 되어 가는 꼴을 보니, '돈도 명예도 사랑도 다 부질없는 것'임을 간파하고, 산다는 것이 모질고도 허무하다는 것을 남 먼저 터득하기에 이르렀다. 따라서 우직한 농민들의 분노가 이젠 자신의 분노로 바뀌어 있음을 깨

닫고는, 타는 가슴을 안고서 집을 뛰쳐나와 거리에서 하늘을 지붕 삼고 구름을 이불 삼아 지내게 되었다. 삶에 대한 설움과 순리에 대한 목마름을 그는 오직 술로써 달래려 했다. 그러나 빈손인 까닭에 발길이 닿는 주막마다 외상을 긋기가 일쑤였으니, 어느 주모가 그래, 그를 반겨 줬으랴?

그런 와중에도 어쩌다가 누구를 등쳐 눈먼 돈이 생길라치면, 정 공은 그동안 밀린 외상값에 덤까지 듬뿍 얹어 꿰미째로 안겨 주는 '범의 차반식'(먹을 것이 생기면 실컷 먹지만 먹을 것이 없으면 쫄쫄 굶음) 호기도 없진 않았건만, 대체로 그는 가는 곳마다 푸대접을 받아 왔다.

그날도 정 공의 심심한 발길은 주막으로 향했는데, 뱃속의 회가 벌써, 담 너머에서 풍겨 오는 술 냄새를 먼저 맡고 그의 콧구멍을 벌름거리게 했다.

"보소, 아지매(아주머니). 냄새로 미루어 본즉 술이 아주 잘 익어 가는 모양인데 말씀이야, 한 잔 떠 와 보소. 맛이 어떤가 좀 보게."

마침, 선객(先客 : 먼저 온 손님)도 없는 술청이라 정 공은 은근히 침부터 흘렸으나, 주모 치고 정 공의 그런 얄팍한 속임수에 넘어갈 얼간이가 어디 있으랴! 김이 푹 솟는 가마솥에 엎드려 짐짓 잘 쪄진 고두밥(지에밥)을 퍼내기에 바쁜 척하는 손놀림이었지.

술배가 고파, 도저히 더 이상 참을 수 없게 되자 정 공이,

"보소, 아지매(아주머니). 내일 돈을 줄 터이니까 딱 한 양푼만 좀 주소 보자. 야(네)?"

하는 식으로 이젠 아예 사정 조였다. 이에 주모는 느직한 목소리로,

"오늘은 손님께 드릴 술이 없소이다아. 비록 있다손 치더라도 외상은 아니 됩니더어. 그동안 밀린 술값이 얼만데요오. 다른 데나 가 보시지요오……!"

정 공 있는 쪽으로는 거들떠도 보지 않고 쪄낸 고두밥(지에밥)을 멍석에 널어 뜨거운 김을 내보내는 중이었다.

"주객 간에 매정하긴? 한 양푼만 좀 주소."

이젠, 완전히 애걸 조다.

"외상은 더 못 주겠네요. 오늘은 꼭 맞돈을 가지고 오셔야지 되겠네요! 나야, 물이나 길어 와야겠네요……."

하더니 그만 물동이를 이고 샘터로 향하는 눈치였다. '꿩 놓친 매' 신세로 열없게(좀 겸연쩍고 부끄럽게) 된 정 공이 쓴 입맛을 쩍쩍 다시다가 몽유병자(夢遊病者) 같은 걸음으로 나와서는 멍석에 널어 둔 고두밥(지에밥)을 양손으로 뭉쳐 쥐더니, 한달음에 돼지우리 쪽으로 가선, 돼지우리 문을 열고 "똘똘 똘똘……" 하며, 고두밥을 흩뿌려 주는 것이었다. 이리하여 돼지들이 고두밥을 따라 마당으로 우르르 몰려나오게 됐다. '자다가 밥 위에 웬 떡이냐' 싶을 만치 신바람이 오른 돼지들은 일변 게걸스레 먹으며 일변 고두밥을 짓밟아서, 고두밥 멍석을 온통 진창으로 만들어 갔다. 이들이 멍석을 말끔히 비우고 나서는 아예 '술독을 습격할' 기세였다.

여기서 '술독 습격'이란 것이 무슨 말인고 하니, 옛날 중국에 원적(阮籍)이란 사람과 그 조카들이 술을 무척이나 즐겨 했기에 모이기만

하면 술을 걸러 동이 째로 두고서 아재비와 조카가 퍼마시다가, 차츰 거나해진 다음에는 사람과 돼지 떼가 함께 얼려 술을 나눠 마셨다는 고사가 생각나게 하는 대목이라서 하는 소리다.

마침 이때, 물을 길어 오다가 고두밥(지에밥) 멍석을 짓밟고 있는 돼지 떼의 진기한 광경을 목도하게 된 주모는 왈칵 눈이 뒤집혀, 물동이도 내동댕이친 채, 꼬꾸라질 듯 달려오며 냅다 소리치기를,
 "아니, 이 양반아! 당신도 사람이면 그래, 저 돼지들을 좀 쫓는단 말이지, 그래. 보고만 있능기요? 사램이 우째 그렇소? 아이고······. 이 일을 어찌할꼬······. 아이구 내 팔자야 엉엉······."
 이에 정만서가 코웃음 섞인 코맹맹이 소리로 이르기를,
 "허참, 오늘은 맞돈 앤 내면 아무 꺼도 안 준다면서? 나야 돼지들

이 다짜고짜 퍼먹기에 돼지는 맞돈을 내고 먹는 줄 알았지, 어디 외상인 줄 알았나? 아니면 선금을 냈거나."

주모의 새된 소리가 날카롭게,

"아니, 뭐라고요, 지금 뭐라고 했능기요? 아이구 내 팔자야!"

  ● 도움말 : 金旻煥, 朴龍淳, 박동준

내 속에서 나온 것이 죽었기에

　정만서는 경주 사람으로, 구름과 함께 숨 쉬다가 낙엽처럼 떠나간 그 시절 민중의 우상이었다. 정 공이 가진 것이라곤 아무 것도 없었다. 입을 것도 없고 먹을 것도 없는 알건달이었다. 단지 살짝곰보인 얼굴에다 후증(喉症)이란 목병을 앓아 '코맹맹이 소리'를 내는 입심 밖에 다른 건 아무 것도 없었다. 술이 있으면 더더욱 좋았지만, 술이 없어도 익살만은 잘도 토해냈다.
　언제나 시장기보다 '술배'가 더 고픈 정 공이 언양의 이지번(李芝蕃)과 더불어 후미진 산길을 가다가 보니까, 문득 산골짜기에서 어떤 부인이, "아이야! 지야!" 하고 땅을 치며 통곡하는 장면과 마주쳤다. 실로 그 부인은 모진 병이 들어 죽은 자기 아기를 땅에다 애장(아이의 장례. 아이의 시체를 땅에 묻거나 짚으로 싸서 나무에 얹어 놓는다) 한 뒤, 키운 정이 애처롭고 살아온 세월이 허무해서 우는 것이었다. 사실 말이지 '영감이 죽으면 발치에 묻고, 자식이 죽으면 가슴에 묻는다' 했으니 자식을 잃은 어미의 그 절통함이야 오죽할까 보냐?

그런 광경을 먼발치로 지켜보다가 코끝이 시큰해진 이지번이 엉뚱하게도 장난기가 동했는지,

"만쇠(萬瑞) 자네 말이야, 저기서 우는 저 부인을 지금 웃길 수 있겠나? 만일 자네가 저 부인을 당장 웃기는 날엔 내가 오늘 술을 사겠네. 아주 대턱(크게 한턱)으로 사겠네!"

울음소리가 너무나 청승스러웠기에 이지번이 그런 제안을 했는지 모르나, '술' 소리에 귀가 번쩍 뜨인 정 공은 첫 마디에,

"그거야, 뭐! 웃겨야지, 암 웃겨 봐야지. 뭘!" 하자,

"대신, 자네가 저 부인을 못 웃기는 날엔, 자네가 도로 술을 사야 한다네. 알아들었겠지?"

"암, 암, 여부가 있겠나. 그렇게 함세!"

이렇게 하여 두 괴짜 사이에 술 내기 약조가 성립되었는데, 과연 자식을 묻어 놓고 땅을 치며 울고 있는 저 부인을 당장 웃길 수 있으려나 몰라?

예로부터 '남의 눈에 눈물을 내면 제 눈에는 피눈물이 난다'고 할 만큼 남을 울리는 일이야 쉽지만, 우는 사람을 웃기기란 참으로 힘든 노릇이 아닌가 말이다. 차라리 가만히 있는 부처를 울리는 게 쉽지.

그 길로 곧장 통곡하는 부인 곁으로 다가간 정 공이 그 부근에 쭈그리고 앉았겠다. 울던 부인이 호젓한 산골에서 때 아닌 인기척을 느끼고 곁눈질로 슬쩍 보니, 난데없이 나타난 어떤 남정네가 바짓말을 까 내리고 '끙끙대며' 용을 쓰더니만, 느닷없이 그 남정네가 땅을 치

며 목을 놓아 엉엉 우는 것이 아닌가 말이다. 의아해진 부인은 속으로,

'이런, 남정네 하곤? 날 동정할 사람도 아닌데, 남자 대장부가 때 없이 울기는?'

싶었으나, 아무래도 남자는 여자와 다르니까 저러다가 조금 지나면 가겠거니 했는데, 도무지 자리를 뜰 생각을 하지 않고서 계속 '꺼이꺼이' 울기만 하는 것이었다. 한편으로는 괴이쩍고 한편으로는 괘씸한 생각이 든 그 부인이, 정색을 한 눈으로 정 공을 똑바로 바라보며,

"저어, 여보소……. 흑흑, 남녀가 유별한데……. 흑흑, 어째서 남의 곁에 와서 실없이 울면서 남의 부아를 돋우는 거요? 흑흑."

하며 도전을 해오자 금방,

"내 할 말을 사돈이 하고 있네! 댁네는 왜 울고 있소? 꺼이꺼이……."

하며, 정 공이 되묻는 것이었다. 울음을 추스르던 그 부인이,

"나야 여보소……. 흑흑. 우리 아기를 잃어버려서(죽어서) 흑흑……, 슬프니까 울지만 흑흑……, 어이구 내 팔자야! 엉엉……. 당신은 왜 울고 있소?"

"여보소, 나도 꺼이꺼이……. 내 속에서 빠져나온 것이 죽어 뻗었기에 꺼이꺼이……. 나대로 슬픔이 복받쳐 울던 참이라오, 꺼이꺼이……."

'뭐라? 내 속에서 나온 것이라니?' 싶어, 그 부인이,

"대관절, 댁은 뭐를 잃었소? 그래, 딸이요, 아들이요? 대체 몇 살이

나 먹었던 애였는데요?"

"아니, 여보소. 그게 꼭 아들딸이 문제요, 시방? 뭐거나 자기 배 속에서 나온 것이면 모두 마찬가지지! 댁네는 하다못해 몇 해라도 기르다가 잃었겠지만, 나야 세상에 떨어지자 말자 그만 죽고 말았으니, 그쪽과 내 쪽, 어느 쪽이 더 애통하단 말이요? 애통한 걸로 치자면야 내 쪽이 더하지……."

하더니 몸을 돌리며 퉁명스레 한다는 말인즉,

"자아, 이것 좀 보소, 그래. 방금 전에 이놈이 내 배 속에서 나온 꺼어싱이(회충 : 예전에는 배 속에 회충이나 촌충이 있는 사람이 적지 않았다.)인데 이렇게 뻐드러져 죽고 말았잖소!"

이 말에 그 부인이 화가 나는 투로,

"아니, 이 양반이?"

했지만 자기도 모르는 새, 하도 기가 차서 그만, "후후훗 풋풋." 하며 웃고 말았으니,

 정만서야말로, 한다고 하고 나서면 못하는 일이 없었더란 말인가? 이런 짓으로 술 내기를 하다니? 그것 참, 참으로 가관이로다! 몹쓸 사람이로고!

 ● 도움말 : 李瓦柱

공짜로 먹는 복어국

노루 꼬리만한 겨울 해가 서산으로 넘어가는 해거름녘에, 매서운 찬바람이 소매 속으로 파고들라치면, 누구나 막걸리 독에다 용수를 박아 퍼낸 맑은술[淸酒] 생각이 간절해지기 마련인데, 그때 술국으로는 복어국 맛이 일품인 법이거늘…….

때는 일본과 강화도조약(1876)이란 것이 맺어지던 이듬해 겨울의 이맘때. 설익은 개화 바람이 불어 닥쳐 세상이 흉흉할 때, 경주성 안팎은 물론 그 인근을 온통 휩쓸었던 우스갯군(해학가)인 정만서가 목이 컬컬한 판인데, 마침 언양의 이지번이 저기서 정 공을 향해 마주 오고 있는 것이 보였다.

"여보시게, 지봉이(之蕃)! 자네 요새 저 서문밖에 이름난 할매집 뽁찡이국(복어국) 맛본 적 있나? 가을 미나리 푸짐하게 넣고 맛깔스럽게 끓인다던데."

"어없애(아니, 없다네). 그건 왜 묻노?"

"우리 그 집 뽁찡이국 먹으러 감세!"

"가는 거야 좋은데, 돈 있나 만쇠(萬釗) 자네?"
"언제는 내가 돈 가지고 술 마시는 것 봤나? 여보게 지봉이(之菶)! 자네 할매집에 가서는 이렇게 저렇게 하게나, 알아들었겠지?"
"아암, 그러고 말고! 여부가 있겠나."
정만서가 뭐라고 귀엣말을 건네자, 이지번은 가는 눈을 뜬 채 입가에 눈웃음을 흘리며 의미심장하게 고개를 주억거렸다.
"어어! 할매 기싱기요(계시오)!"
자못 호기로운 정만서의 행차시다.
"아이고, 이 양반, 사흘돌이로 와서는 외상만 긋더니 오늘은 또 왜 왔소?"
첫마디부터가 반갑잖으니 아예 나가라는 소리였다. 그러나 넉살 좋은 정 공은,
"하아! 오늘은 여기 보시다시피, 귀한 손님을 모시고 왔잖았소. 어험, 어험!"
하며 헛기침으로 거드름을 피우고는,
"자, 이리 앉으소." 하며 이지번의 도포 자락을 끌어당긴다.
힐끗 보니 허우대나 입성이 깨끗한 손님과 동행인지라, 큰소리치는 점으로 미루어 볼 때 주모는 '저 양반이 오늘은 틀림없이 맞돈을 내 줄 성싶다'고 지레 짐작을 하는 것이었다.
"오늘은 어험, 막걸리가 아니라 말이요, 할매! 술은 맑은술[淸酒]로 하고, 술국부텀 우선 따끈하게······."
외상이 아니라 맞돈일 텐데 뭘 꾸물거려.

"예에, 예, 여기 술상 나갑니다아."
하며 늙은 주모는 신이 났다. 잘하면 그동안 밀린 외상값도 받을 성싶은 모양이다.
"어허! 그 국맛 조옿다. 한 그릇씩 더……. 국물캉 미나리도 듬뿍……. 쩝쩝."
세 그릇째의 복어국을 받아 두어 순갈 뜨는가 싶더니 웬걸!
"괘애액, 괘애액."
하며 입성 좋은 이지번이 별안간 맨 흙바닥에 나뒹굴어지면서 눈을 까뒤집는 것이 아닌가? 그것은 정만서와 미리 이비(짬짜미)를 짜둔 계획이었다. 하지만 짐짓 놀란 척하는 정 공은 게거품을 질질 흘리는 이지번을 흔들며 다급하게,
"앙이? 이 사람이? 정신 채리게(차리게). 어어? 그런데 이거 나도 배 속이 매슥거리는데, 이거. 왜액."
하면서도 부엌 아궁이 쪽으로 비실비실 내려가 복어국을 끓이는 아궁이를 보더니, 정만서가 하는 말,
"그러면 그렇지! 내가 그럴 줄 알았다니까! 이 할망구야, 대나무 부지깽이로 뽁찡이국(복어국)을 끓이면 사람 잡는 줄 모르고 이 짓이야? 엉? 이젠 결딴났다. 아이구 배야! 그으윽!"
헛 엄살이 대단하다. '절단(결딴)이고 나뭇단이고 간에',
"아이고, 여보소, 나는 대 부지깽이 쓴 적 없심더."
하며 주모는 발뺌부터 했지만 물적 증거가 뚜렷한 데야 전들 어쩌랴.
"이거, 큰일인데……. 관가에서 아는 날엔 어쩐다지? 왜액."

하고 헛구역질을 섞어 은근한 협박이다. 사실 그 대나무 부지깽이는 정만서가 도포 자락에 숨겨 와서 주모가 모르는 사이에 부엌 구석에 던져 둔 것이었다.

참으로, 복어 알이나 복어 피에 독성이 있으니 조심하라는 얘긴 들었으되 대나무 부지깽이 때문에 독이 어쩌고란 소리는 금시초문이나, 그런 걸 조목조목 따질 겨를 없이, 얼떨결에 손님이 거품을 물고 부들부들 떠는 꼴을 보고 매우 다급해진 주모는 덜컥 겁에 질려 떨리는 목소리로,

"아, 아자씨. 우, 우짜든지 관, 관가엘랑 아, 알구지 말고 자알 좀 처리해 주이소. 도온은 얼매든지 낼 참이니까, 야아(예)?" 손발이 떨리고 말조차 갑자기 더듬으며 애걸복걸이다.

"돈이 문젠강, 이 차판에? 사램이 죽어 가는데? 아이고 배야 괘액……. 나도 죽겠네."

죽고 살기 이전에, 이름난 '할매집'에서 식중독(食中毒) 사고가 났다는 소문만 퍼져도, 복어국 장사는 이제 끝장인 셈이다. 이 일을 어쩐다? 하늘이 노래진 늙은 주모가 우선 손에 잡히는 대로 스무 냥을 내놓았지만 거들떠보지도 않자, 그날 들어온 엽전을 있는 대로 톡톡 털어서 다 내줬다. 하지만,

"이거 가지고 어느 코에다가 붙이지? 포졸들 입막음에도 모자라겠는데……. 저러다가 지체되어 저 사람이 죽는 날엔 초상은 뭐로 치지? 하앙, 이거 낭팬데……. 아이고 배야, 괘액……."

정만서의 혼잣말이 의미심장하다.

'정신을 차려야 염불을 왼다'고 '어마뜨거라' 싶어진 주모는 두서 없이 쫓기는 손놀림으로, 장롱 밑에 차곡차곡 숨겨 둔 명주며 무명을 필째로 끄집어내어 놓곤, 양손을 마주 비비며 머리까지 조아린다. 죽기보다 까무러치기가 낫다는 걸까?

"살콰아만 주이소오(살려만 주세요)! 제발 좀. 관가에서 알면 이 늙은 것은 곤장 아래 요절나요, 예?"

'진작 그럴 일이지, 죽긴 누가 죽어?' 최고급의 맑은술에다 복어국까지 공짜로 먹은 터에 용채(用債·용돈) 마저 듬뿍 얻었으니, 남은 일은 못이긴 척하며 꾀병 환자를 업고 나왔을 밖에지······.

도움말 : 朴龍淳

돈 나올 모퉁이 죽을 모퉁이

 나뭇가지를 윙윙 울리는 거센 하늬바람이 길가에 흩어진 낙엽과 검불을 세차게 휩쓸어 가던 어느 아침나절 새참 녘에, 목이 컬컬해진 정만서가 어한(禦寒 : 추위에 언 몸을 녹임)이나 할 양으로 어슬렁어슬렁 경주 서문밖에 있는 '아랫 저자'의 세 갈림길을 지나치려니까, 큰 기둥에 한 장정이 비끄러매어져 있었다. 의아해진 정 공이 자세히 살펴본즉, 그 장정의 목에는 방(榜)이 걸렸으되, '오늘 오시에 남사골(南莎谷)에 사는 손 아무개를 불효 죄로 징치(懲治 : 치도곤)할 것이니라'고 적혀 있었다.
 '불효한 녀석이라니? 어떻게 생겨 먹었는지 상판대기나 좀 보아두어야겠다'고 호기심이 동한 정 공(鄭公)이 가까이 가 보았다. 겉보기로는 준수하게 생긴 젊은이가 기둥에 밧줄로 두 손을 뒤로 묶인 채 머리에는 용수를 뒤집어쓰고, 추위와 공포에 벌벌 떨고 있는 모습을 보니 공연히 측은한 생각이 앞서는 것이었다. 그런데, 날씨는 차고 시간이 아직 일러서 그런지 구경꾼이라곤 한 사람도 모여들지 아니한 상태였다.

현실의 남사골(지금의 慶北 慶州市 見谷面 南莎里)에서 소도 몇 마리씩 기르고 논마지기깨나 부치며 살던 장정인 불효 죄인이 인기척에 놀라 용수의 대오리 틈 사이로 주위를 살펴보니, 그를 지키고 섰던 털벙거지의 포졸은 어디론가 어한을 하러 갔는지 코빼기도 보이지 않는 대신, 노상안면(路上顔面 : 정식으로 인사를 나누지는 않았으나 길에서 만난 적이 있어 서로 알아볼 만한 얼굴)이 짙은 살짝곰보가 자기를 찬찬히 아래위로 훑어보고 있지 아니한가.

'물에 빠진 사람이 지푸라기라도 잡는다'는 격으로, '자기 자식의 생사는 물론 자신의 생사 문제에 이르기까지 이미 달관했다'는 정만서를 대하고 보니, 마치 '저승길에서 옥황상제를 만난 듯' 반가웠다.

"아자씨, 날 좀 살려 주이소. 예?"

"이놈, 니가 누군데 그카노?"

"예, 남사골 사는 손 아무끼 올시더, 저를 모르시겠능기요?"

여기서부터 정만서 특유의 코맹맹이 소리가 시작된다.

"용수를 덮어쓰고 있으니까 도통 짐작이 가지 않네, 어쨌거나, 와(왜) 이런 지경이 됐노(됐느냐)?"

"저도, 잘 모르겠심더. 우리 홀어머니한테 지가 불효한다고 이렇기 오늘 신새복(첫새벽)에 잽혀 왔는데, 멍석말이로 난장을(몰매를) 때릴 것이랍니더. 흑흑……. 인제 살아남기 어렵게 됐습니다. 제발 살려만 주신다면 그 공으로 지가 어르신께 백이십 냥을 드릴 챔이니 날 좀 살리 주이소, 흑흑……. 예?"

"얼마? 백이십 냥? 거기 끝다리(우수리)가 왜 붙었는지 모르겠지만 까짓 꺼 그래, 한 번 해보지 뭐!"

대답 한 번 수월하였다. 누구 말마따나, '한 번 한다 하면 기어이 해내고야 마는 것'이 바로 정만서였으니, 무슨 일이건 이제 곧 벌어지긴 벌어질 모양이다.

"그렇다면, 잠깐! 날씨도 추운데 우선 막걸리나 두어 사발 비우고 와서 봄세."

그러고 나서 잠시 뒤에 입가에 묻은 허연 막걸리 방울을 손등으로 비빈 다음 무짠지 조각을 와싹와싹 씹으며 묶인 죄인 앞에 와서 보니, 아까까지 없던 포졸이 어느새 돌아와선 턱 버티고 서 있지 아니한가?

"아니? 공연히 술 몇 사발 마시는 통에, 계산에 없던 포졸까지 끼어들어 손해 보게 생겼구나. 그러나 할 수 없지, 당하는 대로 엮어 나갈 수밖에⋯⋯."

정 공은 포졸에게 다가가서 공손하게 허리를 굽혀 꾸벅 절을 하며,

"나으리, 내 말 좀 들어 보이소." 하고 말을 걸었다.

"무슨 말인데 그러시오?" 하며 자못 퉁명스럽다.

"나으리나 우리나, 열흘 가고 보름이 간들, 술값이 한 푼 생기며 담뱃값인들 한 푼 생길 일이 있습디까? 우리 오늘은 함께 돈 좀 벌어 보시지 않겠습니까?"

포졸로서도 돈이 생긴다는 데야 싫지 않은 말이었다. 그러나 포졸은 공무원답게 위엄을 차리며,

"여보시요(여보시오), 돈을 무슨 수로 벌잔 말씀이요? 앵?"

하고 뻣뻣하게 나왔다.

"여기 불효 죄인은 이미 붙잡아 묶어 두었겠다. 관가에서 누가 나온다고 한들 이 넘이 손(孫) 간지 송(宋) 간지 호패를 지금 와서 대조할 턱도 없는 일 아닙니까. 그렇다면 저 넘을 나캉 바꿔 묶어 놓으심이 어떨지요? 매는, 불효 죄로 매는 지가 대신 맞을 용의가 있십니다. 매 맞을 값으로 지가 저 넘한테서 백이십 냥을 받기로 약조를 했으니까, 우리 공평하게 나으리가 육십 냥 자시고, 내가 나머지 육십 냥을 먹으면 어떻겠십니까?"

포졸이 가만히 생각해 보니, 나라에서 받는 녹(祿)이란 것이 언제나 쥐꼬리만 한데, 육십 냥이면 거금인데다가, 지금 춥고 배고픈 판

에 어느 놈이 매를 맞든 자기와는 무관한 일이고 보니, 싫다 할 이유가 전혀 없었다. 이것은 가만히 앉아서 '꿩 먹고 알 먹는' 일거양득일 성싶었다. 이때, 정만서는 손 가 젊은이에게,

"너 이넘, 니 대신 내가 여기 묶여 있다가 중인환시(衆人環視 : 여러 사람이 둘러싸고 지켜봄) 속에 멍석말이로 뭇매(몰매)를 맞아서, 죽어날지 살아날지 모르는 차판이니 너는 이 길로 당장 가서 약조한 백이십 냥을 틀림없이 준비해라. '돈 나올 모퉁이는 죽을 모퉁이라'더니만……."

하며 포졸에게 들으란 듯이 야무지게 다짐을 두었고, 젊은이는 묶여서도 속으론 '이제 살았다' 싶어,

"어느 분부라고 한 친들 소홀히 하겠습니꺼. 소를 팔든, 아니면 자모전가(子母錢家 : 전당포)에 마누라를 잡혀서라도 늦어서 미시(未時 : 오후 3시)까지는 틀림없이 준비하여 대령하고 있을 참이니 글랑 염려 놓으시이소."

라고 분명히 대답하는 것이었다.

"그래? 그럼 미시 말까지 봉황대 밑쪽에 있는 계향(桂香)이네 기생집으로 오게. 알았지?"

이들이 진지하게 주고받는 말을 한 마디도 흘리지 않고 지켜 들은 포졸은, 헛기침 속에 고개를 크게 끄덕여서 자기도 이 음모에 흔쾌히 가담하겠다는 의사를 분명히 표명했으며, 곧이어 행동으로 불효 죄인의 밧줄을 풀어 주고 대신 고분고분해진 정 공에게 모양을 내어 오라를 지우고는, 머리에 용수도 바꿔 씌워서, 단단히 밧줄로 기둥에

다 비틀어 맨 다음 목에는 방(榜)까지 바꿔서 걸어 주었다.

처음에는 아까 마신 술기운으로 정 공의 몸에 화둑화둑한(후끈후끈한) 열기가 올라 좋다 싶었는데, 웬걸! 찬바람 속에 묶여서 옴짝달싹하지 못하고 한참을 서 있으려니까 차츰 술기운이 가시면서 온몸이 저릴 만큼 추위가 뼛속으로 파고들었다. 그럭저럭 오시(午時)가 가까워지자 아래턱이 덜덜 떨리기까지 하는 것이었다. 아무래도 '돈 나올 모퉁이는 죽을 모퉁이'인 모양이다. 저자(시장)에 나왔던 사람들이 하나 둘 재미있는 구경거리를 놓칠세라 웅기중기 모여들기 시작하였고, 정오 때가 되어 오포(午砲 : 옛날에는 포를 쏘아 점심때를 알렸다. 이것이 일제강점기에 와서는 사이렌으로 바뀌어졌던 것이다) 소리가 나자 관가에서 부윤이 요란하게 장식한 말을 탄 채 하리들을 거느리고 세 갈림길에 나타났다. 말하자면, 즉결재판으로 형이 집행될 판인가 보다.

"네, 이놈! 죄인은 들어 봐라! 우리나라는 동방예의지국으로서 제 부모에게 효도함은 당연한 일인 동시에, 더구나 현실의 남사골이란 곳은 『명심보감』에, 손순(孫順)이란 효자가 홀어머니를 봉양하기 위하여 자식을 생매장하려다가 돌종을 얻은 북골[鐘洞] 재가 있는 마을인 바, 다 같은 손 씨로서 한 사람은 그래, 천 년 전에 효도로써 『삼국유사』에까지도 올라 그 이름을 후세에 떨친 반면에, 네놈은 그래 손순이 살던 마을에 사는 놈으로서 천 년 후에 이 자리에 불효 죄로 섰으니 부끄러움을 스스로 알렸다! 부모에게 불효한 놈은 여러 사람의 본보기를 삼기 위하여 모든 사람이 지켜보는 저잣거리에서, 다시는 유사한 일이 생겨나지 않도록 하기 위하여 멍석말이로 다스려 온 것이 오랜 법도였느니라. 쳇값을 받는 일이니 날 원망하지 마라. 이 놈!"

이를테면, 이 훈계는 죄인에게 들으란 소리이기보다는 거기 둘러 선 구경꾼들에게 관가의 위엄을 보이기 위한 수단인 듯하였다.

"이미, 보고를 받아 익히 알고 있긴 하다마는 그래, 네놈은 어찌하여 늙은 홀어머니에게 그토록 불효를 저질렀단 말이냐? 마지막으로 기회를 줄 터이니 할 말이 있거든 한 마디 해 보아라."
하고 죄인에게 최후 진술의 기회가 부여되었다.

그러자 정만서가 기다렸다는 듯이 일부러 목소리를 딴판으로 바꾸어 가로되,

"하이고 나으리. 흙이나 파먹고 사는 농사꾼이 뭐······. 지가 무슨 할 말이 있겠십니꺼마는도······, 농사짓고 나무 해다, 지로서야 어미에게 한다고 했십니더만도, 아무리 출천대효라 칸들 자식 놈을 지 자식이 아니라꼬, 매일 겉이 구박하는 노친네를 진들 어쩌겠십니까?"

"뭐가 어째? 그럼 네놈은 불효를 한 적이 없단 말이냐? 고이헌(괴이한) 놈 같으니라고!"

"그런 뜻이 아니옵고, 농사꾼이 뭐로 알아야지요. 군불이나 뜨뜻하게 넣어 드리고, 세 끼 밥이나 정성껏 올려 드리는 것밖에야 뭐 할 줄 모르니깐요. 그런데 우리 집 노친네는, 자기 속으로 낳은 자식임에도 지만 보면 내 아들이 아니라꼬 노상 그러고, 또 무진(무슨) 일이든 성의껏 할라치면 어떻게든 트집을 잡아 무조건 발칙하다고 야단만 치니 진들 우야겠십니꺼(어쩌겠습니까)?"

부윤이, 정 공이 하는 소릴 가만히 들어 보니 듣던 바와는 생판 달리 무슨 곡절이 있는 성싶었다. 아무래도 죄인의 모친이란 늙은이에게 실성 기나 망령 기가 서린 듯 여겨졌다.

"아니? 그럼, 네 어미가 네놈을 보고 아들이 아니라 그런단 말이렷다! 고이헌(괴이한) 놈, 관가를 속이면 그 죄가 얼마나 중한지 알기나 하느냐?"

"어느 안전이라고 감히 지가 거짓으로 꾸며서 사뢰겠능기요. 길을 막고 한 번 물어 보이소. 지 말이 거짓말인가."

"그렇다면, 여봐라! 지금 급히 말을 달려 남사골에 가서 저 죄인의 어미를 잡아오도록 하렷다."

"예에에 이이이."

그리하여 노상 재판은 말하자면 휴정을 선언했으니 사람들은 웅성거리기 시작했다. 한 식경이나 실하게 지난 연후에 남사골 할멈이란 노파를 잡아다가 대령 시켰다. 부윤이 큰 소리로 할멈에게 묻기를,

"당신 아들이 불효막심하다는 발고가 들어왔기에 오늘 멍석말이로 치죄코자 하는데, 저 죄인의 진술인즉 할멈에게 실성 기가 있어 '제 아들을 두고 아들이 아니라'고 우긴다면서?"

이에 놀란 할멈은,

"앙이. 나으리! 지가 비록 늙었기로서니 실성 기가 있다니 그기 무진 말숨잉기요(그게 무슨 마씀입니까)? 저 넘은 장하(杖下)에 맞아 죽어도 눈꼽(눈곱) 만침도 아까울 게 없는 그런 불효막심한 녀석이올시더."

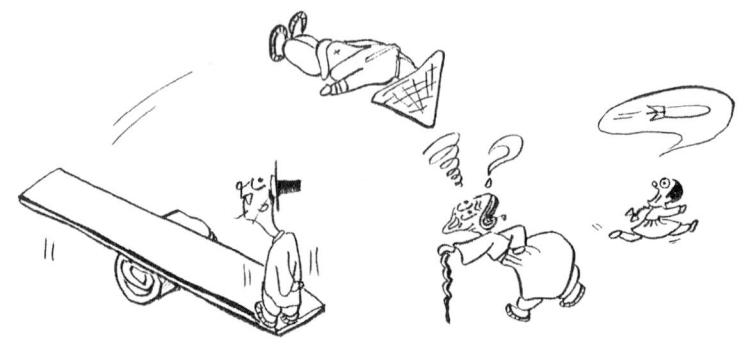

이때, 가만이나 있었으면 좋을 법한 죄인(정만서)이 무거운 듯 입을 열었다.

"앙이, 어매는 뭐한다꼬(왜) 여기까지 나오십니꺼? 근력 상하시게요. 노인네가 기운도 없으신데, 집에 가만히 기시잖고, 이렇기 춥운 날(추운 날) 공연히 힘 부치시게 말입니더."

여러 겹으로 둘러 싼 사람들이 웅성거리며 유심히 들어본즉 죄인에게는 효성의 기미가 보여 동정의 여지가 있는 반면, 노파에게 의심이 가기 시작했는데, 노파의 표정 또한 갑자기 변하는 것이었다. 용수를 머리에 덮어씌워 놓았기 때문에 아들의 얼굴은 알아볼 수 없지만, 아무리 늙었기로소니 제 아들을 모를까 보냐? 옷 입은 행색이나 코 막힌 목소리 하며, 말하는 솜씨까지 분명히 자기 아들이 아니잖는가 말이다.

"아이고 나으리이! 저 넘은 내 아들넘이 아니올시더. 지는 저런 아들자식 둔 적이 없십니다. 늙은 것이 거짓말 하겠십니꺼. 저것은 분명히 내 아들이 아니라……."
하며 사실을 밝히려 들자, 이때를 놓칠세라 정 공이,
"저것 보이소, 부윤 나으리! 틀림없지요? 걸핏하면 자식을 지 자식이 아니라꼬 한다니깐요. 저 할마시가(할머니가) 천날만날(매일매일) 저러니, 진들 어쩌겠십니꺼. 차암!"
이런 고약한 꼬락서니를 지켜보고 있던 부윤은, 분노가 치밀어 관자놀이에 심한 경련이 일어나면서 눈이 가늘어지더니 큰 소리로,
"저놈의 할멈에게 실성 기가 있다는 것이 사실이로군 그래! 저런 효자를 두고 불효라고 발고를 하게 하다니? 괘씸하도다! 할멈은 볼기 세 대를 안겨 내쫓고, 저 녀석은 효성이 있어 뵈는 사람이니 무죄 석방하렸다아!"
"예에에에 이이이이."
이때, 정만서가 자기 특유의 코맹맹이 소리로,
"나으리, 쨤, 가암짜함니더(참, 감사합니다)." 하더란다.

🌀 도움말 : 朴龍淳

못굴을 빼보려다

 윷놀이를 할 때 '첫 도는 살림 밑천'이라 하듯이 봄비가 잦은 것도 벼농사에는 큰 밑천인 바, 그것은 저수지마다 미리 물이 차면 그해의 풍년을 일차적으로 기대해 볼 수 있기 때문이다.

 곡우(穀雨)와 입하(入夏) 때가 되면 농촌의 일손은 하루가 다르게 바빠지게 마련인데, 영남에선 감자 밭도 매어야 하고 못자리의 관리도 철저히 해야 하는 등 서두를 일들이 산적 되는 까닭이다.

 벼농사를 잘 지으려면 때맞춰 모내기를 해야 하고, 모내기를 때맞춰 하려면 못의 굴(저수지 水門의 일종)을 적당한 때 뺌으로써 논에 물을 잡아야 하는데, '못굴' 빼는 일은 본디 '동리 하인'의 소관 사항이었다.

 지금은 면천(免賤 : 예전에, 천민의 신분을 면하고 평민이 됨)이 된 덕분에 사라지고 없지만 개화기 이후 광복 때까지도 '동리 하인'은 마을 안팎의 궂은일은 도맡아 처리하도록 임무가 주어졌으며, 특히 몇 길 깊이나 되는 저수지 바닥으로 물구나무서기로 자맥질해 들어가서 못굴 방망이를 뽑아냄으로써 물길을 트는 일은 그의 독점 사항인 동시에 특기 사항이기도 하였다.

그런데 어인 연고로 이른 봄부터 시름시름 앓아 오던 '동리 하인'이 무거운 병을 얻었는지, 모심기 때가 늦었는데도 몸져누워 있기만 했기에, 동리 사람들이 안달을 하는 것도 무리가 아니었다. 때는 5월이라 종다리는 보리밭에서 흐드러지게 지저귀고, 낮 기온이야 제법 올라간다지만 저수지의 수온은 생각처럼 쉽게 올라가지 않는 법이어서, 아직 발 벗고 물속에 들어서면 더러는 턱이 덜덜 떨리기도 하는 계절이었다. 뻐꾸기와 꾀꼬리는 수양버들 위로 날고, 버드나무의 새순은 연둣빛 윤기를 더해 가며, 까치둥지에서는 새끼 까치가 알을 깨고 나왔는가 본데 못굴을 빼줄 장골은 아무도 없었으니 낭패가 나도 보통 낭패가 아니었다.

제물에 안타까워진 농민들은 누가 먼저랄 것도 없이 못둑 가로 몰려들 나와, 속으로는 '못굴, 못굴, 못굴' 하며 서로들 눈치만 살피다가, 하도 답답하여 오래 전에 수군(水軍)에 나갔다 온 중늙은이에게 어찌 좀 해 볼 수 없겠느냐고 애원도 해 보았으나, 기력이 쇠진한 그를 저수지의 찬물 속에 떠밀어 넣을 수도 없음을 알고는 떡심(맥)이 풀려 주저앉기도 하였다.

마침 그때, 허름한 도포 차림으로 느릿느릿 걸음을 옮겨 놓던 정만서의 동공에 하얗게 깔린 사람들의 웅성거리는 모습이 비쳐 들었다. 호기심이 많은 정 공인지라, 수심에 잠겨 있는 한 농사꾼에게 넌지시,

"무진 일잉기요(무슨 일입니까)?"라고 물었을 밖에…….

"여차여차해서 오늘은 꼭 못굴을 빼어야 농사를 지을 판이지만……. 이것 참, 낭패로소이다."

이 소리를 들은 정 공은 대뜸 제물에 성이 나서, 얼굴이 확 붉어지며,

"못굴을 빼지 못하여 농사를 망치려 하다니? 앵? 못굴을 빼는 것이 그리도 어렵나? 머저리, 무지렁이겉이, 못굴 하나도 못 빼?"
하는 혼잣말을 흘리는 것이었다.

이 말을 들은 그 농사꾼이 사람들에게 뭐라고 전했는지 모르나,

"옳다. 이젠 방도가 생겼다."
고 함성이 일만큼 순식간에 둔갑을 하고 말았다.

누가 시킨 일도 아니건만 어떤 이는 집에서 막걸리를 걸러 왔고, 또 어떤 이는 독한 화주(火酒)를 호리병에 담아 오기도 했다. 개중에는,

'도포자락(도포짜리)에게 무신 자맥질 재주가 있을라꼬'
하며, 정 공을 시답잖게 여기는 축도 없잖았으나, 대세는,

"저이가 못굴을 빼어 주겠다며 자청하고 나섰다는데, 무진(무슨) 잔말이 많아?"
하며 타박을 놓는 축이 지배적이었다. 이렇듯 어쭙잖게 벌어진 술자리가 그만 작은 마을 잔치로까지 둔갑을 하자, 마을 사람들은 다투어 정 공에게,

"내 술 한 잔 받으시이소."
"형씨, 내 술은 안 받고……?"

하였으니 주는 잔이야 정 공이 어찌, 열 잔 아니라 스무 잔인들 사양하리요만, 그에게 자맥질 경력을 묻거나,

"술을 이래(이렇게) 많이 자시고도 저 찬물 가득한 저수지 속에 들어가서 못굴을 뺄 수 있느냐?"

는 등의 질문에 대해서는 아예 코대답조차 하지 않는 것이었다.

한편 술기운이 차츰 퍼지자, 어떤 중늙은이는,

"노자에나 보태 쓰시이소."

하며 엽전 몇 닢을 넌지시 건네주는지라, 정 공은 그것도 못 이긴 체하고 챙겨 넣었다. 막걸리에다 화주는 물론 생두부 김치 등속으로 배를 채운 정 공은 취기가 올라 게슴츠레한 눈을 들어,

"못굴은 어드메(어디) 있는데……?"

하고 또 혼잣소리를 날리자, 그의 일거수일투족에 온 신경을 모으고 있던 온 동리 사람들은,

"못둑에 올라가 보소! 못 가운데 있지요, 뭐!"

하는 대답이 은근히 그를 뒤에서 떠밀어 올리는 거였다.
"인제, 그만 가 볼까아!"
하며 정 공이 털고 일어서자 동리 사람 모두가 우루루 뒤따라 나섰다.

못둑에 올라선 정 공의 눈에 비친 것은 평화로운 수면에서 찬란하게 부서지는 햇살이었고, 찰랑거리며 못둑을 간질이는 잔물결이었다. 한동안 실눈을 뜨고 물풀 사이로 헤집으며 자맥질을 일삼는 물방개를, 유심인지 무심인지 지켜보던 정만서가 물속에다 손을 척 담가 보더니만, 평계를 나열하기를,

"하이고, 차가워라. 웬 물이 이처럼 차가우며 또 못에 물이 이처럼 가득 차 있지? 찰박한 줄 알았더니만……. 그게 아닌데? 깊기가 한량 없는 데를 술에 취해 들어갔다가 어느 놈 빠져 죽으면……. 물귀신만 좋은 일 시켜주는 꼴일 테고? 하이구 손 시려라. 공연히 술을 퍼 먹여 가지고설랑……. 도저히 안 되겠는데……. 술이 깬 다음이라면 모를까……. 그럼 오늘은 이만 가보는 게 옳겠군 그래……."

하는 예의 혼잣말을 내뱉고는 뒤도 돌아보지 않고, 유유히 못둑을 따라 걸어가고 있었으니, 그 걸음걸이가 너무도 당당하여, 이를 지켜보던 순박한 농사꾼들은 '닭 쫓던 개 지붕 쳐다보는 격'으로, 기가 차서 할 말을 잊은 채 서로들 눈길만 마주치고 있었다.

하아뿔사아(아뿔싸)……. 아이 저걸 어쩌나…….

🌀 도움말 : 朴龍淳, 박동준

백지장도 맞들면 가벼운데

 늦모심기(늦모내기) 때까지도 비가 흠뻑 오지 않고 가물기만 하면, 농부들은 하늘을 쳐다보는 버릇이 생긴다. 지금처럼 수리시설이 발달되지 않았던 동학란(1894) 때였으니 천수답(天水畓)을 가진 농부로서야 그 길밖에 다른 방도가 없었던 것이다. 계속 가물기만 하던 하늘에 어쩌다가 부는 샛바람 사이로, 비구름이 몰려오기도 했지만 겨우 호미자락(호미 끝이 잘 들어갈 만큼 비가 옴. 가뭄에 약간의 비가 올 때 쓰는 말) 밖에 내려 주지 않는 하늘이 감질스러웠다. 그렇게 내린 비마저도 감지덕지하여 봇(洑)물이라도 끌어댈 수 있는 논에선 늦모심기 판이 벌어진 반면, 천수답에선 이제 겨우 논갈이가 한창이었다.
 한 농부가 쟁기질을 하는 논배미 한복판에 큼지막한 바위 덩이가 있었기로 그것이 매우 '걸거치는(거치적거리는)' 농부는 이쪽으로 갈 때는 소를 이쪽으로 몰고, 돌아올 때는 또 불편하기 짝이 없게스레 저쪽으로 비켜 다녀야만 하였다.
 한낮이 지난 늦은 새참 때쯤 하여, 괴나리봇짐 차림의 정만서가 마침 그 논배미 곁을 지나다가 보자 하니, 바위 덩이를 두고 이리저리 돌아다니는 농부의 꼴이 애달프기도 할뿐더러, 공연히 제물에 화가 치밀게 하는 정경이 아닐 수 없었다.

"여보시오, 농부님네!"

하고 정 공이 큰 소리로 불렀으나, 일에 몰두한 농부는 두어 번 부를 때까지도 전혀 반응이 없다가, 세 번째야 겨우 들었는지 쟁기질을 멈추고,

"야? 와요?(네? 왜요?)" 하며 대꾸해 왔다.

"여보소, 내가 길을 가다가 가만히 보자 하니, 그 방구(바위)가 장히 걸거쳐 보이는데 말씀이요, 그걸 치워 버리지 뭐할라꼬(왜) 거기다 놓아두고서 무지렁이같이 돌아댕기는 거요?"

농부가 나그네의 말을 듣고 보니 기가 꽉 차는 것이었다.

"아이고, 여보소, 저걸 져 낼 수만 있다면야 이렇게 하고 있을 턱이 있겠십니꺼만도……. 그럴 수가 없으니까 이러고 있는 것 아닙니꺼."

그 말이 떨어지기가 바쁘게 정 공이,

"그까짓 거 우리가 져내어 버립시다. 그래야 나락(벼) 포기를 다만 몇 포기라도 더 심을 수가 있잖겠습니까? 안 그래요?"

가볍게 말하는 정 공의 말속엔 힐난조까지 섞여 있었다. 일하는 데 거치적거리는 바위도 문제지만 그걸 들어낸 다음 '벼를 단 몇 포기라도 더 심을 수 있다'는 말이 그 농부를 크게 자극하고 말았다.

"그렇다면 저어, 좀, 져내어 주실랑기요, 야(주시렵니까, 네)?"

농부는 당장이라도 그 나그네가 바위 덩이를 치워 줄 듯 싶어 말을 더듬으며 혀 곱은 부탁을 했던 셈이다. 그러나 정 공은 괴나리봇짐을 논둑에 벗어 놓고, 바위 애기는 아예 완전히 접어 둔 채, 매우 느긋하게,

"지금은 내가 시장기가 좀 있어서……. 뭣하고……."
하는 것이었다.

"하아, 그래애요? 그거야, 여부가 있겠십니꺼. 내사 방금 전에 새참을 먹었심더만, 까아짓 거 우리 집에 갑시더! 내가 닭 한 마리 잡어 디리지요(드리지요). 힘 좀 돋우시게."

속된 말로 '눈이 빠져도 거미라고 떼어 버려야 할' 바쁜 농사철이건만 논 가운데 있는 바위 덩이를 치워 주겠다는 나그네를 만난 농부는 속으로 '얼씨구나!' 하는 생각이 들어, 하던 쟁기질까지 접어 둔 채 집으로 돌아와 씨암탉을 잡는다, 막걸리를 거른다, 야단법석을 떨며, 황금 같은 시간을 흘려보냈다. 결국 개다리소반을 가운데 두고 마주 앉은 자리에서도, 농부는 연방 정만서의 술잔을 채워 주며 그의 비위를 맞추기에 여념이 없었는데, 그럭저럭 지체하는 사이 어느 결에 해거름이 되고 말았다. 농부의 마음 같아서야 당장 논배미로 뛰어가고 싶은 심정이지만, 정 공은 엉뚱하게도 미닫이 밖으로 눈길을 보내며,

"하이고오, 벌어 어둠사리(벌써 땅거미)가 내리 깔리네! 천상 내일 아침, 떠나는 걸음에 져내 버리는 것이 옳겠네."
하며 정 공 특유의 혼잣소리를 흘리며 늦장을 피우는 것이었다. 농부

로서야 어쩔 도리가 있남? 나그네를 지금 억지로 끌고 갈 수도 없는 노릇인데? 결국 꽁당보리밥(꽁보리밥)일망정 저녁밥을 지어 준 다음, 이튿날 아침밥까지 차례로 챙겨 먹였을 밖에…….

첫새벽의 노구저리(종다리) 노랫소리가 들리기 바쁘게 일터로 나가는 것이 농부들의 일 욕심이건만 정 공은 그런 것은 아랑곳하지 않고 계속 느긋하기 짝이 없었다. 해가 몇 발은 올라와 여닫이가 환하게 밝아 온 다음에야 겨우 부스스 일어나,

"짐바 할 굵은 밧줄 하나를 준비해 가지고, 마을 장골 몇 사람 데리고 논으로 가봅시더." 하는 것이었다.

말이 그렇지, 늦모심기(늦모내기) 때 장골은커녕 어찌 품앗이 일꾼인들 구할 수가 있으랴? 밧줄만 달랑 들고 단 둘이 논배미로 가다 말고 농부가 찬찬히 정 공이란 사내의 풍신(풍채)을 뜯어보니, 어딘가 미심쩍은 구석이 없지 않았다.

'저 몰골에 바위를 져 낼 힘이 있을까? 글쎄 아니, 혹 모르지? 빼빼 장군도 있다고는 하던데……. 혹시 누가 알아? 통뼈를 가졌는지도?'

그러는 사이 어느덧 목적지인 논배미에 도달하고 말았다. 바위 덩이에 밧줄을 얽어 질빵을 만든 다음, 그걸 어깨에 둘러 걸친 정 공이 잔뜩 용을 쓰자 방귀가 붕붕 터져 나오는데, 농부를 뒤돌아본 정 공이,

"보소, 장승처럼 그래 가만히 서 있지만 말고 좀 떠받쳐 주소 보자! 백지장도 맞들면 가볍다 했는데."

하며 채근인지 핀잔인지를 던지는 것이었다. 이 소리에 난처해진 건

오히려 농부 쪽이다. 그렇게 쉽사리 떠받칠 수 있는 바위 덩이가 아닌데 말이다.

"아이고, 여보소, 이거로 내 혼자 어찌 떠받친단 말잉기요? 차암, 내."

"응이? 요걸 못 떠받치다니? 그래, 이 무거운 걸 내가 질 참인데, 누가 뒤에서 안 떠받쳐 주면 내가 어찌 일어서란 말잉기요? 앵? 조옹소, 그러면 당신이 등에 지소 보자, 내가 뒤에서 떠받쳐 줄 테니까."

이젠 막 농부를 윽박지르기까지 한다. 농부는 속으로,

'이런 떠그랄 꺼, 내가 짊어질 때 저 빼빼 장군이 확 떠다밀면 어쩌지? 내가 방구(바위) 밑에 깔리면 개구리처럼 납작해 질 판인데……'

난감해진 농부는 그만 지레 겁에 질려서,

"하이고오, 여보소. 나야 떠받칠 힘도, 짊어질 기운도 없으니 어쩌

겠소. 바위 밑에 깔려 죽기 전에……. 아예 없었던 걸로 하고 잊어버립시더……. 그리고 길손은 가던 길이나 가이소오!"
사실 이 순간까지 이르자, 정 공과 농부 양쪽 다 맘속으론, '아이고나 식은땀이야!' 했던 것이다.

도움말 : 이기수, 박용순, 이원주, 최만일

나들이고누의 잔재미

　소슬한 가을바람이 불어오자 역마살(늘 분주하게 이리저리 떠돌아다니게 된 액운)이 동한 정만서가 단풍 구경삼아 한양 나들이 길에 올랐다. 충청도와 경기도 어름에서 정 공은 목도 축이고 다리쉼도 할 겸 마침 나타난 길가의 주막에 들었다. 주머니 속이 가벼운 건 언제나 마찬가지였지만 말씨 하나만은 전에 없이 특별히 점잖은 투로,
　"여보시오, 부인! 그간 알령(안녕)하십니까요?"
하며, 알은체를 하자, 그 말에 놀란 주모는 구면인 듯 초면인 듯싶은 나그네에게 깍듯이 허리를 굽히며 황감한 어조로,
　"하이구, 예에, 선비님. 어서 오세요!"
하며 눈을 내리깐다.
　"나, 술 한 잔만 주시렵니까. 부인?"
　"아무렴요, 네, 드리다마다요, 선비님. 네, 드려얍지요."
　까놓고 얘기지 누구 하나 자기를 사람답게 대해 주지 않는 것이 술어미에 대한 장꾼들의 인심인데, 이 손님만은 초장부터 '주모'가

아니라 '부인'이라 예우했으니, 그 여자가 차려 내온 술상이 한결 조촐할 수밖에…….

정 공 홀로 목을 축이다가 힐끗 마당귀를 보니, 땟국에 전 코흘리개가 메줏덩이 뭉쳐 놓은 상으로 칭얼거리고 있는지라 꿍꿍이셈이 깊은 정 공이,

"애야, 너 누구네 집 아이지? 돈 한 닢 줄까?"

하며 주머니를 짤랑거리자 아이 녀석이 주춤주춤 다가섰다.

"어디 보자, 하아 그놈 골상(骨相) 한 번 참 자알 생겼구나! 너 이 돈 가지고 가서 엿 사 먹어라."

했으니, 손으로만 건성으로 푸성귀를 다듬는 척하던 술어미가 그 말을 한 마딘들 놓칠쏘냐?

"아이고, 선비님! 앤 우리 애올시다만, 이러심 안 되는데……."

"아, 예, 이 애가 장차 커서 한 자리 해 먹을 상이외다. 그려."
"네, 그래요오? 하이고, 선비님. 고오맙습니다."
하는 술어미의 입귀(입아귀)가 함박만큼 찢어졌다. 하기사 '고슴도치도 제 새끼가 함함하다면 좋다' 했는데, 하물며, 길가에 나앉은 천더기(천덕꾸러기) 신세로 아비조차 없는 아들놈이 장차 크게 될 상이라는 데야 싫어할 어미가 어디 있으랴! 그래서 그런지, 오래잖아 들여온 저녁상엔 온 마리 굴비에다, 반주는 노리끼리한 국화주로 대접이 한결 융숭해졌다. 아마 정 공의 말 값이 진가를 발휘하나 보다.

밤이 이슥해 지자 정갈한 술상이 또 들여졌는데, 이러다가 잘못하면 두 벌 장가까지 들게 생겼다. 정 공은 속으로, '아니야! 여기서 참아야지' 생각하고 그 밤을 대단한 인내심으로 견뎌 냈는데, 이튿날 아침상은 아예 상다리가 휘어질 정도로 칙사(勅使) 대접이었다.

정 공이 일찌감치 행장을 차리자, 아쉬운 표정의 주모가 깨끗하게 씻긴 코흘리개를 앞세워 무릎걸음으로 다가앉으며,
"이 아이의 골상이, 어디가 그리 좋으며, 어떻게 키워야 잘 키우는 것인지요?"
하며, 밥값을 뽑을 심산으로 나오는 것이었다.
"그야, 뭐……. 내가 지금 갈 길이 좀 바빠서 그런데……. 아무튼 글공부라도 시키면 분명히 여경이 있으리다."
하고 적당히 얼버무렸는 바, 그로써 주객 간에 술값은 물로 밥값을 주거나 받을 생각은 아예 없어진 셈이었다. 짚신을 찾아 꿴 정 공이 허리를 펴다 말고 고추 먹은 소리로,

"그런데, 부인! 장차는 장차고, 당장 이 아이 미간에 횡액이 서려 있어 액막이를 해 줘야만 되겠는데······. 이 아이를 날 따라 소 한 울음[一牛鳴] 거리만 보내 주시면 방서를 해서 보내 드리리다."

"아이고, 여부가 있겠습니까. 그야 선비님 처분대로 하셔야지······. 네."

"그럼 부인은, 여기서 잠깐 기다리시고, 자 그럼 이만······."

"선비님, 한양 길 평안히 다녀오시고요, 가실 때도 꼭 들리셔야 합니다. 네? 꼭 기다리고 있을게요. 아셨지요?"

"그야 뭐······. 그때 봐서······."

처음엔 좀 칭얼거리던 아이도 제 어미가 눈을 곱게 흘기자 쉽게 정공을 따라나섰다. 주모가 한 달음에 쫓아오지 못할 만한 거리쯤에 이르러 녀석이 제 어미를 힐끗 돌아볼 위치에서, 느닷없이 정 공이 아이의 귀싸대기를 호되게 갈기며, 한다는 소린즉,

"야, 이 녀석아, 크게 되기는 니가 무슨??? 문둥이 이무기 되어라. 어떤 화냥년이 이따위 소생을 낳지?"

하며, 아이를 냅다 패대기치고는 단숨에 한양 쪽을 향해 줄행랑을 놓는 것이 아닌가 말이다.

먼발치에서 자초지종을 지켜본 주모는 분하고 원통하여 간이 벌벌 떨려 왔다.

"술에다 밥에다 그만큼 대접했는데, 입에 담지 못할 욕까지 퍼지르고, 남의 크게 될 아이를 패대기쳐? 야! 이 날도둑놈아! 게 섰거라아! 응?"

맨발로 내달아 우는 아이를 일으키며,

"아이구, 내 새끼!"

했을 즈음, 정 공은 벌써 저만치 달아났으니 뒤쫓으려 해도 이미 송아지는 물 건너 간 뒤였다.

그러고 나서 완전히 잊어버릴 때쯤 되는, 어느 서리 내리던 날 황혼녘에, 다시 그 주막에 나타난 정 공은 눈빛 하나 까딱 않고, 또 예의 그 특별히 점잖은 어조로,

"여보시오. 부인! 그간 알령(안녕)하십니까요!"

하며 말을 걸어오는데, 그 주모는 정 공의 얽은 얼굴을 보자 당장 속이 뒤집혀,

'아니? 지난번 우리 집의 크게 될 아이를 패대기친 화상이 감히 넉살 좋게 또?' 싶어 와락 달려들어 할퀼 양으로 손톱 날을 잔뜩 세우려는데, 정 공은 착 가라앉은 코맹맹이 소리로,

"부인! 그때 액막이를 해 드린 도련님은 어디 서당에라도 보냈소이까? 집안에는 안 보이는데…… 말씀이오만?"

'뭐라나? 시방? 액막이라니? 음음……. 가만 있자. 액막이라……. 그렇담 이 화상의 면상을 할퀴었다간 큰일 날 뻔했잖아……' 생각하니 공연히 엇뜨거라(어마뜨거라) 싶어,

"아아, 네에, 쩝쩝. 그야 뭐. 저어……."

그만 할 말을 잊었다. 기억을 더듬으니, '그때 아이를 패대기친 건 액막이'였다는 것이 미상불 틀린 얘기는 아닌데 어쩌남? 장차 아들

놈의 덕을 보려면, 가부간 또 술상 차려 칙사 대접을 했을 밖에…….

열두밭고누를 둘 때, 나가면서 '고누'가 되는가 싶자 금방 들어오면서 또 '고누누'가 되는 경우를 '나들이고누'라고도 하고 '양고누'라고도 하는데, 정만서는 나들이고누의 잔재미를 한껏 즐긴 반면, 주모는 양고누의 원리를 몰랐던 것이 불찰이었을 뿐이지, 뭐!

◉ 도움말 : 朴五仲, 金鶴鳳

곱사등이 고치는 비방?

　우리나라에선, 대학 신입생을 뽑을 때 국어, 수학, 영어는 물론 체력장까지도 모조리 고득점짜리만 선발하는 단극상사회(單極相社會)인 데 비추어, 서양 쪽에선 뭐든 한두 가지만 잘하면 그것을 인정해 주는 데 예외가 없단다. 그건, 그들이 바로 다른 사람과 서로 모자라는 것을 보완하면서 공존하는 것을 지향하는 다극상사회(多極相社會)에 길들었기 때문이라는 주장에 근거한다.
　일본이 우리의 쇄국 문호를 우격다짐으로 열어제친(열어젖힌) 개화기 때는 미국, 영국, 프랑스, 러시아, 이탈리아 등 다극상사회의 물결이 다투어 이 땅에 밀려들었다. 수신사로 일본에 갔다 온 김기수(金綺秀)와 고종의 대화를 엿들어 보자.
　"일본에 온 양인들은 어떻게 생겼던공?"
　"국적은 달라도 대동소이하더이다. 미리견(米利堅·미국)은 서양 사람이 아닌데도 그 모습은 심히 닮았더이다."
　"미리견이 서양에 있지 않으면 대체 그것이 어디에 있더란 말인

공?"

"동의 동, 서의 서쪽에 있다 하더이다."

"서양 나라 가운데서 어느 나라가 가장 개명하고 재간이 있다던 공?"

"영길리(英吉利·영국)를 치는가 봅디다."

영조 때부터 실학이 성했던 탓에 실학파 사람들이야 세계지도에 실눈을 뜨기 시작했겠지만, 우리 고종 임금마저도 이처럼 어느 나라가 어디에 붙었는지 짐작조차 못하기가 일쑤였다. 따라서 나라의 면적이나 기후, 언어, 문화 같은 것은 접어 둔 채 겨우 이름만 들어본 나라들이 흔했으니, 이를테면 波斯 = 페르시아, 巴禮斯坦 = 팔레스타인, 匈牙利 = 헝가리, 樓碼尼亞 = 루마니아, 諾威 = 노르웨이, 俄羅斯 = 러시아, 墨西哥 = 멕시코, 巴西 = 브라질, 亞然丁 = 아르헨티나 등등, 봉사 코끼리 더듬기 놀음이었다.

다극상인 서양에선 본디 '무명씨 박힌 눈(애꾸눈)'이든 말더듬이든, 또 한쪽 다리쯤 저는 건 흉이 아니라, 마치 어떤 학생의 음악이나 생물 성적이 좀 떨어지는 것쯤으로 치부할 뿐이란다. 따라서 저쪽에선 장애로 말미암아 차별 대우를 받지도 않고, 그 탓으로 열등감을 갖지도 않을뿐더러 남에게 동정을 구한다는 법도 없다. 그렇기에 저쪽에선 눈이 하나 없어도 영웅이 된 이스라엘의 다얀이나, 말더듬이면서 대문호가 된 서머세트 모옴을 탄생 시킬 수 있었던 것이다.

언젠가 휠체어를 타고 세계 일주 길에 "한국의 백만 장애자에 대한 인식을 바로잡기 위해 여기 왔노라."던 장애자의 영웅 릭 헨슨이,

부산에서 임진각까지 종주한 데 이어, 서울 올림픽 때 성화를 봉송한 두 다리가 아예 없던 미국 소년은 우리에게 유별난 존재로 비쳤었다. 또 오른손이 선천성 조막손인 채, 에인젤스 팀에서 뉴욕양키즈로 옮긴 왼팔 투수 짐 에보트의 명연기를 지켜본 우리들의 표정은 안쓰러움이었다. 그렇지만 짐이나 서양 사람에게 조막손은 전혀 수치도 아니요 자랑도 아닌 것이니, 말하자면 일상 그 자체일 뿐이다. 팔과 다리가 없는 몸으로 세계를 돌아다니며 '희망'의 삶을 전하고 있는 닉 부이치치(호주)는 "팔과 다리가 없음으로 인해 다른 영혼을 격려할 수 있었다. 팔도 없고 다리도 없고 불가능도 없다." 며 밝게 웃지 않던가.

반면 장애인올림픽을 TV로 지켜본 우리의 인식은 아직도 연민인 걸 어찌할꺼나? 참으로 서양과는 판이한 우리 겨레의 심성이요 원형질이 아닐 수 없다.

흥부가에 나오는 놀부조차도, '귀먹은 이에게 욕하기, 소경 옷에 똥칠하기, 곱사등이 젖혀 놓기…….' 등 심술덩이였음을 볼 때, 예로부터 우리나라에선 장애자를 결격 인간으로 소외 시켰음은 물론, 첨단 사회로 치닫는 현대에 이르기까지도 그들을 조롱하고 무시하기를 그치지 않으니 한국 사회는 전형적인 단극상사회에 다름 아니라 하겠다. 그런 까닭에 공옥진의 '병신춤'을 보는 우리는 웃음기 어린 박수를 날리면서 속으론 야릇한 우월감에 젖는지도 모른다. 그리고 이 세상 어디에 병신춤을 예술로 승화 시킨 민족이 배달겨레 말고 또 있을까 몰라?

이런 전통적 단극상에 길들여진 모듬살이에서 장애자를 둔 한국 부모의 마음이야 오죽했을까 보냐. 무슨 수를 부리더라도 그 장애를 고칠 수만 있다면 천금을 털어도 아까울 것이 없을 판이지, 뭘!

과년한 곱사등이 딸을 둔 어느 부자 영감이, 저 무남독녀 때문에 노상 끌탕을 해 온 판인데 때마침 과객으로 바깥사랑에 든 길손이 바로 영남을 주름잡던 해학 처사인 정만서였다. 주객 간의 수인사에 뒤이어 세상 돌아가는 얘기를 나누다가, 어느 듯 부자 영감의 관심사인 곱사등이께로 화제가 옮겨졌을 밖에…….

"저, 노형! 노형은 세상 곳곳을 돌아봤을 터임에 혹시, 곱사등이를 잘 고치는 용한 의원일랑 못봤소이까?"

"곱사등이요? 아, 그 곱사등이쯤 고치는 의원이야 왜 없겠소이까, 더러더러 있습디다 그려."

"엉이(아니)? 뭐라고 했소이까, 시방? 어디메(어디에) 그런 허준 같은 의원이 있더란 말이외까? 실은 우리 딸애가 그…….'"

어렵사리 입을 열어 자기 딸이 눈자라기부터 곱추(곱사등이)여서 걱정이 태산 같은데, 고치기만 하면 데릴사위도 들이고 싶다는 것이었다.

이에 정만서가 생각에 잠긴 듯 눈을 껌벅껌벅하다가 헛기침을 날리며 혼잣소리처럼,

"굽은 등쯤 펴는 것이야 여기 이 사람도 제법 한다는 축에 들지요만……." 하는 것이 아닌가.

'이크, 이것이 자다가 생긴 웬 떡이냐' 싶어진 부자 영감이,

"하! 그러시다면? 수고스럽지만서도 예서 실카장(실컷) 유하시면서, 노형이 저 여식을 좀 고쳐 주셔야 되겠소이다. 내 노형께 사례는 섭섭잖게 해 드리리다. 그러고 나면 시집도 보네 데릴사위도……."

제김에(혼자서 저절로) 신이 오른 부자 영감이 재깍 떡 벌어진 다담상(손님을 대접하기 위하여 음식을 차린 상)에다 해묵은 가주(家酒)까지 퍼내다가 칙사 대접으로 모시는 것이 아닌가. 굵기 반 거르기 반으로 지나온 정 공이 한 상 걸차게 얻어먹은 다음 게트림을 씹으며 상을 물리자 무릎걸음으로 다가앉은 영감이,

"침(鍼)은 질러가고 약은 돌아간다던데, 노형은 침으로 다스리나요, 뜸으로 다스리나요? 아니면 무슨 비방약이라도 갖고 있소이까? 네?" 하고 다그치며 나왔다.

하지만 '등 따습고 배부른 김'에 급할 것이 없어진 정 공은 쓰다 달단 말도 없이 내리 술만 퍼마시더니, 드디어 사흘만에야 이취(泥醉 : 술이 곤드레만드레 취함)에서 깨어나, 게슴츠레한 눈을 비비며 일러 가로되 '안반과 떡메'가 있으면 잠시만 빌려달라는 것이었다.

필경 곱사등이를 고치는 특효약을 만들겠거니 짐작한 부자 영감이, 마당쇠를 시켜 '떡메와 안반'을 대령했다.

그러자 선하품을 씹던 정 공 왈, 곱추(곱사등이)를 안반 위에 반듯하게 엎어 놓으라는 분부였다. 어쩌나 싶어 지켜보다가 의심이 부쩍 커진 부자 영감이 고개를 꼰 채 고추 먹은 소리로,

"노형, 대체 어쩌자는 심산이신지……?" 하니간 술 냄새 섞인 정 공 입에선 대뜸,

"굽은 거야 곧추 펴면 될 것 아니오이까!"라며 손바닥에 침을 탁 뱉더니만 떡메 자루를 살살 매만지는 것이 아닌가!

곱추(곱사등이)를 고치기는커녕 저 화상이 단매(대매)에 무남독녀를 박살내겠다 싶어진 부자영감은, 제물에 겁에 질려 혀를 회회 내두르며,

"이, 이보소, 다, 다른 말은 절대 않을게, 제, 제발 생사람 잡을 생각일랑 말고, 속히 예서 나가만 주이소, 아이구 진땀이야."라며 노랑 턱수염을 달달 떨더란다.

◉ 도움말 : 李慶五, 최만일

이캉 기생 화선이캉

'이'라고 하면, 독자들은 기생 '애랑'이가 벼슬이 갈려 떠나가는 배 비장한테서 정표라는 미명 아래 생으로 뽑아 가진 이빨을 떠올리기 십상일 테지만, 여기선 요즘 와서 도시 아이들 사이에 다시 번지기 시작했다는 흡혈충인 이[蝨]를 둔 이바구(얘기)고, 제목에 붙인 '~캉 ~캉'이란 프랑스 춤 '캉캉'이 아니라, '~와(과) ~와(과)'란 접속사로서, 영어의 and에 해당하는 토박이말이다.

아시다시피, 대구 서문시장 초입의 주모에게 흑심을 품었던 정만서가 얼결에 걸려든 순라군의 등을 쳐서는 비단옷과 더불어 생긴 엽전 꾸러미(267쪽 참조)를 어찌했으리오? '달구벌[大邱]'에서 손꼽는다는 기생집에 눌러 붙어 호탕하게 달포쯤 계속 퍼마셨지! 상관이야 얽었거나 말거나, 돈이라면 혹하는 떼거리 기생들이 정 공의 주위를 에워싸곤 갖은 교태를 다 부렸다.

한편, 정 공은 자기 나름대로,

'네까짓 것들의 속을 내가 다 안다' 싶으면서도, 나긋나긋한 화선(花仙)이 만은,

"여엉가암! 이 전복도 좀 잡솨보시고옹, 저 문어 맛도 좀 보이송."

하는 콧소리로 갖은 아양을 떨자, 자기도 모르게 은근한 생각을 품게 되었는데, 그럭저럭 주머니가 가벼워지자 지난번에 털벙거지를 등쳐 얻은 비단옷 동정에도 땟국이 제법 절어 들고 있었다. 이에, 정 공은 자기 마음인 양 화선이를 믿은 나머지,

"애야, 화선아!" 하고 은근히 부르자,

"네에?" 하고 대답이 간드러지다.

"너 오늘 빨래할 때, 내 옷도 좀 빨어 줄래?"

하며 넌지시 걸쳐 보자니까, 정 공의 주머니가 가벼워진 것을 눈치챈 화선이가 금방 본색을 드러내며,

"하이고, 선비님도, 참! 지 빨래는 어제 다 해 버렸는데, 뭐예? 지는 어디 천날만날(매일매일) 빨래만 하는 사람입니꺼예?"

하며 톡톡히 면박을 주는 것이 아닌가?

"흠, 그렇다면야, 도리가 없지……. 쩝쩝……."

정 공은 입맛이 쓰디쓰다. 며칠 전까지만 해도 제 입의 것까지 꺼내 먹일 듯하던 것이, 저 모양으로 나오니 몹시 고까운 마음이 일어났을 수밖에…….

'좋다, 두고 보자! 네가 한 번 나한테 곱아 봐야 정신을 차리지!'

하며 속으로 잔뜩 벼르는 것이었다.

그런지 얼마 뒤, 칠성 다리에 이른 정 공이 양지 녘의 거지 패를 훑

어보니, 늙수그레한 패거리 몇몇이서 둘러앉아 마침 바짓말을 까뒤집어 놓고 보리알 같은 이[虱]를 잡고 있는 것이 아닌가?

사실, 6·25 때는 '허리춤을 훑어서 이가 세 움큼쯤 나오지 않으면 진짜 빨치산이 아니라' 했을 만치, 어느 다리 밑이고 거지 움막에는 3말 3되는 나옴 직하게 이가 득실거리던 조선왕조 말엽이었다.

정 공이 허리에 차고 있던 필낭(筆囊)에서 큼직한 붓두껍을 꺼내 들고 공손한 어조로 늙은 거지에게 다가들며,

"기왕지사(기왕) '이'를 잡을 바엔 터쳐(터트려) 죽이지 말고 여기에다 좀 담아 주소."

하고 엽전 몇 닢을 막걸리 값이나 하라고 던져 주었다. 거지들은 속으로, '웬, 비단옷 걸친 작자가, 별나게?' 싶었으나, '쩽그랑' 하는 소리에 금방 마음이 풀려 가지고 단숨에 이를 한 대롱 가득히 잡아 주는 것이었다. 조심스레 솜으로 아구리(아가리)를 막은 정 공은 품속에 그걸 소중히 간직하였다.

땅거미가 진 뒤 점심을 거른 정 공이 퀭한 눈을 한 채 기생집을 기신기신 찾아드니, 단물 빠진 활량(闊良)을 누가 반기랴? 중노미 녀석조차도 거들떠보지 않는 것이었다. 설핏 옆모습만 보이던 기생 화선이도 정 공의 그림자를 보더니만 입꼬리를 샐쭉 하고는 금방 다른 돈 많은 손님들 시중들기에 바쁜 눈치였다. '초상집 개 꼴'이 된 정 공이 뜨락(뜰) 건너를 살피자니 화선이의 방이 마침 빈 것 같기에 도둑고양이처럼 살금살금 그 방으로 잠입했다. 분 냄새가 확 끼치는 차단이불(겨울에 방바닥에 깔아 놓는 얇은 이불 즉 차렵이불) 밑에다 발을 들

이미니 따끈한 감촉이 졸음을 부르려 했으나, 어물거릴 틈이 없는 정 공은 잽싸게 붓두껍의 솜 마개를 열고서 거꾸로 세차게 흔들었다. 처음엔 한 덩어리로 뭉쳐진 '이'들이 기생의 살 냄새(살내)가 밴, 아랫목이 주는 훈기를 감지하고는 서물서물(스멀스멀) 움직이기 시작하는 것이 아닌가! 조금만 지나면 '하루 저녁에 열 두 등을 타고 넘는다'는 흡혈충의 본색을 유감없이 발휘하여 온 방안에 산개(散開)할 테지······.

기상천외한 곤충 지뢰의 매설을 극비리에 끝낸 정 공은 허리를 굽혀 유격대원 같은 몸짓으로 화선이의 방을 빠져나오며, 코끝에 감도는 고급 요리의 냄새를 뒤로하며, 배 속의 미꾸라지를 달랬다.

그런데, 이튿날 새벽, 날이 밝기 바쁘게 성안의 활량들 사이에 고약한 얘기가 들불처럼 번졌으니, 그건 바로 '기생 화선이의 몸에는

'이'가 득시글거리더라'는 믿을 만한 소문이었다. 지난 밤, 해웃값을 적잖게 치른 얼뜬 활량 하나가, 화선이와 잠자리에서 만리장성을 쌓을 요량으로 한 이불 밑에 든 것까지는 좋았는데, 뭔가가 맨살을 자꾸만 간질이기에 등잔불을 켜 봤더니, '맙소사!' '이'란 놈들이 덩어리를 지어 이불 밑은 물론 온 방안에 가득한 느낌으로 버글거리는 것이 아닌가. 그래,

"앙이? 이기 뭐꼬? '이' 앙이가? 아이고, 이 더러분(더러운) 년!"

기함 요절을 한 그 활량이 맨몸으로 뛰쳐나와서는, 본전 생각에 기방가에다 본 대로 퍼뜨려 놓았으니……. 소위 '일패 기생'이라면, 기예에 능함은 물론 몸도 깨끗이 가꾸어 품위를 지켜야 하거늘, 방안 가득히 이 떼가 득시글거렸으니, 그로써 화선이의 기생 질은 '날이 새고' 말았던 것이다.

처음에는 영문을 모르고 억울하다며 울고불고 하던 화선이도 달 포쯤 지나자, 아무도 찾아 주는 이 없는 처량한 신세가 돼 제물에 지쳐 체념한 상태가 되고 말았다.

그러던 어느 날, 느닷없이 낮 시간에, 꾀죄죄한 몰골의 정만서가 나타나서는 전에 없이 매우 부드러운 눈길을 자기에게 보내 주는 것이 아닌가! 사실, 화선이는 그 사건으로 말미암아 기생으로선 환갑을 지난 것과 진배없는 신세인 터라, '눈먼 새도 아니 돌아보는 퇴물이' 된 셈이었는데, 그런 퇴물을 이처럼 찾아 주다니?!

속으로 감격에 찬 화선이가, 때에 전 정 공의 입성을 살피며 울먹이듯 한다는 소리가,

"선비님예! 소녀가예, 오늘 빨래 좀 해 드릴까예?"
하고 전과는 비교도 안 되게 아주 딴판으로 나오는지라, 정 공은 짐짓 아무 것도 모르는 척,
"그렇게만 해 준다면 누가 좋으라꼬!"라며 대꾸했다.
"소녀도 이젠 퇴물이 되어서예, 저기 어디다가예, 주막이나 하나 내려고 해예, 그러니 선비님이 뒤나 좀 봐주실랑기요, 예?"
사뭇 애걸 조였다. 이에 정 공이,
"흠, 기둥서방이라? 이 나이에? 그래도 어쩌겠나. 내가 봐 주어야지! 어흠, 어흠. 누가 봐 주겠나!"

> 도움말 : 朴龍淳, 이원주, 金成烈

단발령과 명주 도둑

 정도의 차이는 있겠지만 머리 모양의 변화에 비교적 민감한 건 남자보다는 여자들 쪽이다. 이를테면 긴 말총머리로 멋을 부리던 어떤 여자가 하루아침에 짧은 머리를 하고 나타나면 인상이 확 달라짐은 물론, 다들 입방아를 찧기에 골몰하면서 추측 또한 난무하는 것을 어찌하랴. '왜 갑자기? 무슨 일이 생겼느냐?'고 면전에다 대고 묻는 사람이 있는가 하면, 때로는 단호히 단절하지 않으면 아니 될 어떤 내적 변화가 있음에 틀림없을 것이라는 둥, 혹시 실연을 했거나 아니면 어쩌고저쩌고 하면서 말들이 많아지는 법이다.
 하기야 남녀를 막론하고 머리 모양을 급격히 변형 시킨다는 것은 감정의 변화를 표시하는 하나의 수단일 수도 있다. 그건 기분 전환일 수도 있고 어떤 사람이나 생각에 대한 결연한 이별의 선언일 수도 있다. 특히 운동선수들에게 있어 머리를 박박 깎는다는 것은 필승을 다짐하는 맹세에 해당하니까.

조선조 말엽인 1895년의 개화기 때 일이다. 어느 날 느닷없이 경무사가 순검들에게 이르기를,
"내일 출근할 때는 모두 잘 드는 가위를 한 자루씩 가지고 오도록 하라."는 영문 모를 명령을 내렸다. 다음 날인 동짓달 보름날 아침, 순검들은 분부대로 가위를 챙겨 들고 나왔다. 그날, 일본의 강제로, 전국에 단발령(斷髮令)이 내리고, 순검들에게는 거리에서 만나는 남자들의 머리를 자르라는 명령이 뒤따랐다. 이것은 오래 전 박통 시절의 장발 단속쯤엔 비교조차 할 수 없는 대단한 일이었다. 이날 이른 저녁을 든 고종 임금은 농상공부대신인 정병하(鄭秉夏)를 불렀다.
"그대가 내 머리를 깎을 수 있는가?" 하자,
정병하가 가위를 들어 임금의 머리를 깎자, 고종은 긴 한숨을 내리쉬었다. 태자[純宗]의 머리는 내부대신 유길준(兪吉濬)이 깎았다. 임금과 태자가 단발을 하니 대신들도 피할 길이 없었다. 그러나 학부대신 이도재(李道宰)는 이를 거부하며 졸속 개혁을 정면으로 반대하는 상소를 올리고 사표를 낸 뒤 낙향해 버렸다.
이 같은 소문이 장안에 번지자 거리에 나다니는 남자들이 없어졌다. 그러자 처음에 주저하던 순검도 나중엔 가택수색까지 하며 단발을 강행했다. 지방에도 체두관(剃頭官)이란 것들을 보내 단발을 강권했다.
김홍집(金弘集) 내각이 내정 개혁의 하나로 내린 단발령은 전통 유교 사회의 강력한 저항에 부딪힐 수밖에 없었다. 강제로 전 국민의 머리카락을 자를 수는 없었기 때문이다. 유길준은 정병하와 대책을

숙의했다.

"최익현(崔益鉉)의 고추상투만 자를 수 있다면······."

이들은 거유(巨儒)를 단발 시킴으로써 모범을 보이기로 하였다. 경무사를 최익현이 있는 포천으로 급파하였고, 그날로 되돌아온 경무사를 반갑게 맞은 유길준은 최익현의 고추상투를 보자고 했다. 얼굴을 붉힌 경무사는 영감이 말을 듣지 않아 서울로 압송하여 경무청에 구속했다는 보고였다. 유길준이 직접 경무청으로 가서 최익현을 만나 보니, 환갑 진갑 다 지난 노인의 눈빛이 나이답지 않게 날카로웠다.

"대군 폐하께서도 단발을 하셨으니 선생도 개화에 발맞추어 결심을 하시지요." 하자,

"결심은 벌써 했다." 하는 의외의 대답이었다.

"예?"

당연히 반문이 뒤따랐다.

"그래, 죽어도 안 깎기로 결심했단 말이다. 이놈, 이게 다 네놈 농간이지?"

유길준은 더 말을 붙이지 못하고 그날로 그를 풀어 줬다. 개화라는 명분을 붙여 고종과 대신들을 억지로 삭발했으나 백성들은 이를 거절했고 의병 봉기로 맞섰다. (이규태 코너에서)

머리카락이 긴 사람은 짧은 사람보다 생각이 여러 가지로 복잡하고, 반대로 짧은 사람은 생각이 단순하다는 주장이 있다. 수도승이야 예외일지 몰라도 단발령 이후부터 중·고등학생과 군인 및 감옥에서

수의를 입은 사람 등 명령에 무조건 복종하길 바라는 사람들의 머리카락을 일본 놈들이 삭발한 것으로서 이를 뒷받침한다. 삼손의 긴 머리카락은 힘의 원천이었고, 한국인의 그것은 예의의 뿌리였으니…….

뒤늦게 과객 인편에 이런 단발령 소식을 전해들은 정만서는 짝패인 언양(彦陽)의 이지번(李芝蕃)과 의논을 했다.

"자, 우리가 영남에서는 다 놀아 보았으니, 서울이 어떻게 되어 가는 꼴인지 같이 가서 한 번 보도록 함세."

뜻이야 좋으나마 노자가 있어야지?

언제는 우리가 노자 갖고 다녔남?

일단 떠나 놓고 볼 일이지. 그런데 중간에 가다가 보니까 어느 동구에서 베를 짜는 바디집 소리가 딱딱 들려오는 것이었다.

"여보게 지번이! 저것 쫌 들어 보게. 저것이 무슨 베를 짜는 소리 같응강?"

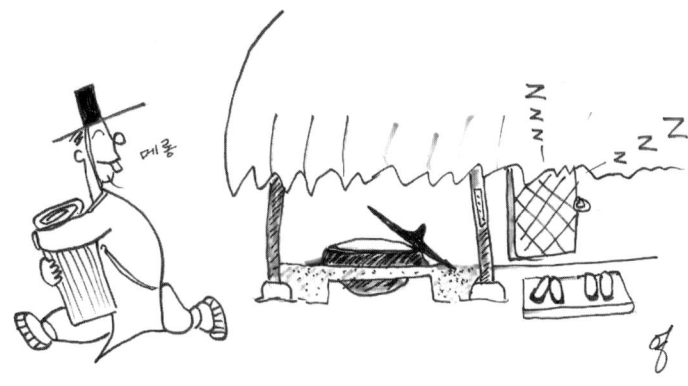

"그거야 물어볼 것도 없이 멩지(명주) 베 짜는 소리지."
"그럼, 짜기 시작한 지 얼마 안 된 걸까, 다 짜 가는 걸까?"
"가만……. 내가 듣기로는 끝마쳐 가는 소리로 들리는데……."
"옳거니! 이 근방에 숨어 있다가 명주 비단 한 필 가주구(가지고) 감세."

참으로 기막힌 청각의 소유자들이 아닌가? 소리만 듣고서 무슨 베를 짜는지, 그것이 끝나 가는 지 시작하는 지를 구별할 수 있다니 말이다. 과연 황혼 무렵이 되자 베 짜는 소리가 그쳤다. 밤이 이슥하여 그 집 울타리 밑에 은신한 그들이, 마치 쥐가 뭔가를 갉을 때 내는 소리를 흉내 냈더니 노파의 목소리가 들리는 것이었다.

"야야. 매늘아(애야, 며느리아가)! 애기(쥐의 존칭) 소리가 갉작갉작 나는데 베를 짜서 어디다가 두었느냐? 애기가 갉을라!"
"예, 어무니. 걱정 없심더. 밥솥에다가 옇고(넣고) 소두뱅이로(솥두 껑을) 야무지두룩(야물게) 닫아 놓았심더."

비단이 어디 있는지 알았으니 가져오는 거야 누워서 떡 먹기지! 애기 쥐를 피하려다가 '인쥐'에게 당한 셈이다. 그러나,

"부패한 수령은 물론 아전 놈들까지 죄 없는 백성들의 재물을 마구 뺏기에 급급한데 까짓 비단 한 필쯤 슬쩍했다고 죄 될 것이 뭐가 있겠나?"

라는 것이, 멀쩡한 도적질을 한 정만서의 자기변명이었다. 무명 한 필도 귀하던 세상이거늘 하물며 비단 한 필이면 그게 어딘데? 그걸 팔아서 한양까지 찾아가 세상 망해가는 꼴을 보며 진탕 한번 퍼마셨

지, 뭐! 술이나 퍼마셔야 할 세월이 아니었더냐 말이다.

◉ 도움말 : 이기수

"내가 이야기 하나 할까요. 나는 단 두 형제뿐인 사람인데, 좀 있으면 우리 형 되는 이가 여기로 올 것이외다. 그런데, 그 양반은 돈도 많은 부자인데, 본디 광증(狂症)이 좀 심해, 나만 보면 꼭 죽일 작정으로 나온단 말씀이야. 그러니 여러분! 그 양반이 나타나면 제발 칼부림을 하지 못하게 좀 말려 주이소."

제4마당
덧가래 걸린 담배 장수

닭은 닭, 봉(鳳)은 봉

세상에는, '닭 천 마리 속엔 봉(鳳)이, 말 천 마리 속엔 용마(龍馬)가, 사람 천 명 속엔 장군(將軍, 또는 지도자)이 있다'는 속담이 있는 바, 그런 군계일학(群鷄一鶴)과 관련하여 이런 이바구(얘기)가 전해온다.

으스스한 찬바람이 소매 속으로 파고들자, 한양성 밖에서 어슬렁거리던 정만서는 한기와 시장기를 느낀 나머지 낮 술잔이나 걸쳐 볼 양으로 숭례문 밖에 있는 청파역 앞의 저잣거리로 접어들었다. 시장 골목을 누비다가 보니 닭전(닭 가게)이 즐비하게 늘어서 있는데, 한 닭전 앞에서 정 공(鄭公)은 흔히 보지 못하던 크고 허연 장닭(흰 수탉)에게 눈길을 빼앗겼다.

내심으론 '군계일학(群鷄一鶴)이라더니 그놈 참 자알 생겼다'고 감탄하면서도 짐짓 꾸민 목소리로,

"거 주인장! 저기, 저 큼지막한 새는 무슨 샌가요?"

하며 매우 촌스러운 질문을 던지는 것이었다.

이에 '정말 몰라서 묻남?' 싶으면서도, 풍신스러운 몰골의 시골 선비 차림을 얕잡아 본 닭 장수는 장난기 섞인 어투로, 제가 먼저 정 공에게 농을 던졌다.

"아! 저거요? 봉(鳳)이요, 보옹! 저게 바로 보옹이라는 짐승이라우."

정 공은 이 말에 무척 감동이라도 한 듯 고개를 천천히 아래위로 크게 끄덕이며 곧이곧대로,

"하! 그래요오? 말로만 듣던 봉이란 것이 바로 저런 짐승이로군요. 그, 얼마면 팔겠소?"

잔뜩 반한 눈치였다. 이때, 손님의 깜냥(스스로 일을 헤아림. 또는 헤아릴 수 있는 능력)으로 보아, 결코 사지는 않을 것 같으니까 내친 김에 장난질이나 하자고 작정한 닭전 주인은, 나오는 대로,

"손님이 사시게요? 저건 값이 아주 비싼 건데……. 가진 돈이 얼마나 되우? 백 냥은 꼭 받아야 하겠소만 손님께서 사시겠다면 단돈 열 냥만 내시우. 내가 오늘 특별히 인심 쓰리다."

하며 닷 냥짜리를 가지고 열 냥이라고 바가지를 씌울 참이었는데, 뜻밖에도,

"그러시지 뭐. 고향에 가지고 가서 자랑이나 해야지!" 하더니만, 한 푼도 에누리 없이 선뜻 셈을 치르고는 소중히 도포 자락으로 흰 닭을 감싸 들고 가는 품이 아무래도 무슨 야료가 있음직하였다. 서너 가게 건너 다른 닭전에 이른 정 공은 자랑 섞인 어조로 흰 닭을 추켜들어 보이며,

"여보소, 주인장! 내가 안고 있는 이 새가 무슨 샌지 알기나 하겠소, 당신? 아마 잘 모르실 걸."

속내를 번히 알면서 일부러 딴전이다.

"원 싱겁기는……! 그게 닭이지 뭐긴 뭐람?"

'이런 사람하곤, 공자 앞에서 문자 쓰네!' 하는 투였다.

'장난하다가 할망구 죽인다' 더니 이제 일은 어차피 벌어지기는 벌어질 모양인가 보다.

"아니 그래요? 이것이 봉이 아니고 닭이라? 아아뿔깡(아뿔싸), 내가 속았는가 봐……. 봉인 줄 알고 큰돈 주고 샀더니……. 낭패 났구나! 그럼 천상(천생) 가서 도로 물려야지……. 가르쳐 줘서 고오맙소오, 주인자앙!"

누가 들으란 듯이 말꼬리를 길게 뽑더니만, 부리나케 닭을 판 가게로 되돌아간 정 공은 연신 삿대질을 하며 따지기를,

"여보소! 당신이 봉이라고 해서 엄청 비싸게 주고 샀더니 저기서는 이걸 봉이 아니라 닭이라 카던데? 봉값 받고 닭을 팔어? 촌사람이라고 마구 속여? 응? 내 돈 일백 냥을 당장 물리내(물어내)!"

단박 해라조로 서슬이 시퍼렇다.

'음? 그 흥정이 너무 싱겁게 이루어진다 싶더니만…….' 생각하면서도 앞서 지은 죄가 있으니 닭전 주인을 눈을 내리깔며,

"기실, 나는 열 냥밖에 안 받았는데……."

하며 주눅 든 소리가 저도 모르게 나오고 말았다.

"뭐야? 말 같은 소리해요! 세상에 그래, 열 냥짜리 봉이 어딨노?

어딨어? 응? 이 날도둑놈아! 물리내애라(물어내어라), 내 돈! 백 냥!"

"열 냥만 받았다."

"아니다, 백 냥이나 주었다. 난 분명히 백 냥을 주었어."

"난 그렇게는 안 받고, 단돈 열 냥만 받았을 뿐이다."

고 서로 언성을 높여 장터 바닥이 왁자지껄하자, 행인들이 구경거리 났다고 빙 에워싸며 들여다보게 됐고, 그때 마침 순찰 중이던 털벙거지의 포졸이 구경꾼 가운데로 헤집고 들어와선,

"뭐야? 왜들 이리 소란해?"

하니 정 공이 포졸의 소매를 덥석 잡으며,

"하이고 나으리이! 이런 억울할 데가 또 어디에 있겠소이까? 얘애?"

하며, 자초지종은 약차약차하고, 저쪽이 알짜배기 사기꾼이라는 말

을 하자, 의협심이 동한 포졸은 '이놈 자알 걸렸다!' 싶길래(싶기에) 대뜸 팔을 걷어붙이며,

"이봐, 닭 장수! 자네 말이야! 그러면 못써, 응! 착하디착한 시골 양반에게 속임수를 쓰면 쓰나? 안 그래? 백 냥을 당장 이 냥반(양반)에게 내드리지 않으면, 냉큼 잡아다가 조질 게야!"

하며, 육모방망이를 번쩍 치켜드니, 닭 장수로서야 "어이구, 나 죽네!" 하며 목이 자라처럼 움츠러들었을 밖에……. 관가에 끌려가서 치도곤을 맞기보다는 울며 겨자 먹기로 '거러지(거지) 떡 사 준 셈 치고' 아예 생돈 구십 냥을 치르는 것이 상책이란 생각이 들 수밖에 없었던 분위기였다. 아깝지만 어쩌랴? 쇠뿔도 단김에 빼라고 빨리 곤경에서 벗어날 욕심이었으니 포졸 앞에서 해결을 보는 것이 낫지.

"자아 여깃수! 제에미, 떠거랄(떡을 할)!"

돈을 받은 정 공은 '어허, 흠!'하며 호기롭게 헛기침을 터뜨렸다.

반면, 즉석에서 민원 한 가지를 멋들어지게 해결한 포졸은 나름대로 의기양양하여,

"거 조오심허시우, 시골 냥반! 잘못하면 '눈 뜨고도 코 베어 가는 게 한양 인심'이라우. 자아! 그럼 난 이만 갈라우."

"애애, 애애, 짬(참), 고오맙쪼이다아(고맙소이다)!. 나으리이. 복 많이 받으시리다!"

하며, 정 공은 멀어져 가는 포졸의 뒤통수에다 대고 절을 꾸벅하는 것이었다.

그러고 나서 정만서는 닭 장수를 흘겨보며, 아이들이 '내애롬(메

롱)' 할 때처럼 혀를 날름하더란다.

  닭 장수는 죽을 맛이었다.

  '나 원 참 기가 차서, 저 어쭙잖은 시골 촌놈한테 내가 앉아서 당하다니? 억울해, 아이고 억울해.'

  🍁 도움말 : 金鶴鳳, 朴龍淳

서 찰방(徐察訪)의 몰풍류

어느 전문 분야이거나 간에 '장인'들의 세계에서는, 새롭게 누군가가 한가락 제대로 뽑는다는 소문이 파다하게 퍼지면, 그 상대가 어떤 위인이며, 그 수가 어느 수준인지 한번 사귀어 보고 싶기도 하고 실제로 한판 겨루어 보고 싶은 법이다. 말하자면 누구나 다 제가 상대보다는 한 수 위이거니 여기는, 제 잘난 맛에 살게 마련이지만, 어쨌든 한 번 겨루어 우열이 정해지면 그 순간부터 하수(下手)는 상수(上手)에게 "형님!" 하고 복창을 하게 되어 있는 법이다. 이것은 주먹의 세계에서는 물론이려니와 대장장이 같은 장인바치의 세계도 그러하고 유머의 세계에서도 마찬가지다.

대구에선 제법 풍류를 안다는 서 찰방(徐察訪)이란 어쭙잖은 벼슬아치가 어긋지기(코미디 또는 유머) 세계에서 신예로서 유명짜(유명)하다는 정만서의 얘기를 전해 듣고는 은근히 한번 풍류 겨룸을 해 볼밖에 없다는 생각이 들어, 정만서를 자기 집으로 초대하기에 이르렀다.

그리하여 '아무 날 저녁나절에 대구 서문 안에 있는 서 찰방네 집으로 좀 와줍시사' 하는 기별이 방랑 중인 정 공에게 어렵사리 닿았다.

그렇지 않아도 '술배'가 헐쭉하게 고프던 정만서는 '얼씨구나' 하고 해어진 도포자락을 찬바람에 휘날리며 휘적휘적 대구 서문 안에 당도하여 달성 서 씨네의 솟을대문을 찾아들어가니, 첫눈에 비친 정원부터가 돈으로 꾸민 몰풍류의 냄새가 짙게 풍겨왔다.

그러나 주객 간에 "불러 주어서 고맙소."

"멀리서 오시게 하여 어쩌고……." 하며 수인사가 끝난 뒤, 차려 내온 다담상이 정갈하고 조촐하기 짝이 없었다. 우선 코끝에 감도는 그 갖은 양념의 냄새에 그만 황홀함을 느낀 정 공은 군침부터 꼴깍 삼켰다.

정만서는 속으로,

'내 주제에 생일날이 어디 따로 있나? 아무 날이나 잘 먹는 날이 생일날이지! 오늘은 오랜만에 목구멍의 때를 좀 벗기나 보다' 생각하며 조였던 허리띠를 느슨하게 풀어 놓았다.

이를테면, '고기(개울에서 물고기)는 잡지도 않은 채, (잡으면) 한 마리 반씩 가르기'로 미리 배분부터 하는 것과 다를 바가 없었다.

주주객반(主酒客飯)이라고 하여, 주인은 먼저 손님에게 술을 권하고, 객은 주인에게 밥을 권하는 것이 행세하는 집안의 법도건만, 풍류 겨룸을 자청한 서 찰방이란 작자는, 거꾸로 자기는 노리끼리한 국화주 잔을 자작(自酌)으로 기울이면서도 손님더러는 밥부터 자시라는 권고였으니, '술배'가 고픈 정 공을 약 올리려는 수작이었다.

주인이라는 작자가 서투르게 부리는 호기가 썩 마음에 들지는 않았지만, 그런 정도를 괘념할 정 공이 아니었기에, 속으로는 '아무려면 어떠랴. 밥 먹고 술 마시나, 술 마시고 밥 먹으나, 배 속에 들어가면 마찬가지일 텐데, 인사치레로 두어 숟갈 뜨고 보자' 싶어 정 공이 주발 뚜껑을 딱 열고 보니,
"……?"
말문이 갑자기 꼭 막히는 것이었다. 주발 속에 그득히 들어 있어야 할 김이 무럭무럭 피어오르는 흰 쌀밥은 간 곳 없고, 대신 맑은 물 속에 굵은 보리 밥알 하나만 동그마니 조용한 자세로 가라앉아 있었다.
'이것을 어쩐다?' 이럴 때 화부터 내는 것은 하수들이나 하는 짓. 아무리 배가 고프더라도 체면이 있으니 요리부터 집을 수도 없고……. 그렇다면? 좋다, 끼놈(예끼 이놈)맛 좀 봐라!'
사실 '춥고 배고픈 세월'만 살아온 정만서로서야 꽁보리밥에 냉수를 붓고 숟가락으로 밥알을 건져 먹은 역사가 어디 삼사 년일런가. 물속에 마지막 남은 보리밥 몇 알을 숟가락으로 급하게 건지려면 아예 건지기도 전에 뱅뱅 돌다가 가라앉아 버렸고, 좀 느긋이 건져 올리려 하더라도 수면 위에서 맴을 돌다 말고 도로 곤두박질치는, 그 밥알의 속성은 익히 경험했던 사실이 아니냐 말이다! 하지만 이런 정 공의 경력에까지 생각이 미치지 못한 서 찰방은 잔꾀를 부려 정 공을 골탕 먹이려 들었지만, 물 속에 가라앉은 보리 밥알의 유체역학적(流體力學的) 특성까지 속속들이 체험적으로 터득하고 있던 정 공이었기에 오히려 역설적으로 대처하였으니……. 그는 우선 갓끈부터 풀어

벽에다 걸어놓고, 도포는 벗어 차곡차곡 개켜 놓고, 웃통을 벗고 속바지까지 눈빛 하나 변하지 않고 차례로 벗어 나가니, 서 찰방이 보기에 장히 민망한 노릇이었다.

"저, 정 공! 어쩐 연고신지? 좀 참지 그러실까아?"

"어어허! 말리지 마이소. 내가 먼 길을 찾아올 때는 뭔가 푸짐한 것이 있음직해서 여기까지 찾아왔는데, 이놈의 보리 밥알 하나가 물속에 깊이 박혔으니……."

정 공은 벌거벗은 채 금방 거꾸로 내리박힐 자세로 눈을 지그시 감고, 허공에서 다이빙을 하듯, 헤엄을 치듯 팔을 휘저으며 긴사설을 엮어 가로되,

"보리 밥알로오, 잉어 낚는다더니이,

강태공의 곧은 낚시, 잉어 낚는 낚실런가,

이 눔의 보리 밥알 하나아, 껀져(건져) 먹으려면,
자맥질을 네댓 번은 해야 되겠구나아."
하며 곧장 다이빙을 할 찰나에 이르렀을 때 이를 보다 못한 서 찰방이 정 공 앞에 넙죽 엎드리며 제물에 항복하기를,
"하이구! 이거 몰라 뵈었심데이. 지가 성님이라고 부를게요. 성님임! 고정하이소오."
하고 초장에 단박 손이 발이 되도록 빌더란다. 아무렴, 게임이 되는 잽이라야 싸워나 보지.

🌑 도움말 : 金鶴鳳, 朴龍淳

수탉은 계란을 낳지 않는다

옛날, 밥술깨나 뜨는 대갓집 사랑엔 문객(門客)과 식객(食客)은 물론 과객(過客)도 적잖게 들락거렸다. 과객이란 문자 그대로 지나가는 길손이건만 '뜬거리장단'이라 하여 몇 달씩 눌어붙어 먹고 자는 축도 더러 있었으니, 정만서가 바로 그런 부류에 속했다. 정 공(鄭公)은 하릴없이 양식이나 축내는 주제고 보매, 아침저녁으로 큰사랑에 문안이나마 열심히 다닐 도리밖에 없었는데, 그가 주인 영감과 마주칠 때마다 한두 마디씩 건네는 수작에서, 주변 없는 주인 영감은 정 공에게 타박 받기가 일쑤였다.

어느 날 아침 늦잠에서 깨어난 정만서는 해어진 도포를 챙겨 입고, 큰사랑에 가서 주인 영감에게 아침 문안을 여쭌 후에 잽싸게 방문을 빠져 나오려는데, 하필 그의 너덜거리던 도포 자락이 문틈에 끼고 말았다. 방 안에서 이 광경을 지켜보던 주인 영감은 속으로,

'얼씨구나, 잘코사니야. 드디어 기회가 왔구나!' 싶어 느릿느릿한 소리로,

"저어, 저엉 고옹! 그 꽁지가 문틈에 끼었군 그래!"
하며 그동안 알게 모르게 받은 수모를 답장하는 뜻을 담아 의미 있게 한 마디 던졌던 것이다. 그런데, 이 소리가 떨어지기 바쁘게 정 공이 가로왈,
"그 넘(놈)의 외양간 문이 너무도 솔고(좁고) 보니 꽁지가 낄 수밖에 더 있습니까요?"
하며 맞받아쳤다. 그러고 보니 그만, 주인 영감네 '방'은 '외양간'이 되었고, 거기 앉아 있는 '부자 영감'은 '소'가 되고 만 셈이 아닌가?
결국 정 공을 된통 골려주려다가 오히려 골림을 당해 버린 셈이니 분하기 짝이 없었다. 그래 송충이 씹은 얼굴로, 정 공에게 당한 것을 앙갚음할 생각에 골몰하던 주인 영감은 종일토록 궁리를 하다가 그만 저녁을 맞게 되었다. 모든 식객과 과객들이 저녁 인사를 다녀갔는데도, 느림보인 정 공은 도무지 나타날 기미가 없는지라,
"이 사람아, 자네는 말일세! 정만서가 들어와서 인사를 한 다음 일어서거들랑 말일세, 아무 말 하지 말고 무조건 귀때기(귀싸대기)를 힘대로 때려 놓게나."
라며, 언젠가 정 공에게 한 번 당한 적이 있는 식객을 지목하여 분부를 내렸다. 그러자, 대답은 '여부가 있겠습니까'였지, 뭐.
늦게 도착한 정 공이 너부죽이 주인 영감에게 절을 한 뒤 일어서려는 참인데, 갑자기 눈앞에 개똥불이 번쩍하며, 오른쪽에서 따귀가 왼쪽으로 날아드는 것이었다. 보통내기라면,
"니가, 와이카노(너, 왜 이러니)?"라고 따져봄 직하건만, 정 공은 서

슴없이 자기 왼쪽에 서 있던 식객의 뺨따귀를 사정없이 처얼썩 올려 붙이는 것이 아닌가? 느닷없이 뺨을 얻어맞은 식객이 눈을 치뜨면서,
"야, 이 넘아! 저 사람이 너를 때렸는데, 왜 날 때리노(때리느냐)?"
라며 대드니, 정 공이 하는 말인즉,
"이건 돌림 귀때기(귀싸대기)니까 차례 바꿈으로(차례대로) 왼쪽으로만 주욱 때려 나가게! 절대로 한 사람도 빼놓지 말고, 응? 알았지, 돌림 귀때기?"
하며 단호하게 명령조로 소리치는 것이 아닌가. 그렇게 죽죽 앞사람이 옆 사람을 때려 나가다가 보면, 방안에 있는 사람 치고 비록 주인 영감이라 한들 피할 방도가 있을라고? 결국, 정 공을 골려 주기는커녕, 오히려 또 한 번 당하고 말았으니 주인 영감의 속이 부글부글 끓지 않고 배길 수 있었으리요.

과객을 먹여 주고 재워 주는 일쯤이야, 예로부터 개화기 때까지 지켜 내려온 풍습이었으니 어쩔 수 없다 손치더라도, 자기 집 과객에게 차주 골리기만 하다 보니 주인 영감의 심기가 매우 불편함은 물론 그로 인해 소화조차 잘 안되었으나, 앙갚음도 하기 전에 쫓아 보내기도 자존심이 허락하지 않는 노릇이어서 안달이 났었다.
며칠을 두고 곰곰이 궁리하던 끝에, 스스로 무릎을 탁 친 영감은 저녁 문안 차 들어온 식객과 과객들에게, 주인 영감이 은밀한 목소리로 한 꾀를 일러 주는 것이었다.
"아무래도 이 사람들아! 내가 정만쇠를 꼭 한 번 골려 줘야만 직성

이 풀리겠는데 말씀이야, 이번엔 여러분들이 힘을 좀 합쳐 주실 것을 부탁하는 바이오. 내일 아침에 내 방에 올 때는 말씀이야, 모두들 계란 하나씩을 가지고 와서 기다리다가, 느지감치 나타난 정만쇠가 인사를 하고 앉거들랑 당신네들이 마치 계란을 하나씩 낳은 듯이 이 앞에다 내어 놓도록 하시오. 이번에야 제 놈이 별 수 없이 걸려들어 '줄항복(줄줄이 하는 항복)'을 하고 말 테지. 안 그렇소, 여러분? 으하하하하, 낄낄낄."

영감은 '내 꾀가 어떠냐'는 듯 의기가 자못 양양하다.

이튿날 아침이 되자 다른 사람들은 죄다 계란을 하나씩 갖고 왔건만 이 음모를 까맣게 모르는 정 공이 빈손인 채 또 느지감치 아침 문안을 올리자, 모두들 몸통을 꿈틀거리기도 하고 가슴과 배를 쓰다듬는 등 용트림을 하더니만 계란을 하나씩 끄집어내 놓는 것이 아닌가.

이를 지켜보던 정 공은, '척하면 삼척'이라고 퍼뜩 영감이 떠올랐다. 그는 느닷없이 손바닥으로 자기 엉덩이를 툭툭툭 치면서 목을 길게 뺀 채 "꼬끼요오오." 하며 장닭(수탉) 소리를 내지르고는 한 마디 보태기를,

"수탉은 본래 계란을 낳지 않습니다."
라고 하는 것이었다.

이것이 무슨 소린고 하니, 다른 식객들은 모두 암탉들이라 알을 낳지 않았느냐는 비아냥거림일뿐더러, 거기 모인 못난 식객과 과객 같은 암탉들은 잔말 말고 수탉인 자기 앞에 엎드리란 명령이기도 했던 것이었다.

 도움말 : 李基守

덧가래 걸린 담배 장수

요즘 한창인 금연(禁煙)운동과 관련하여 여러 가지 '담배 얘기'가 나도는 때라 여기서 담배에 얽힌 정만서의 기행을 훑어보기로 하자.

돈주머니는 물론 담배쌈지까지 텅텅 빈 정 공이 장꾼들 틈에 끼어 성내장(城內場)에 가던 길에, 잎담배 동을 무겁게 걸머진 길동무에게 "담배 한 대를 얻자."는 데서 시비가 발단되었다.

사실 담배 인심처럼 후한 것이 없었기에 정 공으로서는 별 생각 없이 쉽사리 '담배 한 대를 얻자'고 건네 본 수작이었는데, 그 담배장수는 아침부터 '담뱃동(잎담배를 아름드리 동으로 묶은 것)'을 헐어서라도 한 대 달라는 소리로 오해했는지 단박에,

"성내장날 아침부터 뭐? 시방 날보고 뭘 달랬소? 지금? 곰보 상판(상판대기)인 주제에, 팻패. 제수 옴 붙었네!"

라며 여간 거칠게 나오는 것이 아니었다. 상대 따라 반응하는 것이 정 공의 특기였으니, 처음엔 정 공도 좀 머쓱한 자세로,

"안 주면 그만이지, 꼴난(별 것 아닌) 담배 한 대 갖고 더럽게 유세

하네."
라며 비아냥거려 줬다. 그러자 제물에 화가 치민 담배 장수가,
"뭐가 어째? 너 줄려고 '담뱃동'을 헐어? 이 곰보야!"
뱀도 뱀이라면 싫어하는 법인데 면전에다 대고 자꾸 곰보라는데 화가 안 나게 생겼어?
"허, 옛말에 소탐대실(小貪大失)이라는 것이 있는데, 담배 한 대 아끼려다가 오늘 험한 꼴을 좀 보고 싶은감!"
겉으론 이들의 티격태격하는 꼴이 닭싸움처럼 끝났으나, 정 공 속으로는 야료가 숨어들었으니 결코 그리 쉽게 물러설 정 공이 아닐 성싶다.

산길을 가다가는 본디 산마루에서 쉬어 가는 것이 상식이고, 쉬면서 한 대씩 꾸워야(담배를 구워야) 될 터이나, 담배가 없을뿐더러 담배 장수를 골려 줄 심산인지라, 정 공은 그 쉴 참을 지나친 채 남 먼저 모심기(모내기)가 한창인 들길로 내려섰다. 모를 심는 논을 둘러보니, '눈이 빠지면 거미라고 떼어버릴 만큼 바쁜 철'이어서 그런지 녹의 홍상을 걸친 새각시(새색시)까지 모꾼들 속에 끼어 있었다. 이를 눈여겨본 정 공이 급주(急走 : 발 빠르게 걸어서 급한 심부름을 하는 사람) 걸음으로 달려가, 논둑에 올라서 가지고는 작은 소리로,
"부고(訃告)가, 부, 부고가……."
라며 그 새색시를 향해 손짓을 보내자, 새각시(새색시)는 놀라 머뭇머뭇 다가서고, 그는 부고처럼 착착 접힌 종이를 품속에서 꺼냈다.

그렇잖아도 '친정어머니께서 위독하다'는 풍문을 듣고 손톱 여물을 썰어 오던 새각시(새색시)는 그만 입부터 비죽거린다.

새각시(새색시)가 논둑에 오르며 젖은 손을 치맛귀에 닦으려다 휘청하고 엎어질 듯하며 울음을 터뜨리자, 정 공이 그녀의 어깨를 잡아 주는가 싶더니 번개처럼 '쪽'하고 입을 맞추어 버리는 것이 아닌가?

'새곳(친정이 있는 곳)에서 부고라니? 사돈댁에 무슨 변고라도……' 싶어 모두들 무논에서 잠시 허리를 편 채 급주와 새색시의 행동을 지켜보던 식구들의 눈이 일시에 까뒤집혔지 뭘…….

"저런 저, 저……. 바, 박, 박살을 낼 놈이?"

하며 동시에 우르르 무논을 철벅이며 뛰어나온다. 그러나 무논에선 마치 꿈속에서 뛰듯이 잘 뛸 수가 없는 법이라, 마른 땅 위의 정 공이 비실비실 뒷걸음질을 쳐도 속도는 비교조차 안 되게 마련…….

때마침 저만치서 무겁게 '담뱃짐'을 지고 오는 담배 장수가 보이기에 그를 향해 정 공이 손나발을 만들어,

"저어, 서엉니임(형님)! 얼른 오이소오! 거기서 머뭇거리다가는 뼈도 못 추릴 겁니다아."

하며, 손짓 섞어 길게 소리치곤 냅다 뛰는 것이었다. 그때 벌써 저만치 마른땅을 달음질치는 정 공을 따라잡긴 아예 글렀으니 담뱃짐을 지고 뒤따라오는 저 형이란 작자를 대신 잡아 족쳐야지, 동생이 강상(綱常: 삼강(三綱)과 오상(五常)을 아울러 이르는 말. 곧 사람이 지켜야 할 도리를 이른다)의 죄를 범했으니 벌은 그 형에게 돌아갈 밖에…….

이 논 저 논에서 튀어나온 분기탱천한 농부들에게 붙들린 담배 장수는 무조건 흠씬 두들겨 맞았을 뿐만 아니라, '담뱃동'조차 통째로 헤쳐져 무논 바닥에 처박혔으니 수백 냥 밑천이 수포(水泡)가 되고 말았다. 실카장(실컷) 얻어터진 다음에, 자기는 그런 아우를 둔 적이 없을뿐더러 자초지종은 약차약차하다고 극구 발명한(죄나 잘못이 없음을 말하여 밝힘) 뒤에 '눈팅이가 반팅이가 되어(눈두덩이 함지박이 되어)' 가지고서야 겨우 놓여날 수 있었다.

반면, 한바탕 억지 뜀박질을 하느라 맥이 쑥 빠진 정 공은, 삼거리 주막에 다다라, 돼지 뒷다리에다 맑은 술 한 동이 등을 결판지게 청해 놓고, 다리쉼을 하던 다른 장꾼들을 불러 모아 함께 나눠 먹자면서 인심을 베풀었다.

"내가 이야기 하나 할까요. 나는 단 두 형제뿐인 사람인데, 좀 있으면 우리 형 되는 이가 여기로 올 것이외다. 그런데, 그 양반은 돈도 많은 부자인데, 본디 광증(狂症)이 좀 심해, 나만 보면 꼭 죽일 작정으로 나온단 말씀이야. 그러니 여러분! 그 양반이 나타나면 제발 칼부림을 하지 못하게 좀 말려 주이소."
 다들 사전에 얻어먹은 것이 있으니까, 모두 "여부가 있겠습니까?" 로 나왔다. 조금 있자 과연 정 공이 말했던 대로 눈에 시뻘겋게 핏발이 선 사람이 칼을 빼어 곤추들고,
 "야, 이놈. 너 여기 있었구나! 이 죽일 놈! 이 칼 받아라!"
하며 칼부림 직전의 상황이 전개되는 것이었다.
 "저것 좀 보소. 여러분, 내가 미리 그렇다고 안 합디까. 내 말 맞지요?"
 이미 들은 얘기가 있는 장꾼들이 우르르 달려들어 꼼짝달싹 못하게 붙잡으니, 담배 장수는 입에 거품을 물고 악을, 악을 쓰며 눈이 뒤집혀 정녕 미친 시늉을 했다.
 결국 닥치는 대로 사람을 물기 시작하자, "정말 미쳤다."고 재갈을 물리려 한즉 담배 장수 왈,
 "미치긴 누가 미쳐? 난 안 미쳤어! 저 저놈이 미친놈이지!"
라며 마구 발악을 하는 것이었다. 이에 정 공은,
 "본시 미친 사람이 제 입으로 미쳤다는 것 봤소, 여러분. 다 안 미쳤다 그러지! 안 그래요?"
 말끝마다 정 공은 논리가 정연한데 비해, 담배 장수의 논리는 그 반대였다. 차츰 담배 장수의 발버둥이 극도에 달해 가건만, 정 공은 남아 있던 동이의 술을 여유 있게 퍼마시고 있었으매, 그 주막 주모가 이를 보다 못해 안타까운 듯,
 "아무리 형 되는 이가 사람 같지 않더라도, 미쳐서 저럴 때는 잠시

당자가 눈에 안 뜨이면 잘 가라앉는 수도 있는 법이니 살짝, 잠시 몸을 피하시는 것이 어떨지요."
라며, 눈을 찡긋하는 것이었다.
"흐흠, 그것 참, 그럴듯한 생각이요. 그럼 잠시 실례!"
헛기침을 크게 남긴 정만서는 그 길로 술값도 내지 않고 내처 성내장으로 가 버렸으니, 결국 그 주막의 술값 계산조차 그 담배 장수의 몫이 됐을 밖에…….
정 공에게 '안가래(안다리)'를 먹이려던 말 한 마디 잘못으로 오히려 정 공의 '덧가래'에 오달지게 걸린 저 담배 장수!
아이 저걸 어쩌나…….

⦿ 도움말 : 이기수, 朴龍淳, 李元柱

방구들이 '너 근 반'

겁에 질려 가슴이 '콩닥콩닥'하거나 '두근두근' 뛰는 것을 두고, 경주에선 어긋진(어긋난) 소리로 '너 근 반, 너 근 반'이라고들 한다. '너 근'이란 무게로 '네 근(四斤)'을 뜻하는 경주의 방언인데, '네 근'의 '반(半)'은 '두 근(二斤)'이라, 가슴이 뛰는 '두근'과 소리가 같기 때문이다. 그런데, '어긋지기(어긋나기·유머)' 세계에선 내로라하던 정만서의 어록(語錄)에도 '너 근 반'이 있는데, 그 내력은 아주 엉뚱하다.

정 공의 맏아들인 '범이'는 어렸을 때 몹쓸 병으로 죽었기에(66쪽 참조), 제대로 장성한 쪽은 효성이 지극한 둘째로 이름은 재선(在善)이었다. 기나긴 방랑길에서 어느 날 갑자기 집으로 돌아와, 건넌방을 차지한 아버지가 아마도 이 봄을 집에서 날 듯싶자, 둘째는 속으로 매우 흡족하게 생각하는 터였다. 집안에 어른이 계시는 것과 안 계시는 것은 천양지차와 마찬가지다. 그런데 계속 밖으로만 돌던 어른이 집에 눌러 계실 기미를 보였으니 오죽이나 좋았을까 보냐?

 '보리누름에 선늙은이 얼어 죽는다'는 속담처럼 바깥바람은 아직도 몹시 찬데, 지난번에 목신 붙은 나뭇단은(87쪽 참조) 벌써 때 버린 지 오래니까 땔나무가 있어야만 군불을 때지? 짚단일망정 아궁이 깊숙이 밀어 넣고 군불을 지필 수밖에……. 짚단이 슬슬 타면서 내뿜는 메케한 연기를 들이마시고 생기침을 콜록이면서도, 해어진 도롱이로 한참 키질을 한 다음에 '이젠 제법 아랫목이 뜨끈해졌으리라' 싶을 때쯤 하여, 아버지의 방문을 열고,
 "아부지, 방구들이 차츰 따끈해져 옵니꺼?"
라며, 효성스레 저녁 문안을 올렸더니, 정 공이 답하여 가로되,
 "그래, 이놈아! 겨우 지금 '너 근 반'은 되어 가는가 보다."
하더란다. 이것이 무슨 소린고 하니, 방구들이 '따끈따끈'해지려면 '닷 근(五斤)'이 꽉 차야만 비로소 그와 닮은 발음의 '닷근' 즉 '따

끈'이 될 터인데, '너 근 반(四斤半)'이란 아직 반 근(半斤)이 모자란다 함이니, 결국 '매지근해 오고 있다'는 뜻이다.

  돈 없이 즐기는 풍류(風流)라면, 이 정도의 멋은 지녀야 그래도 읊을 맞이 나지……. 으흐흐흐……. 아암. 그렇고 말고…….

  이런 정 공이 하루는 영천(永川)에서 청송(靑松)으로 나가는 쪽의 깊은 골짜기에 틀어박힌 장인바치의 마을을 지나치게 되었다. 거긴 여염 살림을 할 수 없는 갓바치와 같은 천민(賤民)들만 모여 사는 외진 마을인데, 마침 '붓장이' 셋이 모여 앉아 붓을 매면서, 붓끝을 입으로 빨아 고르기도 하고, 입방아를 찧으며 박장대소를 하는데, 가만히 듣자 하니까, 정 공 바로 그 자신을 화재에 올려놓고 난도질을 하고 있는 것이 아닌가?

  '정만서란 화상(和尙)은, 어느 부자 영감을 둘러치기로 등쳐먹었을 뿐만 아니라, 또 어디 기생의 간을 내어 먹은 아주 나쁜 놈!'이라고 신이 올라 험담의 침을 튀기는 중이었다. 그래서 정 공이,

  "미안스럽지만 길손도 좀 끼입시더……. 실은 내가 바로 경주 사람 정만서외다만……."

  한창 남의 험담으로 신이 올라 있는 중인데, 갑작스레 화재의 주인공이 나타나는 바람에 깜짝 놀란 붓장이들은 눈을 똥그랗게 뜨고 무안한 김에,

  "하이고, 이거 몰라 뵈었습니다. 매우 미안스럽게 되었습니다." 하고 빈다.

"아니, 뭘! 그까짓 거야 보통이지, 생판 없었던 일도 아닌 거고……. 그래, 내가 남의 얘기를 들었으니까, 나도 한 가지만 거들어 볼까요?" 하자,

"암, 그러믄요! 하셔야지. 재미있는 걸로 하셔야지! 자, 자. 이리로 좀 앉으이소."

하며 붓장이들이 자리까지 좁혀 주는 것이었다. 그래서 정 공이 입을 열기를,

"내가, 댁들도 알다시피, 기방 출입(妓房出入)이 좀 잦은 편 아닙니꺼? 꼬리가 길면 밟힌다고, 그러다가 그만 화류병(花柳病·性病)에 걸리고 말았겠지요. 그런데 요새는 수은(水銀)을 통 구할 수가 없단 말씀이야. 수은이 있으면 훈(燻)을 해서 화류병을 치료할 방도가 있겠건만, 그게 없으니, 아래가 질질 새는데……. 말씀이야……. 하루는 그걸 본 내 친구가 하는 말이,

'개를, 그 암내 난 개를 한 번 건드려 보는 것이 어떻겠나? 아마 매우 좋을 거다' 합디다. 그래서 처음에는 '그걸 어째?' 싶으면서도, 에멜무지로(결과를 바라지 아니하고, 헛일하는 셈 치고 시험 삼아 하는 모양) 한 번 건드려 봤더니, 어딘가 좀 차도가 있는 것 같더라 이 말씀이야. 그래서 또 한 번 더 건드렸더니 완전히 낫지는 안 했으나마 제법 좋아지길래(좋아지기에), 딱 세 번을 한 셈인데, 어찌된 판인지 나중에 알고 보니까, 이놈의 개들이 아기를 다 낳았다는데, 각각 하나씩이라 그게 모두 셋이었단 말씀이야. 비록 그게 짐승의 몸을 빌려 태어났지만서도 사람의 새낀데 천륜을 끊을 수야 있을라꼬? 안 그래?"

"암, 암, 그렇겠지요. 내다 버릴 수야 없었겠지요."
하며 붓끝을 빨며, 저도 모르게 얘기 속으로 빠져들어 온 한 붓장이가, 흥미가 진진하다는 투로 맞장구까지 쳐준다.
"그래, 할 수 없이 데려다가 길렀지, 그랬더니 아, 이 녀석들이 예닐곱 살 먹으니까, 저희들끼리 잘 놀다가도 심심하면 제 털을 쪽쪽 빨고, 또 쪽쪽 빨곤 하길래(하기에), 그땐 도무지 꼬락서니도 보기 싫어, 그만 당장에 모두 내쫓아 버렸지! 그렇지만, 그 애들의 터럭 빠는 버르장머리가 어디 갔겠어? 거기 그대로 있지! 제 버릇 개 주었겠어? 세 살 버릇 여든까지 간다 했는데."
이젠 정 공의 말투조차 완전한 '해라조(해라체)'로 바뀌어 나왔다.
"그것들이 커서 뭐가 되었겠어? 잘 돼 봐야 제 놈들이 '붓장이' 밖에 더 됐겠어! 안 그래? 응? 말해 봐!"
"……."
실없는 붓장이들이 정만서(鄭萬瑞)의 욕바가지를 덮어쓴 꼴이란?
그러기에, 남의 말이라고 함부로 지껄이는 걸 삼가야지, 암, 삼가야 하고말고!

도움말 : 崔萬一

빌린 변소 팔아먹기

　심리학에서 배설(排泄)은, 구강(口腔) 단계에서 항문(肛門) 단계로 접어드는 '아기'에게 통제적 의미를 지닌다던데, 프라이버시가 깃든 배설 공간만큼 그 이름이 다양한 우리말도 드물 성싶다. 이를테면, 통시, 정낭, 뒷간, 칙간을 비롯해 서각(西閣), 정점(淨店), 측실(則室)이라고도 했고, 얼마 전에는 듣기 좋으라고 W.C.라더니, 요샌 또 화장도 하지 않으면서 화장실이 되고 말았다.

　끼니쯤 거르는 것이야 항다반사(恒茶飯事 : 항상 있어서 이상하거나 신통할 것이 없는 일)인 정만서일망정, 술이라면 시도 때도 없이 들이켜온 정 공이고 보니 그의 배 속은 노상 시금털털했다. 하루는 아랫배가 하부작하부작(하비작하비작) 아파 왔으나, 공중변소의 위치를 찾기 힘든 대처(大處)이고 보니 머잖아서 일이 곧 터질 찰나였다. 더구나 담장이 높고 육중한 대문이 굳게 닫힌 한양 북촌(北村)에서 설사를 만났으니……. 주위를 두리번두리번 살폈으나 거긴 '병풍 장수'도

(102쪽 참조) 없으니 어쩐다지! 매우 다급한 터라, 우선 급한 불부터 끄고 볼일이라, 조촐하게 생긴 아무 대문이나 밀고 들어가서 염치없는 통사정을 했다.

"저어, 시골서 올라온 나그네인데, 급한 볼일이 생겨……. 미안스럽지만……. 적선하는 셈 치시고 잠시 실례하시겠다고 여쭈어라……."
했으나, 내외하느라 얼굴을 가린 안주인이 첫 마디에,
"당장 나가시라고 여쭈어라."로 나왔다.

개화기 때이건만 내외법이 아직도 엄격하던 시절이라, 터져 나온 안주인의 목소리가 앙칼졌지만 이미 허리를 접고 다리를 꼬며 엉덩이를 뒤로 잔뜩 뺀 정 공은 사색이 되어,
"적선하는 셈 치고 급한 사정 좀 봐 주시라고 여쭈어라. 아이고, 어매. 우후후훗."
하며 허리를 비꼬는 짓거리가 곧 바지를 더럽힐 조짐이 역력하였다. 진퇴양난인 안주인이 엉겁결에 정 공을 쫓을 심산으로,
"선금으로 닷 냥을 내시면 모를까, 라고 여쭈어라."
며 화장실 사용료 치고는 엄청난 금액을 요구하는 것이었다. 그 말이 떨어지기 무섭게,
"아무럼요. 여기 있소, 자아! 받으시라고 여쭈어라."
하며 선뜻 쌈지를 털어 엽전 닷 냥을 마당귀에 던진 정 공은 쏜살같이 눈여겨보아 둔 그 집 뒷간으로 튀어 들어가는 것이었다. 급하디급한 배설의 본능을 충족시키고 나자, 정 공은 정신적으로 좀 여유가 생기는 듯했다.

'가만가만, 좀 비좁긴 하나, 별 냄새도 안 날 뿐더러, 꼬리가 기다란 구더기조차 기어 다니지 않는 이곳 한양 대갓집 뒷간이, 쇠지랑물이 질질 새는 시골 통시에 비해 초호화판이네 그랴!'
싶어지자, 야박한 한양 인심을 겨냥하여 심술보가 뒤끓기 시작하였다. 말하자면 '뭐 누러 갈 때 바쁘지 그걸 누고 나면 느긋하다'는 속담 그대로였다. 밖으로 나가 봤자 딱히 긴한 소관사(관계하는 일)도 없는 터에 쌈지째 통통 털어서 닷 냥까지 내어 준 형편이라, 정 공은 그만 그 집 변소 바닥에 질펀히 퍼질고 앉아 버렸다.

그것도 모르고 한참이나 지난 뒤에, 혼자서 늦은 점심 순갈을 놓은 주인마님이 소피를 보려고 뒷간 문을 당기니까 '어럽쇼?' 안으로 꽁꽁 걸려 있지 아니한가?

'웅? 아차! 내가 깜박 잊었었네! 그게 언젠데, 이상하다? 혹시 주당(뒷간을 지키는 귀신. 사람에게 덮치면 급살할 수도 있다고 믿어 왔다. 된 변을 보다가 뇌일혈(腦溢血)이나 심장마비로 죽는 경우에도 '주당에 걸려 죽었다'고 했다)에라도 걸려 죽은 송장으로?'

여기까지 생각이 비약한 주인마님은 섬뜩해져서 저도 모르게 새된 소리로,

"여보세욧! 여보세욧! 안에 누가 있어욧?"

하며, 그리도 지갈스럽게(일부러 꾸며서 젠체하며 목청을 길게 뽑고 거드름을 피우거나 느릿느릿 행동하다) 뽑던 "……라고 여쭈어라."는 말투는 간 곳 없이 변소 문을 콩콩 두드린즉, 다행히 안에서 "애햄, 애햄."하는 인기척이 나는 것이었다.

우선은 송장 치울 일이 아니어서 식은땀을 훔쳤으나 이내,
"아니? 도대체, 무슨 볼일을 여태껏 보고 기세요오, 그래애?"
"애햄, 애햄, 아직까지 덜 끝났소이다아……."
안에서의 대답 치고는 매우 퉁명스러운 편이다. 그래서 주인 여자는 머잖아 나오려니 싶어 방에 들어갔다가, 조금 후에 소피를 도저히 참지 못하여 다시 변소 문을 밖에서 '콩콩' 두드리면, 안에서의 대답은 "애햄, 애햄."이었다. 이젠 안주인이 더 다급해져서 '콩콩'하면 자동적으로 '애햄, 애햄'이었다. 이를 어쩐다지? 급한 볼일은 안방에서 요강에다 일단 해결을 했다.

그러나 그럭저럭 삼사월 긴긴 해도 기울어, 서당에 갔던 아이들이 돌아오고 남편도 퇴청할 시각이 가까워지자, 그만 안주인은 안달이 나서 죽을 지경이 되고 말았다.

"여보세욧! 빨리 못 나와요. 얼른 나오지 못해욧?"

마치 자기 아이들 다루 듯이 채근이 대단하다. 이때 안에서,

"어허! 돈 받고 팔았으면 그만이지, 나오라 말라는 건 또 무슨 소린공(소리인감)?"

하는 것이었다.

"아니, 이 냥반이? 팔긴 뭘 팔아? 잠시 빌려 줬지!"

"아쭈, 빌려주는 것 좋아하네! 오늘은 내가 몽땅 샀으니까……."

변소 안쪽에서 나오는 끈적끈적한 낌새가 도무지 심상찮은 눈치다. 이에 난감해진 안주인이 사정 조로,

"그럼, 아자씨, 본전을 몽땅 돌려 드릴께 어서 나오세요, 네에?"

이젠, 나그네의 존칭이 아저씨로까지 발전해 올라갔다.

"아자씨든 뭐든, 그렇게는 못하겠고……. 나는 여기가 매우 편한데……."

만약 남편이 퇴청하여 이 광경을 보고, '외간 남자를 어쩐 연고로 불러 들였으며, 팔기는 뭘 팔았느냐?'고 따질 지경이면, 이건 꼽다시(곱다시) 소박맞고 쫓겨날 판국이라, 안주인은 코에서 단내가 물씬 풍기는 경황에 이르렀다.

"아자씨이! 아이고, 선상님임! 그러면 본전의 배를 드릴께에용……. 제발! 좀."

그래도 변소 안에서는,

"애햄, 애햄……."이다.

"그것도 모자라면, 까짓 스무 냥 드릴께요옹, 네?"

그러자 또 안에서는,

"애햄, 애햄……."이었다.

주인 여자는 꼭 은밀한 일을 하다가 들킨 것 같은 죄책감에 잠겨 들어 이젠 마구잡이 식으로,

"아이구 오라버니, 제발 좀 살려 주세요. 까짓 꺼 제가요, 서른 냥 드립지요, 네?"

그래도 안에서는 계속 일관되게,

"애햄, 애햄……."이었다.

닷 냥이 서른 냥으로 둔갑을 해도 안에서는 계속 '애햄' 소리뿐이고, 시간은 자꾸 석양으로 치닫는다.

송창식의 노래가 아니더라도, '시간은 자꾸 가는데, 집에는 다 와 가는데…….', 이것 안 되겠다 싶어진 주인마님이 엽전 꿰미를 짤랑이며, 이젠 현금 박치기로 나왔다.

"자 옜소, 오라버니, 여기 쉰 냥이외다! 이거면 됐지욧!"

그제야 굳게 닫혔던 뒷간 문이 부스스 열렸으니, 미상불 끈질긴 구석에서 '눈먼 돈'도 생기나 보다. 컬컬하던 김에 술값 한 번 듬뿍 생겼구먼, 그래.

🌀 도움말 : 박용순

"목격자의 증언에 따르면,
살인 방조자의 오른쪽 젖가슴에는 크고
검은 사마귀가 있다던데,
네 가슴에도 껌둥 사마귀가 있음에 틀림없으렸다?"

제5마당
큰애기 젖가슴

도둑 뽀뽀

때는 조선조 말엽의 갑신정변 이듬해로, 영국의 빅토리아 여왕이 러시아의 남하 세력을 막는답시고, 동양함대(東洋艦隊)의 군함 6척을 남해의 외로운 섬인 거문도에 보내, 무려 이태 동안이나 섬을 점거하고 있었을 때 생긴 실화 한 토막이다.

처음엔 눈이 파란 오랑캐를 억시기(무척) 무서워하던 섬사람들도 시간이 지나는 동안, 차츰 신기한 군함도 구경하게 되고, 코가 큰 영국 수병과도 손짓 발짓을 나눔으로써 조금씩 친해져 갔다. 그러던 중, 영국 수병 하나가 서도(西道) 나루의 주막에 올라 거나하도록 술을 퍼마시고는 그만 춘정(남녀 간의 정욕)이 동했던지, 물동이를 이고 가는 마을 아낙의 두 귀를 잡고서 입을 '쪽' 맞추고 달아난 '도둑 뽀뽀 사건'이 터지고 말았다는 바, 이로써 그 수병은, 별나게 체면을 중시하는 우리 한국인의 자존심을 잘못 건드리고 만 셈이었다.

여기서 '자존심을 건드렸다'는 것이 무슨 소린고 하니, 더운 날 산

나물을 뜯던 말만한 처자[處女]가 더위를 못 이겨 산골짜기 냇물에서 가슴을 씻다가 길 가던 초군(樵軍·나무꾼)들에게 암암리에 들켰다 치자. 그걸 눈치 챈 아비와, 그로써 성이 난 아재비들은 단지 '먼발치로 나마, 사내에게 맨살을 보였다'는 이유 하나만으로, 그 처녀의 치마에다 돌을 싸안긴 채 강물에 떠밀어 넣음으로써 그 알량한 체면을 유지해 내린 우리 민족이 아닌가? 이런 말이다.

그런 심성을 지닌 섬사람들이 영국 수병에게 당하기만 하고 가만히 있었으랴? 아니지! 아니지! 모두들 영국 군함으로 등장(等狀 : 시쳇말로 데모)을 갔지! 등장을!

그러자 군기가 매우 엄정했던 영국 해군은 마을 사람들이 보는 앞에다 그 수병을 끌어내 놓고서, 물에다 처박는 '물고문'으로 온통 까무러치게 했다고도 하고, 좀 엇갈린 얘기로는 끝내 물고를 냄으로써 손상 받은 한국인의 자존심을 되살려 주더라고 전해 온다.

이 사건에 앞서 신재효(申在孝, 1812~1884)가 창극화한 판소리 '박타령'에 볼 것 같으면, 놀부의 악행 가운데,

'초상난 데 춤추기, 우물가에 똥 누기, 똥 누는 놈 주저앉히기……'

등에 이어, '물을 이고 가는 여자 귀 잡고 입 맞추기'라는 억지 뽀뽀 대목이 나온다.

위에 말한 놀부와 수병 사건의 공통점은, 아낙이 두 손을 올려 잡고 물동이를 이고 가는 습속에 기인한다. 남부여대(男負女戴)란 말은 본디 남정네는 물건을 등에 지고, 아낙네는 물건을 머리에 이는 습속

에서 비롯된 말이다. 그런데 물건을 머리에 이는 건 우리 겨레만의 습속인 줄 알았더니, 티베트는 물론 예루살렘과 아프리카 북부의 여인들조차 걸핏하면 보퉁이를 머리에 얹는 것으로 볼 때, 여인들 사이에 스민 어떤 문화적 동질성이 아닌가 싶다.

아낙네가 물동이를 일라치면, 혹 엎지를세라 양손을 올려서 동이 꼭지를 잡게 마련이라, 누가 여간 짓궂게 굴더라도 곱다시 당할 수밖에 없는 상황에 놓이게 되는데, 그 기회를 최대로 악용한 것이 '놀부'와 '수병'이랄 수 있다. 더구나 이들이 아낙의 입술을 훔친 심리의 밑바탕에는 '구애기(口愛期) 때의 의식에 잠재 돼 있던 성욕이 변형되어 분출된 것'이라는 프로이트의 학설이 미상불 그럴듯하게 들리기도 한다.

그런데, 정만서의 기행록(奇行錄)에는 '도둑 뽀뽀' 사건이 오래 전에 올라 있었으니 그 진상은 이러하다.

들에 일을 나간 농부의 점심밥은 으레 그 아낙이 내가게 마련이라, 함지를 한 손으로 잡아 인 아낙이, 남은 손엔 술병을 들고 미끄러운 논두렁길을 뒤뚱거리는 판인데, 공교롭게도 그녀는 허기진 정 공 일행과 외가닥 길에서 마주치게 됐다. 저만치서 오는 아낙을 본 짓궂은 이지번(李芝蕃)이,

"자네 말이야, 저기 오는 저 아낙과 입을 맞추면, 오늘은 코가 비뚤어질 만큼 내가 술을 사겠네!"

라며 정 공에게 '술'을 걸고서 슬슬 부추기는 것이었다. 안 그래도 배가 고픈데다 목까지 타 들어가던 참에, '술' 소리에 현혹된 정만서가 어찌 그 기막힌 기회를 놓칠쏘냐? 다짜고짜로, 그것도 번개처럼 점심 함지를 이고 오는 아낙의 두 귀를 잡아 얼어붙게 한 다음, 그만 '쪽' 소리를 내는 강상(綱常)의 죄를 범하고 말았던 것이다.

그런데, 이 '도둑 뽀뽀'의 기발한 착상은 정만서가 독자적으로 개발한 것이 아니라, '박타령'이 나오기 전부터 오래도록 구전되어 온 폐습일 성싶고, 정 공 뒤로도 영국 수병을 거쳐 20세기까지 간헐적으로 이어져 내리고 있음을 본다.

실례를 들면, 1896년에 창간된 '독립신문'에,

"이 달 스무 날 열두 시에 남촌 갓우물골에서 오 씨네 계집종이 동우를 이다가 또아리가 빠지거늘 사나희 한 범이란 놈이 지나기에 또아리를 너 달라니 그놈이 너 주는 체하면서 입을 짝 맞추고는 은비녀를 빼가지고 도망치거늘 계집종이 고성으로 저기 도적놈 간다 하니……."

라는 기사 속의 '한범'이란 사나이에게로 맥이 닿아 있음을 본다.

심리학자들이야 '도둑 뽀뽀'가 잠재된 성욕의 발로라고 하든 뭐라고 하든 간에, 현실적으로 순박한 농부의 아낙에게 '도둑 뽀뽀'의 봉변을 안긴 정 공 일행이 과연 무사할 수 있었을까?

그건, 어림없는 얘기다. 모르긴 해도 이번엔 담배 장수처럼 대신 맞아 줄 '성님뻘'도 없으니까……(228쪽 참조). 성난 농부님네의 지게 작대기에 매타작을 싫도록 당했겠지. 아니? 혹시 몰라? '모진 놈 곁에 있다가 벼락 맞는다'는 격으로 옆에 섰던 고목나무가 대신 날벼락을 맞았을지야…….

● 도움말 : 이기수, 林慶澤

니노지산과 정만서

『삼국사기(三國史記)』에 보면 선덕여왕의 입을 통해 이런 말이 거침없이 터져 나온다. "성난 남근(자지)이 여근(보지) 속에 들어가면 반드시 죽게 되어 있어."라고. 점잖은 여왕이 수많은 신하들 앞에서 이렇게 갈파했다니 그는 배포 한 번 큰 사람임에 틀림없었던 모양이다.

기록에 따르면 개구리가 떼를 지어 울어대는 통에 민심(民心)이 동요하자 여왕이,

"내가 전에 옥문곡(玉門谷)이란 골짜기가 있다는 소릴 들었는데, 개구리들의 징조로 보아 백제(百濟) 군사가 그곳에 숨어 있을 것이니 가서 토벌하라."고 분부하여 작전을 끝낸 다음, 그걸 어찌 미리 알았느냐는 질문에 위에 적은 말을 하더란다.

이 기록에서 김부식(金富軾)은 거기를 점잖게 '옥문곡(玉門谷)'이라 적었달 뿐, 기실은 '보지산'을 한문으로 고쳐 적은 것에 불과하다.

이 기묘한 형상의 산이 어디쯤 있는고 하니, 바로 입심 좋던 조선조 말의 익살꾼인 정만서(鄭萬瑞)의 '안태 고향'에서 서북쪽으로 겨

우 7 마장쯤 되는 곳에 있다. 경부고속도로를 따라 서울에서 부산으로 가다 보면, 영천(永川)을 지나 다섯 봉우리가 뚜렷하게 솟은 오봉산(五峯山)을 오른쪽으로 만나게 된다. 그 산의 동편 자락을 뚫어 만든 '경주터널'을 지나자마자 우측의 경사면에 소녀의 생식기(生殖器)가 반쯤 문을 연 듯한 형국의 골짜기가 있는데, 거기가 바로 옥문곡이다.

그 산의 형상은 너무도 적나라(赤裸裸)하여 차마 쳐다보기가 민망한 모습이지만, 아마도 수많은 세월 동안 그 자리에 서 있었음직하다. 한때, 경주 부윤(府尹)으로 도임하던 조선조의 목민관(牧民官)은, 그 산의 야릇한 모양을 도임 길에 보면 불길하다 하여, 일부러 지름길인 영천(永川)-건천(乾川)-경주(慶州) 길을 피하여 영천(永川)-시티재-남사(南莎)-경주 길로 우회하였다는 기록이 있을 정도다. 그런데 독자 여러분, 이 대목이 바로 경부고속철도 노선을 두고 논란이 많았던 경주 도심을 지나는 노선과 건천을 지나는 노선과 일치하는데, 고속철도를 타고 여근곡 관광을 하기는 틀린 모양이다. 왜냐하면 고속도로와 달리 고속철도는 이 부근에서는 여근곡 밑의 지하터널로 통과하고 있기 때문이다.

그러나 지금도, 가끔 고속도로를 질주하던 차를 세워 둔 채 이 '여자산'의 야릇한 자태를 사진기에 담는 사람들이 적지 아니한데, 이러다가는 교통사고의 위험이 따르니 차라리 이 산 아래에다 널찍한 '전망대'라도 하나 만들어 길손들이 역사의 현장에서 잠시 쉬어가게 함이 마땅할 듯싶다.

남들이야 거기를 '옥문곡'이라거나 '여근곡'이라거나 아랑곳하지 않고 현지의 초동(樵童)들은 '니노지산'이라는 곁말을 쓰니 그건 '보'자를 파자하면 '노'자 위에 '니'자를 포갠 꼴이 되기 때문이다.

봄이면 진달래가 이 '니노지산'을 처녀의 수줍음인 듯 발그레하게 물들이고, 가을이면 관목 숲에 깃드는 단풍이 불타는 듯 아름다운데, 아무래도 신록이 피어나는 5월 초의 풋풋한 모습이 가장 아름다우며, 정면보다는 부운 마을쯤에서 측면으로 보는 것이 운치가 높다.

한편 '니노지산'의 은밀한 깊은 골짜기에서 사시사철 실개천이 밖으로 흘러, 호기심 많은 더벅머리 머슴애가 음습한 골짜기에 잠입하여 작대기로 못된 짓을 하여 그만 아래쪽 '샙들' 마을의 처녀가 바람이 나는 불상사가 발생했단다. 때문에 그 뒤로는 누구도 그 골짜기 속에는 근접하지 못하도록 '샙들' 사람들이 신경을 곤두세우고 있어 가까이 가는 것이 금기로 되어 내렸고, 그러는 사이 덩굴과 가시나무가 얽혀 지금은 때 묻은 인간의 접근을 허락하지 않고 있다.

일제강점기 때는 여기 아름드리나무가 장하게 우거져 있어 그 재목에 흑심을 품은 일본 산림 주사 녀석이 거드름을 피우며 '그게 다 무식한 조선 사람들의 미신'이라면서 '니노지산'의 벌목을 시작한 지 사흘 만에 그만 손발이 뒤틀려 급사했다는 얘기는 현지에서 채집한 실화다.

그런데 성적인 금기어(禁忌語)를 함부로 입에 담을 수 없었던 그때 사회에서, 감히 파렴치(破廉恥)한 상소리를 침 씹듯이 뱉어온 정만서(鄭萬瑞)와 관련하여 다음과 같은 걸쭉한 얘기가 전해 온다. 이건 아마도 여근곡 부근에 태어나서 이 고장을 기본 무대로 걸쭉한 얘기만 터뜨려 온 정만서와 어떤 개연성(蓋然性)이 있을 성싶다.

아직도 찬바람이 토시 짝 속으로 파고들던 어느 날, 정만서는 혼자서 터덜터덜 고갯마루를 넘고 있었다. 그때 고개 너머에서 여인의 청승스러운 잡가(雜歌) 소리가 들려왔는데, 가사가 어딘지 정숙하지 못한 듯했다. 아마도 혼자가 아닌지, 간간히 깔깔거리며 조심성 없이 웃는 소리도 들려왔다. 정 공(鄭公)이 산마루를 넘어 호젓한 언덕길을 쉬엄쉬엄 내려오자니까 서른 남짓 된 두 아낙네가 비탈진 보리밭을 호미로 매면서 잡가를 흥얼거리다가 뚝 그치는가 싶더니,

"저어, 선비니임, 다리쉼이나 하시며 담배람도(담배라도) 한 대 태우고 가시이소옹(가세용)."

하고 거리낌 없이 낯선 남정네에게 말을 붙여오는 것이었다. 아까 들은 잡가의 가사로나 낯선 길손에게 먼저 말을 걸어오는 태도로 미루어 아마도 과수댁인 듯싶은 생각이 들어 정 공은 선뜻,

"아무라머상, 까직 꺼, 그랍시더(아무렴, 까짓 것, 그럽시다)."

하고 아지랑이 피어오르는 보리 밭둑에 걸터앉아 장죽에 담배를 비벼 넣고, 한 대를 천천히 피워 물었다.

내외법(內外法)이 엄격하던 조선왕조 말이었지만, 장소가 후미진 곳인데다가 상대가 앞가림이 허술한 그런 사람들(과수댁)이고 보매, 몇 마디 나누지 않고도 금세 스스럼이 없어지고 말았으니, 그건 정만서의 말솜씨가 워낙 유머러스한 까닭이었다.

아낙네들은 정 공의 별것 아닌 말에도 박장대소를 하며 맞장구를 쳐 주었고 이에 신이 난 정 공은 내친김이라 그만,

"그, 이치리(이처럼) 지불어진(기울어진) 비탈 밭을 매다 보면 소문(小門 : 여자의 음부를 완곡하게 이르는 말)이 삐떨어지는(비뚤어지는) 병에

걸리는 수가 더러 있는데……. 내가 사실 그런 병을 자알 보지요만……."
하며 말끝을 흐리자, 걸쌈스럽게 생긴 아낙이 슬그머니 소피를 보러 가는 양 잔솔밭 속으로 사라지는가 싶더니, 곧 이어 그쪽에서 은근한 목소리로,
"선비니임! 아이고 우야꼬, 선비님! 참말로 그렇네요. 쫌, 곤챠주이소오, 야(좀 고쳐주세요, 네)?" 하며 소리쳐 왔다.
이 소리를 들은 정만서는 혼잣소린 듯,
"흠흠, 홍합 입서버리가(입술이) 삐떨어젓이며(비뚤어졌으면) 그거는 천상 가죽침(革質鍼 : 남근(男根)을 돌려서 한 말)으로 다치리야 되겠구마느(다스려야 되겠군)……."
하며 핫바지에 묻은 검불을 털며 일어섰고, 홀로 남게 된 다른 과수댁은 시무룩해진 채 먼산바라기를 하며, 건성으로 호미질에다 또 잡가를 싣기 시작했다.

● 도움말 : 金鶴鳳, 李元柱

큰애기 젖가슴

정만서는 세상과의 호흡이 맞지 않아 언제나 세상을 거슬러 살았으며, 모든 희극배우가 그러하듯이 자신은 결코 웃지 않으면서 남들만 웃기는 것이 상례였다.

하루는, 호젓한 개울에서 '빨래하는 처녀의 가슴 속살을 볼 수 있느냐 없느냐'로 동행과 술내기를 맺었으니, 가관도 보통 가관이 아니었다. 하지만 엇길로만 걸어온 정 공이고 보면 기지(機智)가 번득였을 밖에……. 그리하여 그는, 기찰포교(조선 시대에, 포도청에 속하여 죄인의 탐정 수사를 맡아보던 벼슬)의 행세로, 품속에서 끄집어낸 범인의 인상착의를 적은 쪽지를 들여다보며, 느닷없이 빨래하는 처녀에게,

"너 이년! 네가 건너 마을 살인 사건의 방조자임에 틀림없으렷다! 당장 오라를 받고 관가로 가자!"

며 으르딱딱이니, 순박한 두메 처녀야 관가 소리만 들어도 사색이 되어 '아니'라고 발명(發明 : 죄나 잘못이 없음을 말하여 밝힘)할 수밖에 없는 딱한 형편이었다. 그럴수록 정 공은 정 공대로, "거짓말 하지 마

라."는 우격다짐으로 앳된 처녀를 마구잡이로 다그치니, 난감해진 것은 처녀 쪽이었다. 제물에 약이 바짝 오른 처녀가 제 딴엔 옳은 양, 또 그 곤경에서 어떻게든 빨리 놓여나기 위해,

"증좌(證據)를 대시오, 증좌를……!"

하며 대차게 나오는 것이 아닌가? 이젠 정 공이 오히려 수세에 몰리는 판세가 되었다. 그런가 싶자 정 공이,

"목격자의 증언에 따르면, 살인 방조자의 오른쪽 젖가슴에는 크고 검은 사마귀가 있다던데, 네 가슴에도 껌둥(검정) 사마귀가 있음에 틀림없으렸다!"

라고 호령을 함에, 처녀로서야 자기 몸에 분명히 '없는 사마귀를 있다'고 우기는 포교를 꼼짝없이 얽어 놓기 위해서는, 자신의 결백함을 실증적으로 내보이는 길이 상책이라 생각되었을 터였다. 그리하여,

"자, 보이소! 그래. 이래도 생사람 잡을 작정잉기요?"
하며, 얼굴에 새빨갛게 독이 오른 처녀가 스스로 옷고름을 풀어 보이고 말았던 것이란다.
"……. 허흠, 허흠."
'그 젖가슴 한 번 오동통하고 탐스럽구먼!'

 도움말 : 李基守, 金鶴鳳, 李英植

원수 놈을 잡을 심산으로

속담에 이르기를, '섧다, 섧다 해도 배곯는 설움 만한 것이 없다' 했는데, 그걸 매양 허리띠 조임으로만 달래 온 정만서가 대구의 약전 골목을 누비다가, 마침 하얗게 분이 핀 곶감을 보고 입맛을 쭉쭉 다시게 되었다.
"주인장, 이게 멍기요(뭘가요)?" 하고 물으니,
"그것이 곶감인 줄 몰라서 묻나?" 대답이 매우 퉁명스럽다.
"하, 곶감이라, 이것을 어떻게 묵능기요(먹는지요)? 국을 끓여 묵는다면서요?"
잘 알면서 짐짓 모르는 척 아는 미련을 대는 것이다.
"떽끼(예끼), 여보소. 곶감 국을 끓여 먹다니? 거저 먹지!"
"하아, 거저(공짜로) 묵는다……. 거저라, 거저라!"
하더니만, 댓바람에 곶감을 주섬주섬 주워 먹는 것이었다. 단숨에 서너 꼬치를 연거푸 삼키고 보니, 속이 다리어서(너무 달거나 떫은 것을 많이 먹어 속이 보깨고 거북하다) 거북하기 이를 데 없자 슬그머니 자리를

뜨는데, 곶감 가게 주인이 정 공의 도망가려는 눈치를 채고는,

"보소, 돈을랑 내고 가도록 하시오!"

"아니? 아예 당초부터 거저(공짜로) 묵으라더니 지금 와서 무슨 돈이라니?"

"…………?"

이렇듯, 사방에 솥 걸어 놓고 떠돌아다니는 정 공이니 객고(客苦)인들 오죽했으리요! 그런 그가 대구 서문시장 초입의 주막에 핼끔하게 생긴 주모에게 은근한 흑심을 품고서, 거길 지나칠 적마다 시답잖은 농담을 던져 가며, 기회를 엿봤으나, 술아빈들 그 눈치를 놓칠쏘냐? 더구나, 약전골목에서 공짜로 곶감을 먹어치우더라는 소문이 입에서 입을 건너는 판인데? 자칫 잘못 어물거리다간, 정 공에게 주모를 통째로 들치기 당할 듯싶어진 술아비가, 선수로 함정을 파면서 주

모에게다 이르기를,

"오늘 내가 먼 길을 좀 떠나는 척 할 참이니, 자네는 그놈을 안방에 끌어들여 무슨 재간을 써서라도 이불 밑에까지 모셨다가, 내가 기침 소리를 내거들랑 밖으로 벼락같이 내몰도록……. 그런 다음엔 내가 맡아서 그냥 박살을 내 줄 참이니까……."
하며 행동 강령을 엄숙히 하달하였다.

겨울밤이 깊어, 메밀묵이나 찹쌀떡 장수처럼, 그때는 '게 장수'들의,

"영덕(盈德) 대기[大蟹·king crab]나, 빵끼(대게 암컷)여!"(대구 같은 대도시에는 겨울밤에, 옛날 이렇게 외치고 다니는 장사꾼이 흔히 있었다) 소리가 밤바람에 흩날리는 시각에 정 공이 주막을 슬쩍 기웃해 보니, 술청도 한산하고 술아비는 뒤꼭지(뒤통수)도 안 뵈는 지라, '때는 드디어 왔구나!' 하고 작전을 개시했다. 바깥 날씨야 당 고추처럼 매운 밤이건만, 정 공이 예의 그 엇구수한 신소리로 주모를 구슬리자, 주모 또한 길손과 술손님들에게 시달리며 익힌 말본새로 고금소총(古今笑叢)을 뚜루루(뜨르르) 꿰며 제법 한 자락을 거드는 것이 아닌가. 이렇듯 서로가 죽이 척척 맞아, 히히덕거리다가(시시덕거리다가) 드디어 주흥이 무르익어 등잔불을 꺼 놓고, 둘은 드디어 금침 이불 밑으로 파고들었던 것이다. 술기운도 알맞겠다, 서둘 것 없으니 천천히 허물을 벗고 바야흐로 입성(入城)의 의식을 행할 '조금(찰나)'인데 말씀이야! 바람 소리 사이로 굵은 남정네의 헛기침 소리가 마구 들이닥치는 것이 아닌가? 헛기침 소리를 신호로 잽싸게 몸을 빼친 술어미가,

"아이고! 우야꼬(어쩌나), 여보소! 뭐가 왔나 봐아! 기둥서방한테 잡혀서 죽느니, 몸뚱이만이라도 어서어서 피하고 보소, 예?"
하며, 얼른 뒷문을 따 주는데, 워낙 급해서 옷을 찾아 더듬을 계제가 아니었다. 이때 그는 퍼뜩,

'샛밥(곁두리) 차려 먹기도 참 힘들구나! 어쨌거나 우선 튀고 보자' 속으로 생각하고, 천의무봉(天衣無縫)의 발가벗은 알몸인 채 뒷담을 훌쩍 타 넘으니 전신에 소름이 쫙 돋는 것이었다. 곧이어 아리디아린 겨울밤의 추위가 뼛속으로 파고드는데, 엎친 데 덮치는 격인지, 언뜻 보니 순라군 한 조가 마주 오는 것이 아닌가 말이다.

'원 참, 재수 옴 붙었네, 이럴 땐 어쩐다지? 튀어 볼까? 아니야, 뛰어봤자 벼룩이고, 참! 옷이나 입었으면 통빨래 노릇이라도 한 번 더 써먹으련만(27쪽 참조) 쩝쩝, 알몸이니 어쩐다? 애라 떠거랄 꺼(떡을 할 것), 나도 모르겠다' 생각하고는 꽁꽁 언 길바닥에 착 널브러졌다. 가까이 다가온 털벙거지가,

"어? 이게 뭐야? 아까 까진 아무 것도 없었는데? 그것 참?"
"어디? 어억! 이건 송장이잖나? 그것도 발간 알송장 아니야! 이 추위에 알몸으로 얼어 죽다니? 불쌍해라. 아항!! 어쩜 깍쟁이가 깝대기만 금세 벗겨 갔나보다. 저런 수가 있나!"
"뭐? 알송장? 참말로 식었나 잘 좀 살펴봐라!"
"가만 가만, 어디 보자, 음, 방금 죽었나봐. 아직 미지근한데?"
"미지근해? 정말? 그렇담 그 붕알(불알)을 까라! 금세 죽은 거라면 크게 약될 물건이다."

"약? 약이라니? 어떤 병에 약할 건데?"
"원 지끼미(제기랄), 말도 많다. 얌마, 식기 전에 얼른 까라니까, 그러네, 참! 산증(疝症 : 고환에 탈이 생겨 요통이 심하며, 불알이 붓고 오줌이 잘 내리지 않는 병)이라고 하는 병에 긴히 쓸 데가 있다니까."
한 손엔 주머니칼을 들고 탱자처럼 오그라든 정만서의 '감자 주머니'를 덥석 쥐는 찰나에, 두 녀석이 공중걸이(공중제비)로 나가떨어졌으니, 그건 바로 정만서의 '번개딴죽'에 걸린 탓이었다.
"요놈의 자식들! 드디어 잡았다."
언 땅바닥에 나자빠진 벙거지들은, 이것이 무슨 날벼락인가 하는데, '알송장'이던 정 공은 허리에다 양손을 거만하게 걸친 채, 사설을 풀어 가로되,
"우리 성님이, 모진 병을 고치려고 말오줌에만 핀다는 '진귀한 버섯'을 구하러 그분이 여기 약전골목을 헤매다가 어찌 그만 밤이 늦어지는 바람에, 어떤 산증(疝症) 걸린 작자에게 불행스럽게도 '씨'를 발려 횡사했는지라, 내가 시방 그, 우리 성님의 원수 놈을 잡을 심산으로 누워 있던 중이다, 요놈! 그런데 내 '연장'에다 손을 댄 네놈들이 우리 성님 것도 깠지? 글치? 안 그래? 에라이 육시랄 살인죄인(殺人罪人)놈들아!"
'아니 지금, 뭐라나? 살인죄?' 싶자 저도 모르게,
"아이구야, 이젠 곱다시 죽은 목숨이네!"
소리가 두 놈의 입에서 동시에 튀어나왔다. 말인즉슨, 정 공의 논리가 정연하고, 더구나 '씨를 바르려다' 현행범으로 걸렸으니 거세

형은 맡아 놓은 당상이 아닌가 말이다. 마른하늘에서 떨어진 날벼락에 맑은 정신이 떠버린 벙거지들은 저도 모르게 제 삵을 움켜쥐고서,
"할배요! 아이고 제발 사정님아! 할배요! 우야먼(어쩌면) 좋을까요, 예? 살콰만 주이소. 제발 씨는 바르지 말고 목숨만 살리 주이소!"
괜스레, 주모를 넘보다가 깝대기가 벗겨진 바람에 동사할 뻔한 정만서는 객고를 풀지 못한 대신 비단옷 일습에다가 용채(용돈)까지 듬뿍 생겼으니 이것이 바로 전화위복이라…….
흐으흥, 이것이 바로 살맛난다 이거 아닙니까…….

◉ 도움말 : 朴龍淳

직격탄에 유구무언

'신소리' 즉 흰소리로만 일관해 온 정만서의 기행은 형이하학적인데다, 어쩌면 가소로울 만큼 잔인하기까지 했고, 그의 행동에는 염치와 체면이란 것이 아예 없어 왔다. 따라서 상식과 순리(順理)는 정 공과 무관했지만, 남에게 올가미를 씌울 때는 자기 나름의 논리성이 정연했으니, 그는 광인(狂人)이라 치부해야 마땅할 조선시대의 괴짜였다.

그런데, 정 공의 묘비명(墓碑銘) 한 구절을 보면, 조선조 연산조 때 호를 청송문(靑松文)이라고 했던 자기의 12대조가, '거짓으로 미친 척하며, 세상을 매우 오만하게 살았다'고 분명히 새겨 놓은 것으로 미루어볼 때(330쪽 참조), 정 공의 핏줄 속에는 어쩜 미친 척하는 유전자가 남아 있었던가 보다.

우리의 주인공인 정만서가 타고난 능변과 임기응변으로 기지를 발휘하여, 허기진 '술배'를 채우고, 나아가 험한 세상의 몸에 감기는 사회적 구박과 멸시에도 초연할 수 있었던 것은, 바로 정 공이 세상을 거꾸로 보는 도립사상(倒立思想)에 바탕을 둔 체념의 앙금이 그를 뒷받침해 주었기 때문이리라.

제 아무리 입심이 좋아, 남의 말을 걸고넘어지는 이력에 남다른 일면을 지녔을지언정, 어찌 연속 안타만 쳤을까 보냐? 남을 감으려다가 오히려 되감긴 채 삼진(三振)을 당한 때가 몇 번쯤 없었을라고?

초가 울타리를 타고 기어오르는 호박잎이 찌는 듯한 햇살에 지쳐 축 늘어지는 여름날, 한낮[午天]의 열기가 다소 수그러질 때면, 아직 해가 많이 남아 있음에도 불구하고 밤의 꽃인 하얀 박꽃이 지붕 위에 피기 시작한다.

그 무렵에 정 공이 어떤 마을의 골목길로 들어서서, 일찌감치부터 그날 밤을 과객질로 묵어 갈 만한 집을 눈짐작으로 훑고 있었다.

보통 가정집에는 대개, 허드렛물이 울타리 바깥쪽으로 흘러 나가게 만든 수챗구멍이 있게 마련인데, 이 이바구(얘기)는 바로 그 우물 곁의 수챗구멍 부근에서 생긴 일이다.

시계란 건 아직, 겨우 이름만 들어 봤을 정도이던 개화기 때의 아낙들은, 일찍은 해거름 나절쯤 돼서 초가지붕마다 박꽃이 하얗게 피어나는 시간을 가늠하여, 우물가로 나와 저녁 지을 준비를 했다. 본디 보리밥이란 단번에 지어서는 퍼지질 않아 먹을 수가 없으니, 한 번 삶은 보리쌀을 다시 솥에 안쳐서는 또 삶아야, 즉 곱삶아 내어야 푹 퍼지는 것이어서, 이른바 '보리쌀 곱삶아 먹는다'는 말은 다름 아닌 꽁보리밥으로 끼니를 잇는다는 뜻이다.

그날 박꽃이 피는 시각에 맞춰, 한 아낙이 굵고 시커먼 보리쌀을

 큰 옹기 소래기에다 듬뿍 퍼 담아 가지고는, 돌을 고를 이남박도 챙겨 우물가에서, 팔을 둥둥 걷어붙인 채 힘껏 치대어 가며 씻고 있었다.
 허연 뜨물이 옹기 소래기에 그득해지자 그 아낙은 더위를 식히는 기분으로 그걸 수챗구멍 쪽으로 세차게 끼얹듯 버리기를 거듭했다. 몇 번을 그렇게 반복하던 참인데 '거북한 정승 계란에 뼈 생긴다'는 격으로, 공교롭게도 단벌옷인 정만서가 마침 그 앞을 지나는 순간에 끼얹고 보니, 결과적으로는 정 공에게 뜨물 세례를 퍼부은 셈이 되고 말았다.
 그러잖아도 '겨울 염소'처럼 무슨 일에나 한 마디씩 신소리를 던지지 않고는 못 견디는 성미의 정 공이, 저만치서 다가오며 뜨물로 질퍽한 수채를 바라보며 뭔가 혼잣소리라도 던지려고 딸막거리던 순간인데, 일이 그만 그렇게 벌어지고 보니 아이 이걸 어쩌나? 그때 퍼뜩 정 공의 머릿속을 스친 것은, '본 바 없이 함부로 행인에게 뜨물을 끼얹는 품새의 주인공은 분명 철없이 앳된 처녀 아일 성싶었다.' 그래서 '주는 대로 먹고 나오는 대로 지껄이던' 평소의 입심으로,
"하이고 차가워라. 이런 니끼미 떠거럴 거(네미 떡을 할), 어찌 된 셈이냐? 아이고 척척해라."
하며 좀 험하게 나왔다. 그때 울타리 안에서는, 한편으론 민망하고 한편으로 무참해진 아낙이 찔끔해졌는데, 듣자 하니 '오뉴월 물도 남이 치면 차다' 했으니, 앞의 말이야 그럴 수도 있지만, 뒷구절이 영 귀에 거슬리게 나오자, 그만 기가 차고 말문이 막혀 사과의 말도 못한 채 잠시 머뭇거리게 됐다.

이에 반해, 길손에게 뜨물 세례를 안겼으면, 그것이 누구이거나 간에 무슨 사과의 말이 있음 직하건만, 아무 말도 없자 정 공은 나름대로, 상대가 숫처녀라서 부끄러워 그러려니 단정하게 됐으므로, 이번에는 보다 걸쭉한 곡사포(曲射砲)를 한 방 울타리 안으로 날려 보냈다.
"핫따(아따). 참, 그년, 한창은 한창인가보다. 어허, 참, 물을 싸도 참으로 억시기(대단히) 많이도 싸는구나."
하는 것이었다. 반면,
'어라? 갓 쓴 양반이 욕을 하잖나? 그렇다면, 땍찌놈(예끼 이놈), 맛 좀 볼테?'라고 생각한 아낙이 '제자리곰배치기(현장에서 되받아치기)' 식의 직격탄(直擊彈)을 울타리 너머로 쏘아붙여 가로되,
"하기야, 한창 때 물이 참 좋기야 좋은가 보다. 뜨물에 아이 생긴다더니, 참 뜨물이 나가기 바쁘게 아이 우는 소리가 나는 거로 보니까."

"……."
입이 있은들 무엇이라 말하리요. 유구무언(有口無言)이란 이런 때를 두고 하는 말일까?

🌑 도움말 : 徐시노, 朴五仲

네가 봤나, 봤냐고!

우리 옛말에 '시장이 반찬'이란 말과 함께 '이 새 저 새 중에서도 제일 큰새는 먹새'란 속담이 있는 것과 유사하게 서양의 소크라테스는 '음식에 가장 좋은 양념은 공복이고, 마실 것에 가장 좋은 향료는 갈증이다'고 했다. 이로 미루어 볼 때, 동양과 서양의 표현이 좀 다를 뿐, 그 내용상 '배고픔'이 차지하는 비중은 상당히 닮은 데가 있음을 본다.

그러나 실험을 통하여 밝혀진 바에 의하면, 동물에게 가장 강한 충동적 욕구는 모성애이고, 다음이 목마름이며, 그 다음에가 배고픔, 그리고 제일 처지는 것이 성욕이라 한다. 동물만 이 지경인 것이 아니라, 사람의 기본적 욕구 단계에도 별차가 없다.

사람을 모독하고 모욕하는 '욕말'은 전 세계적으로 ① 신성(神聖) 욕말 ② 동물 욕말 ③ 기관(器官) 욕말 ④ 섹스 욕말로 대별된다. 이 가운데 악질적으로 비열한 욕말은 섹스 욕말이다. 근친상간을 암시하는 "니 어미……." 하는 욕이 그 전형적인 것인데 이 욕말은 세계적으로 분포돼 있다. 이를테면, 중국말에 "첸 니 데 마(너의 어미와……)." 하는 욕말과, 스페인어의 "투 마들(너의 어머니……)."과 영어의 "유어 마더……."가 다 그것들이다.

남성인 정만서에겐 모성애 대신 부성애라도 있었으련만, 정 공은 그런 걸 팽개친 지가 이미 오래니까 남은 것은 목마름일 테지만, 냉수에 탄 지렁(간장) 가지곤 해결할 수 없는 목마름이 있으니 그건 바로 '술마름'이었다. 즉 그에게는 배고픔에 우선하는 것이 '술배' 고픔이었다. 주머니도 쌈지도 텅텅 비었으나 술이 고픈데 어쩨? 주막에 들러 우선 막걸리 한 양푼부터 마셔 놓고 보는 것이 정 공의 수순이었다. 마시긴 했으나 돈이 없었다! 그냥 튀었다간 무전취식으로 잡혀갈 판이니까 무슨 얼렁뚱땅을 해야 할 터인데? 흠? 묘안이 없나? 뚜릿뚜릿(뚜렷뚜렷) 살피자니, 여남은 살쯤 돼 보이는 주막집 딸아이가 두엄 밭에서 오줌을 누고 있는 것이 눈에 띄었다.

"저 아아(아이)가 쪼그리고 앉아 오줌 누는 꼬라지가 꼭 너거(너희) 엄마 니노지(여성의 성기) 꼴과 영판 닮았구나!"

라며 차마 입에 담지 못할 욕말을 함부로 뱉었으니 정지(부엌)에서 술을 거르다가 이 소릴 들은 주모가 어찌 못 들은 척했으리요. 담박(단박) 부지깽이를 들고 쫓아 나왔지.

"뭐가 어쩨? 이 시러베아들 놈아, 네가 봤나, 봤어? 응?"

이러고 막 쫓아내는데 도망을 안 가고 배겨? 누구든지 쫓으면 도망가는 것이 당연지사지. 비실비실 쫓기는 척 줄행랑을 놓았으니 그 날 술은 공술인 셈이지 뭐!

이튿날 또 다른 술집에 가서 비슷한 수법을 재탕할 심산의 정 공이, 주인집 계집아이에게,

"니는 몇 살 묵었노(넌 몇 살 먹었니)? 참말로 이뿌구나! 니가 이치리(이처럼) 이뿔 때는 너거 엄마 니노지(거기)사 얼마나 이뿌겠노!"

라고 욕을 하니까 또 부지깽이 뜸질이 시작되려는 바, 주모의 화를 바짝 돋우어 놓고서 주모가 따라오면 짐짓 쫓기는 척 냅다 삼십육계를 놓을 참이었는데, 뛰는 놈 위에 나는 놈 있다고, 천연덕스런 주모는 한술 더 떠서 일러 가로되,

"이놈아, 처마신 술값이나 내고 가거라." 하는 것이 아닌가.

그러자 정 공이 널름 받기를,

"여보소, 내 딴에 술값에 비길 만큼 깜냥(스스로 일을 헤아림. 또는 헤아릴 수 있는 능력) 껏은 했잖았소."라는 말로 그날 목축임을 때웠단다.

● 도움말 : 李慶五

해를 삼킨 버버리

 때는 세도정치로 나라가 무척이나 어지럽고 민생마저 도탄에 빠져 있던 조선조 말엽이었다. 젊은 시절에 방랑을 일삼았던 홍경래(洪景來)는 서북인에 대한 푸대접을 겉으로 내세웠달 뿐, 속으로는 부패한 조정의 혁파를 꾀하고 있었던 까닭에, 그 젊은 홍경래의 방랑에는 거사(擧事)의 꿈을 실현시키기 위한 동지 규합의 목적의식이 뚜렷했던 반면에, 뒷날에 있은 우리 정만서란 골계 처사의 방랑에는, 엉덩이에 뿔난 한량들과 더불어 기방 출입 쪽으로만 기울어 가는 어긋남이 있었다.
 1884년 음력 시월. 일본의 신식 문물과 제도를 둘러본 김옥균(金玉均), 박영효(朴永孝) 같은 개화당 간부들은 왕조의 내정을 혁파하기 위해, 사대당의 중심인물인 민 씨네 일파를 처단하고, 일본의 힘을 빌려 새 정권을 세우려고 갑신정변(甲申政變)을 일으켰다.
 결국은 삼일천하로 갑신정변이 끝나는 바람에, 주모자인 김옥균은 일본으로 도망치고 말았으니, 그로 말미암아 개화당을 일소한 민 씨네 일파는 더더욱 보수적으로 흐르게 되었고, 이로써 오히려 조선에서의 청나라 세력이 날로 강해지게 된 탓으로, 조선에 대한 청·일 양국의 쟁탈전은 격화일로를 걷게끔 되었다.

언제나 세태가 어지러워지면 어지러워질수록 술집은 나름대로 흥청거리게 마련이라, 기방에선 기방대로 묘한 퇴폐적 풍속이 번져가고 있었으니……. 돈 많은 한량에게 꽃다운 순정을 바친 기녀는, 제 나름대로 애정 불변을 맹세한답시고, 분신에 버금갈달 수 있는 짓거리로, 제 허벅지살(허벅살)을 촛불로 태우는가 하면, 어떤 기생은, 단물만 다 빨아 먹힌 다음에도 정만은 두고 떠난다는 얼빠진 사내로 하여금 생이빨을 뽑게 해서는, 경대 서랍 속에 그것들을 소복이 모아 두는 별난 수집벽의 취미를 길렀음은 물론, 어떤 노기는 사내들의 이름이 적힌 이빨 봉지를 꺼내 보며, 좋았던 젊은 날을 회상하며 시 한 수를 짓는 등 가관이 별꼴이었다.

중키에 살짝곰보인 풍신에다가, 코맹맹이 소리까지 내는 정 공에게 눈 가는 구석이라곤 도통 없을 것 같아도, 옹골찬 해학으로써 간덩이가 부었다는 소문의 정만서고 보매, 기생 월향(月香)이는 초면에서부터 그의 큰 배포에 은근한 정을 품게 됐고, 정 공 또한 거문고 솜씨에 더하여 난초 치기에 대원군의 버금가는 실력파라는 월향이를 맘속에 점찍어 둔 처지였으나, 아직까지 겉으로는 남들 보기가 민망해서 그런지 서로가 '소 닭 보듯' 하는 참이었다. '시절이 하 수상쩍다' 보니, 정변은 정변이고 기방은 기방이었을 밖에…….

"에라, 망할 놈의 세상, 술이나 실카장(실컷) 퍼마시고 보자."라며 자포자기로 벌인 술자리가 질펀하게 판이 무르익는 바람에, 결국은, "인경(조선 시대에, 통행금지를 알리기 위하여 밤마다 치던 종) 소리야 치든 말든, 사대문이야 닫히든 열리든, 내가 알 게 뭐냐? 부어라, 마시어라! 여기 술 더 가져오너라!"

로 끊임없이 이어지며, '궁더덩, 궁덩'하는 장구 소리에 짐짓 곤드레가 된 성싶은 정 공은 뒷벽에 기댄 채 처음엔 헛코를 골다 말고 깜박 꿈길을 헤매게 되었다. 한편 개개풀어진 한량들의 잡가와 어깨춤에 맞춰 건성으로 장구채를 둥당거리던 월향이는 비스듬해진 정 공에게 맘이 씌어 계속 곁눈질을 보내는 중이었다.

말술씩이나 좋이 비워 가던 술꾼들이 파루 때를 전후해서 하나 둘 곯아떨어질 무렵 하여, 흠칫 진저리를 치며 선하품을 씹던 정 공이 눈을 뜨고 두리번거리는 품이 아마도 자리끼를 찾는 눈치였다.

지금껏 혀 꼬부라진 작자들의 비위 맞추기에 골몰해 온 월향이는, 내심 이것이 기회다 싶어, 시원한 꿀물 한 대접을 타다가 정 공의 턱 밑에다 얼른 대령하였다.

보통내기들 같으면 그 기녀가 누군지 싶어서라도, 한 번쯤 은근한 눈길을 준 다음 벌컥벌컥 들이마실 법하건만, 어쩐 영문인지 정 공은 꿀물 대접을 밀쳐 내며 군입만 쩝쩝 다시는지라, 월향이는 매우 섭섭한 마음이 되고 말았다.

'왜 이러나?' 싶어 지켜보자니까, 정 공이 갑자기 갓끈을 고쳐 매더니만, 아예 월향이쯤은 안중에도 없다는 양, 금세 떠날 채비만 서두르는 것이 아닌가? 우선 야속스럽고 무시 당한 고까움에, 한편 놀

라고 한편 안타까워진 월향이가 영문이 뭔지나 알고 넘어갈 심산으로, 그를 곁방으로 인도하며,

'왜 그래요옹?' 이라는 듯 고운 눈을 흘기니까, 눈을 홉뜬 정 공은 무조건 빼칠 궁리에만 바쁜 몸짓이었다.

"이상하다아? 갑자기 왜 이러시나이까앙? 선비니임! 예?"
하며 다그쳐 보았지만 정 공은 묵묵부답인데, 눈에서는 이상한 광채를 발하며, 언제 술에 취했더냐는 듯 사지에서 놀라운 힘이 솟는데, 앞니까지 악다무는 조짐이 도무지 심상치 않았다.

'아니, 이 양반이, 자다가 어찌 버버리(벙어리)가 됐남?' 영문을 모르는 기생 월향이가 정 공을 세차게 꼬집어 봐도, 아프단 소리 없이 손만 휘휘 내두른다. 사람은 꼬집으면 꼬집힌 반응을 나타내는 것이 당연한데, 당연한 것이 당연치 않으니 문제가 생긴 거다. 제김(제물)에 화가 치민 월향이가,

"어쩌다가 갑자기 벙어리가 됐어예?"
라며 악착스레 따지고 들자. 정 공은 이젠 사뭇 진짜 벙어리가 된 것처럼, 아예 손짓 발짓으로 나오는 것이었다.

앞니를 옥다문 정 공이 손으로 산을 그리더니, 팔로써 원을 만들어 떠올렸다가 문득 입 속으로 그걸 우물딱(꿀꺽) 삼키더니만, 품속의 아기를 토닥이는 시늉의 팬터마임을 하곤, 가슴을 치다가 양손으로 지붕 모양을 짓는가 싶더니 냅다 문고리를 잡고서 뛰쳐나갈 자세를 취하는 것이었다.

이 무슨 해괴한 짓이람? 그나저나, 까다로운 술꾼들의 시중으로

커 나온 월향이가 그래, 그 정도의 수화(手話)쯤 해석하지 못 할쏘냐!
 "오오라! 인제 알았습니다. 동녘에 돋는 해가 선비님 입 속으로 한 달음에 들어가는 꿈을 꾸시고, 어서 댁으로 뛰어가셔서 나라의 기둥이 될 큰 인물을 낳기 위해, 마나님의 밭에다 튼실한 씨앗을 심겠다. 이거지예? 내 말 맞지예?"
 그제야 벙어리 짓만 벌이던 정 공이 눈을 치뜨며 잔뜩 놀랐다는 듯, 어쩜 그렇다는 듯, 고개를 알게 모르게 주억거리는 몸짓이었다. '그렇담 좋다! 이 판에 어디 내가 가시도록 내버려두나 봐라' 생각하며, '나라야 뒤집히든 말든 기녀들 치마 밑이나 더듬으며 객소리만 풀어 대는 벼슬아치를 비롯한 술꾼들 노리게 노릇일랑 이제 그만 청산하고, 차라리 그동안 벌어 놓은 살림 그득하겠다, 저런 골계 처사(骨稽處士)에게 등이나 긁어 달래다가 혹시 도골선풍(목골선풍)의

귀공자라도 하나 얻게 되면 오죽이나 좋을꼬!' 싶어지자 댓바람에 오기가 끓어오른 월향이가, 코끝에다 말을 걸어,

"저어, 선비니임! 엄청난 태몽을 꾸셨기에 입을 열었다간 그 정기가 빠져 나갈까 봐 갑자기 벙어리 흉내를 내시는 것이지예?"

그렇다고 수긍이라도 하는 듯 정 공이 눈웃음을 지으면서도, 잽싸게 또다시 달려 나갈 자세로 문고리를 더듬자, 월향이로서는 튀는 건 잡아야 된다는 동물적 본능이 발로하여, 두 팔을 벌린 아이들이 제 동무에게 "못 가!" 할 때처럼 정 공을 가로막고 나서며,

"밭이 어디 본댁 마나님 것뿐이던가예? 일광보살님이 점지해 주신 씨앗이라면, 멀잖게도 심을 만한 기름진 밭이 있음 직한데예! 신새벽(첫새벽)에 꼭 멀리까지 가실 것 있습니까!"

길몽(吉夢)의 효험을 혹시나 놓칠까 두려워한 나머지, 제 방귀에 옴팍 속은 월향이가 깔아 놓은 보료 쪽으로 정 공의 도포 자락을 낚아채는 바람에, 못 이긴 듯 쓰러지는 정만서의 입 꼬리가 바지게(발채)만큼 벌어졌음은 물론, 그러는 서슬에 가물거리던 등잔이 꺼지고 말았으니······.

어흠, 흠. 흠!

제 꿍꿍이속을 조금도 들키지 않은 채 제김에 안달이 난 월향이를 품에 안고, 향긋한 머릿내를 맡게 되었으니 이 아니 좋을시고.

도움말 : 金鶴鳳

"하이고, 이만하면 넉넉히 피우고도 남겠는데,
그러나, 나는 젖은 담배도 떨어진 지 오래 되는 사람이오.
노형, 그 담뱃대와 부시도 좀 빌립시다!"

제6마당
젖은 엽초로 팔도 유람

젖은 엽초로 팔도 유람

 한때, 냄새는 차치하고, 먼빛으로 보이는 연기의 색깔만 보고도, 저것이 양담배 연기인지 아닌지를 가려내는 기막힌 감식안을 갖춘 공무원이 있었다.
 그러던 나라에서, 지금은 그런 전문가가 없어졌음은 물론, 아무 가게에서나 양담배를 버젓이 파는 꼴을 보니, 세상 참 많이 변했다는 생각이 든다. 끈질긴 겨레의 양담배 불매운동이 무력해진 이면에는, '경제협력'이 어쩌고 '통상'이 어떻고 하는 미명하에 제 나라에선 안 피우기 운동을 전개하면서, 우리만 유독 겯아(가루어 : 맞서서 견주다) 보려는 미국의 상혼이 얄팍해 보인다.
 담배란 물건의 속성이 얼마나 요사스럽기에 이토록 가관스러울까?
 봄에 씨를 뿌려 여름에 옮겨 심고, 가을에 잎을 따서 불을 붙여 연기를 빠는 이 기호식물은, 남미의 페루가 원산지란다. 몇 백 년 전(17세기 초)에 동래와 울산을 거쳐 들어온 탓인지 '남초(南草)'라고도 하며, 그 씨가 눈곱보다 더 작은 터라 '모내기노래' 속에 참으로 관능적으로 숨어 있다.

    모시 적삼 안섶 안에,
    분통 같은 저 젖 보소
    많이 보면 병이 되니,
    담배씨 만침만 보고 가소.

한편 일본이 처음에 우리나라를 벌레처럼 살살 갉아먹는 짓거리로는 한이 덜 차자, 아예 대구와 평양에서 당오전(當五錢)짜리 위폐를 마구 부어 내어 1880년대의 우리나라를 가짜 사전(私錢)으로 온통 휩쓸게 했다.

여기서 우리가 양담배를 퍼지르는 미국의 속셈을, 사전(私錢) 찍는 일본의 짓거리와 마주 견줄 수야 없겠지만, 자국의 이익만 챙기려는

심보는, '그 밥에 그 나물(꼭 같다)'이라 할 수 있을 것이다.

그런 사전이 아무리 지천인들, 찰가난을 낙으로 삼는 정만서의 쌈지까지 돌아올 리가 없었으니까, 그는 '가래도 요기(療飢)요, 일 전도 재물'이란 인고의 세월을 살아야만 했다. 아무리 '돈 떨어져 신발 떨어져, 밤거리를 헤매는 신세'라 하더라도 그래 엽초마저 굶을 수야 있을쏘냐?

담배란 워낙이 '심심초'요, '대접'이었던 고로 세상이 암만 각박해도 담배 인심처럼 후한 것이 없는 법이 아닌가? 그래서 생긴 말이,
'담뱃대가 있으면 한 대 얻어 피울 텐데 부시가 있어야지!'
라는 우스개다. 이 말의 속뜻은, 담배나 담뱃대는 물론 부시까지 아무 것도 가진 것이 없다는, 즉 '입만 까진 날도둑놈'이란 욕말이다.

정 공이 고픈 배를 채워 보겠다는 욕심 때문에 자존심을 굽혀 가며 '혀 곱은 소리'야 못할망정, 엽초 한 대쯤 얻어 피우는 건, 넉살의 문제였지 자존심의 문제는 아니었다. 그는 어쩌다 엽초 한 잎이 생길라치면, 그걸 쌈지의 지킴이(한 집이나 마을, 공동 구역을 지켜 주는 신)로 삼고는 천금 같이 아끼는 것이었다. 반면, 담뱃대의 길이가 신분의 표상이던 개화기 때니 만치 정 공의 휴대품 속에 긴 담뱃대만은 필수품이 아닐 수 없었다.

길손들이 고갯마루 같은 쉼터에 이르면, 누구나 다리쉼을 할 때 담배 한 대를 피워 무는 데 예외가 없었다.

하지만, 쉴 참 거리 못 미친 곳에서 일삼아 '지킴이' 담뱃잎을 물에다 적셔 놓은 정 공은, 길동무에게 넌지시,

"여보게, 자네 그 마른 담배 있거든 한 대만 빌리세. 내 건 도무지 이게 너무 젖었단 말씀이야."

아무리 없이 살아도, 결코 남들에게서 업신여김을 받기 싫은 정 공은 꼭, '얻는 게 아니라' '빌리자는 것'이었다. 담배가 없는 것이 아니라, 있기는 한데 좀 젖었다나? 그러하니 길손끼리 서로 나누어 피워야지, 별 수 있남? 이런 상식의 허를 찌르는 것이 정만서의 술수였다.

궐련이 없던 그때니 만큼, 아무리 조막손인 사람일지라도, 세 손가락으로 집어 주던 것이 담배 인심이었으니, '한 대'만 얻으면 '두 대'는 넉넉했던 것이었다. 따라서 정 공은 늘상(늘) '젖은 담배의 술수'로 팔도의 담배란 담배를 두루 얻어 피우며 조선 천지를 유람하고 다녔다.

그러던 어느 하루, 영천장 길의 모퉁이 뜸에 있는 쉼터에서 정만서가 젖은 잎담배를 말린답시고, 그걸 상투 끝에 매달고서, 빈 담뱃대를 만지작거리며, 봉(鳳)이 하나 걸려들기를 기다리고 있었다.

각지에서 민란이 일고, 일본 놈들이 찍어 낸 사전이 넘쳐남으로써, 시절이 하 수상하던 때라, 정 공 같은 익살꾼이 각 고을마다에서 속출했는데, 그날은 마침, 청송 땅에서 내로라하던 백운학(白雲鶴)과 외나무다리에서 맞닥뜨리게 되었다. '힘 센 놈끼리 마주치면, 기운 동달음(겨루기)'을 하는 것이 필연이 듯이, 골계 처사끼리, 시쳇말로 '코미디언 또는 개그맨'끼리 만났으니 한 판 결판지게 붙을 모양이나, 정 공은 상대가 백운학인 줄을 몰랐으니, 그냥 지나가는 봉이거니 여긴 바람에 해묵은 수작을 백운학에게 걸고 말았던 것이다.

"노형, 그 마른 담배가 있거든 한 대만 빌립시더. 내 건 도무지 젖어 놓아서 시방 말리는 중이기에 원 참……."

하며, 상투 끝을 보라는 투로 체머리를 흔들어 보였다.

"어디? 가만! 가만! 얼마나 젖었기에 못 피우는 담배가 다 있어?"

하기 바쁘게 답삭 정 공의 젖은 엽초를 낚아챈 백운학은 너털웃음을 묘하게 참으며,

"하이고, 이만하면 넉넉히 피우고도 남겠는데 그러나, 나는 젖은 담배도 떨어진 지 오래 되는 사람이오. 노형, 그 담뱃대와 부시도 좀 빌립시다!"

"애앵? 허허……, 흠흠……, 쩝쩝……."

이것이 바로 '입만 가진' 알건달인 백운학에게 정만서가 오달지게 케이오 펀치로 얻어터진 실화다.

그러게, 뛰는 놈 위에 나는 놈 있다고 했지!

도움말 : 김학봉

어긋난 말잔치

경주를 중심으로 반경 이삼십 리 안에 동쪽엔 동방(東方), 서쪽엔 서면(西面), 남쪽엔 내남(內南), 북쪽엔 천북(川北)과 사방(士方) 등, 방위 지명이 둘러 있다. 19세기 후반은 쇄국과 개항의 소용돌이가 개화로 치달아 세상이 온통 어긋나던 때라, 어긋지기(어긋나기)로만 살아가는 것이 정만서의 인생이었는데, 하필 누군가가 그런 정 공에게,

'사방 가는 길'을 물었겠다.
"저, 미안스럽지만 길 좀 물읍시다. 사방(土方)으로 가려면 어디로 가면 되는가요?"
"사방(土方)? 사방(四方)이라……? 그거야 여보소, 이리로 가도 되고, 저리로 가도 되니까, 이쪽으로 가든지 저쪽으로 가든지 당신 맘대로 가소, 왜?"
"뭐라고요?"
그 길손이 하필, 정 공한데 길을 물은 것이 잘못이지, 뭐! 사방(土方)과 사방(四方)은 소리가 같은 말인 것을……. 이런 정 공이 영해(寧海)에서는 제법 신소리 깨나 읊는다는 방학중(方學重)이란 괴짜의 얘기를 전해 듣게 되었으니 내용인즉 이러하였다.

말을 타고 가던 어떤 양반 나부랭이가 목젖이 타들어 오는 걸 한참이나 참고 가던 차에, 마침 주막에 꽂힌 주기(酒旗)를 보자 입이 헤벌어졌다. 그때 마침 한 상민이 길에서 어물거리는지라 대뜸,
"여봐라, 네, 이놈! 너 저기 가서 술 한 양푼만 받아 오렸다!"
하고 엽전 몇 닢을 던져 주며 거드름을 피우는 것이 아닌가? 조선조 말엽인 그 시절엔 신분제도상 상민은 양반의 밥이었던 까닭에, 그 상민은 속으로야 고깝지만 양반의 명령인데 겉으로야 어쩌랴? 싫더라도 할 수 없이 막걸리를 받아다 주어야지! 되가웃은 넉넉히 들어갈 큰 양푼에다 철철 넘치게 막걸리를 받아 들고 오던 그 상민은, 일부러 양푼에서 무엇인가를 건져 낼 듯 말 듯 머뭇거리니까, 침을 삼키

며 기다리던 말 탄 양반짜리가,

"네, 이놈, 냉큼 가져오지 못하고 거기서 뭘 꾸물거리고 있단 말이냐?"

고 대성(大聲) 일갈(一喝)이었다. 그때 그 상민이 말하기를,

"예, 나으리! 머리를 긁다가, 그만 이(虱)가 한 마리 술 양푼에 빠졌는데, 그걸 건지려니까 잘 안 건져지기에……."

"야, 이놈! 더럽게 뭐가 어쩌구 어째? 에, 퉤! 그 술 네놈이나 처마셔라……. 앵이 재수 없어."

그러자 그 상민은 속으로 기다렸다는 듯,

'그럼 그렇지, 이것이 웬 떡이냐……. 이가 빠지긴 무슨 이가 빠져? 해본 소릴 뿐이지!' 하며 막걸리 양푼을 자기가 벌컥벌컥 들이켜는 것이었다.

이 상민이 누군고 하니, 바로 지금의 경북 영덕군 강구면 하저리 출신인 방학중(方學重)이라는 사람이다. 이곳이 지금은 영덕군에 속하지만 조선 말엽에는 영해(寧海) 부사가 다스리던 고을이었으니 그는 영덕이 아니라 영해 사람이다.

정만서가 이런 방학중이의 얘기를 전해 듣자, 그만 골계 처사끼리 한번 겨뤄보고(가루어 보고) 싶어져서 영해로 찾아가게 되었다.

방 공(方公)이 강 건너에 산다는 소릴 들은 터라, 강기슭에서 신발을 벗고 월천을 하려니 번거로워서 머뭇거리는 판인데, 마침 강을 건너온 사람이 발에 묻은 물기를 털며 짚신 신발을 고치고 있기에, 코

맹맹이 소리의 정 공이,

"저, 노형, 강물이 지푸덩기요(깊던가요)?"

하고 묻자, 저쪽의 대답은 첫마디에,

"모르겠소."로 나왔다.

"아니? 여보시오, 당신이 방금 건너왔는데 모르다니? 그것이 말이 나 되는 소리요?"

"하, 참, 아까 내가 건너온 물은 벌써 저어 아래로 떠내려간 지가 언젠데? 그러니, 참, 지금은 깊은 지 얕은 지 모를 수밖에 더 있겠소?"

말은 자못 퉁명스러우나 미상불 논리가 틀린 건 아닌 성싶다.

"하항, 그러면 그렇지! 당신이 바로……. 나는 경주에서 온 '에누리 없는 정가(正價 = 鄭哥) 올시더."

하고 살짝 곰보인 정만서가 먼저 곁말(같은 집단의 사람들끼리 사물을 바로 말하지 않고 다른 말로 빗대어 하는 말)을 써서 인사를 트니, 상대방 곰보인 방학중도 변말(은어)로써 받아넘기기를,

"나는, 본동(本洞)에 사는 문지방 안의 방가(房哥 = 方哥) 올시더."

하며 쌍방이 수인사(修人事)를 건네더란다.

방학중의 묘엔 묘비도 없으며, 위인이 '신소리꾼'인 주제고 보니 생졸 연대에 관한 기록이 있을 리 없으나, 그의 증손서(손녀 되는 사람의 사위) 되는 사람이 영덕 부근 강구(江口)에서 살고 있다 하니 그가 살았다면 올해 백 일흔 몇 살은 넘었을 성싶다.

두 괴짜가 아삼륙(서로 꼭 맞는 짝을 비유적으로 이르는 말)으로 만난

김이라 방학중이 먼저 정만서에게 한양에 갔던 자랑을 늘어놓아 가로되,

　영남 동해안에서 제법 손꼽는 해학 처사가 왔다는 소문을 듣고, 한양의 익살꾼이 제 딴엔 나를 깔아보시겠답시고 찾아와서 한다는 소리가,

　"여보, 여보! 내가 오늘 아침나절에 몹시 아끼고 아끼던 다듬잇돌을 일진광풍(一陣狂風)에 날려 보냈는데, 당신이 혹시 그것을 보지 못했소?"

하며 제 딴엔 엄청 허풍스럽게 나오기에,

　"응, 그거. 아까 내가 저기 흥인지문(興仁之門 : 東大門) 밖을 지내 오다 보니까 거미줄에 다듬잇돌이 하나 걸려 있더군, 그래!"

했더니만 찍 쨱 소리 없이 "냉큼 물러납디다." 하였다.

　정공이 듣고 보니 이만하면 깔을(가룰) 상대가 아니라 사귐 직하다고 치부하고, 속으로 생각하기를 서로 친해지는 길은 자랑을 앞세우기보다는 오히려 실수담을 솔직히 털어놓는 것이 훨씬 좋을 성싶어, 가로되,

　"오늘 내가, 방 공을 찾아오는 길에 있었던 일입니다만……. 한 번 들어 볼라요? 바람이 세찬 저쪽 모롱이의 소릿길(소로)에서, 어떤 중년부인이 급한 걸음으로 나를 앞질러 가기에, 기분이 상해서 뒤따라가면서 보니까, 옆이 터진 '자락치마'를 둘렀습디다. 그 '자락치마'가 바람에 펄럭거릴 때마다 단속곳(여자 속옷의 하나. 양 가랑이가 넓고 밑이 막혀 있으며 흔히 속바지 위에 덧입고 그 위에 치마를 입는다)이 드러나지

뭡니까? 그래, 좀 민망스러워 '쉬언스럽게'도 한 마디 던졌지요.

"여보시오, 그 앞에 가는 부인! 저, 문이, 열렸소이다. 그 뒷문이 말이요!"

했더니, 부인이 휙 뒤돌아보며, 치맛자락을 척 낚아채더니만 흰자위가 보이도록 눈을 치뜨며,

"아따, 참! 그, 뒷집 개가 안 짖었으면 도둑맞을 뻔했네! 흥!" 합디다.

"허허허……. 여보소, 정 공. 그래서 옛말에 '청광쟁이(마음이 썩 깨끗하여 청아한 맛이 있으면서도, 그 언행이 상규에 벗어나는 사람. 여기서는 남이 권하는 음식에 결코 손을 대지 않는 사람을 뜻함) 곯아 죽고, 쉬언쟁이(상대가 듣기 나름으로 무안하거나 거북살스러우리만치 하지 않아도 좋을 실없는 말을 꼭 해야만 직성이 풀리는 사람) 맞아 죽는다'지 않습디까?"

"누가 그렇게 세게 나올 줄 알았남?"

◉ 도움말 : 徐시노, 金鶴鳳, 李瓦柱

조선시대 무전여행법

 가짜 죽음을 둔 정만서의 해학이 '죽음이 초죽음'인 데 반해, 영해(寧海)의 잡보인 방학중(方學重)은 임종을 이렇게 맞고 있다.
 천하디천한 상놈으로서, 저자 거리로만 온통 떠돌아다니던 방학중이 불치의 병에 걸려 임종의 순간을 맞을 찰나에 가족들의 품안으로 간신히 돌아왔다.

기맥이 진한 방 공(方公)이 마지막 숨을 몰아쉬려 하자, 가족들이 그를 건넌방에서 안방으로 모실 참으로, 양쪽에서 마주 들고 옮기려 하니까, 찬바람이 혹 끼치는 통에 정신이 좀 드는 듯 했다. 눈을 멀뚱히 뜬 채 가래를 가랑거리던 방 공이,
"애들아, 우리 집에 무진 큰일(무슨 잔치) 치나? 가르르릉……."
안간힘인가 보다.
"왜요? 느닷없이 무슨 잔치라니요?"
"그러면, 왜, 지금 '가리 안고 나가니?' 가르르릉……."
"……?"
여기서 '가리 안고 나간다'는 말은 잔치 떡을 빚으려고 '떡가리(떡가루)를 안고 나간다'는 뜻도 있고, 사람을 '가로(橫)로 눕혀서 안고 나간다'는 뜻까지 겹으로 지닌 기막힌 영남 방언(方言)이다.
이승과 저승의 갈림길에서조차 이렇게 신소리를 펴지를 수 있다니……!

전설적 인물에 대한 얘기는 경주에 오면 정만서의 것이 되고, 그게 영해(寧海)에 가면 또 방학중의 것으로 둔갑하여 전해 오는데, 배포 큰 해학처사가 어찌 영남에만 머물쏘냐? 가끔씩 한양 나들이도 다녀오셔야지. 암 그렇고말고!
한양 길을 떠나자면 눈썹도 뺀다던데, 행장이라곤 달랑 '작두 걸쇠고리' 하나뿐이었다. '작두 걸쇠고리'란 것이 뭐냐 하면, 마소를 기르는 농가는 물론 마방(馬房 : 마구간을 갖춘 주막집)이 딸린 객주나

주막에서 여물을 써는 작두의 중요한 부품인 작두날과 작두바탕을 연결하는 고리를 말함이다.

  그는 주막에 들기 바쁘게, 그 집 작두 걸쇠고리부터 잽싸게 슬쩍 하고는, 시침을 떼고 있다가, 그 주인이 앞뒤 마당으로 왔다 갔다 하며 여물을 썰지 못해 매우 곤경에 처해 있을라치면,

  "무엇을 그리 찾고 있소이까, 주인장?"

하고 넌지시 말을 건넨다.

  "하, 네! 시방 말 바리에 줄 여물을 썰어야 할 참입니다마는, 작두 걸쇠고리가 없어져서 이거 큰 낭패로소이다 그려!"

  "그래요오? 그것 참, 큰일이네, 그러시다면 내가 집에서 쓰려고 새로 하나 벼리어 가던 참인데, 잠시만 빌려 드릴가요?"

  "불감청(不敢請 : 마음속으로는 간절하지만 감히 청하지 못함)이언정 고소원(固所願 : 본디부터 바라던 바)입지요, 네."

  그러마, 하고 빌려 준 뒤에, 떠날 때는 당장 '내어 놓으란다.'

  사실 그동안 요긴하게 썼는데 그걸 돌려 줬다간 여물을 썰 수 없어 또다시 낭패에 부딪치게 된 주막 주인이, 술상 그득히 차려 놓고서, '제발 팔고 가시라'고 사정이다. 술밥 공짜로 먹었으니 못이긴 체 떠나야지. 그리곤 다음 팔십 리 상거에 있는 객주에 들려서는 또 잽싸게 그걸 실례한 뒤, 먼젓번 주막의 것을 빌려주는 짓거리를 반복했던 것이다. 그러다가 보니 술밥은 물론 노자(路資)까지도 얻어 쓰면서 한양까지 다다랐으니 이것이 바로 조선시대의 무전여행 방법이었지 뭐!

한양에서 영남으로 도로 내려 올 때까지 이 짓을 계속했다간, 꼬리가 밟혀 특수 절도죄에다 가중처벌까지 받을 성싶자, 에라 내친 김에 금강산 구경을 마친 다음, 이번엔 충주·문경 길을 피해 강릉·삼척의 동해안 길로 돌아서 남하했느니,

'아이고, 무전여행 한 번 자알 했다. 서수남 하청일이 아니더라도, 아이고 다리, 허리, 어깨야아······.'

방학중에 관해서는 이런 엉뚱한 이박(얘기)도 전해 온다.

옷이란 날개일 수도 있는 반면, 속살이나 가려 줄 조각 천일 수도 있다. 개화기 때 영해(寧海)에서 '잡보'란 별명으로 통하던 방학중(方學重)이란 해학가는 여름에는 검정 겹두루마기를 걸치고, 겨울에는 삼베옷을 입고 다녔는데, 사람들이,

"왜 이런 옷만 시도 때도 없이 입고 다니느냐?"고 핀잔할라치면,

"모르는 소리! 여름에 겹옷을 입으면 더운 바람이 안 들어와서 시원하고, 겨울에 삼베옷을 입으면 찬바람이 머물지 않고 싹 지나가서 따뜻할 것은 정한 이치가 아니냐?"

고 반문하는 것이었다. 그래서 사람들은 그의 별명을 '잡보'라고 지어 주었다.

워낙 가난한데다가 성질마저 이런 방학중이고 보니, 조상의 제산들 온전히 모실 수 있었으리요. 푼돈이 생기면 술이나 받아 마시기 바쁜 형편이라 몇 해 동안 조상을 내리다지로 굶겼는지 알 수가 없었다. 그러던 차에 마침 어른의 제삿날이 닥쳐왔지만 손에 쥔 것이

있어야 제물을 사오지?

어지빠른 방학중이 두리번두리번 개울가 버드나무 숲을 살피자니까 나무 그늘에 매어 둔 어느 집 암소가 눈에 들어왔다. 그는 살찐 암소를 어른 산소 앞에 끌어다 놓더니만, 주머니칼로 싸릿대를 다듬어서 서너 자는 실히 됨직한 굵은 젓가락을 암소의 등에 걸쳐놓고서 한다는 말이,

"오늘이 아버님 제삿날이온데, 다른 것은 장만한 것이 없는 대신, 소를, 살찐 암소를 온 마리 통째로 진설(陳設)하오니 이번만은 싫도록 원대로 자시도록 하시고……." 라고 했더란다. 예로부터 제사는 정성이라 했으니 과연 방학중이 다운 기발함이 아니겠는가?

흥선대원군이 대권을 잡은 19세기 중엽은, 개화바람이 세차게 불어드는 참담한 시대였다. 모든 기존 질서는 하루아침에 무너져 어수선했고, 끼니를 놓친 상민들은 남녀노소가 이고 지고 간도로 입에 풀칠이라도 하겠답시고 살러 갔으나, 양반님네들은 가소롭게도 '양반상놈'만 끈질기게 따지는 세태였다. 또한 온당하게 사는 것이 온당치 못한 취급을 받던 시대 탓에, 배운 것 없고 무기력한 천민이던 방학중은 철저한 반항으로 일관했다.

그가 태어났을 때 어른들은, 남보다 많이 배워[學] 무게[重] 있는 사람이 되라는 바람을 섞어 그의 이름을 학중(學重)이라 지었겠건만, 가난한 천민의 집안에서 먹물[學問]이라곤 가까이 할 수 없었던 그는 낫 놓고 기역자도 모르는 까막눈인 탓에 평생을 유생(儒生)과 부자를

증오하며 살았다.

 방학중은, 자기 어른이 세상을 떠나자 뒷산의 양지바른 자리에다 정중히 모셨다. 그런데, 거기가 마침 명당자리였던지 몇 년 뒤 영덕에서 내로라하는 신 부자네가 상놈인 방학중을 깔본 나머지 방 공 아버지의 산소 꼭대기에다가 묘를 쓰고 말았다. 용맹이 없던 그의 형은 신부자네의 위세에 눌려 찍 소리도 못해보고 앉아서 당하는 길밖에 없었다. 그러다가 오랜 방랑에서 동생이 돌아오자 볼멘소리로 신 부자네 일을 하소연했다.

 "신 씨네가 아부지 산소 위에다가 묘를 쓰고 말았다네. 도무지 양반 서슬에 눌려 말조차 붙일 수가 없었네, 자네는 이 일을 어쩌면 좋겠나? 응?"

하며 애걸조로 나왔다. 이에 방학중은 태연하게,

 "어쩌긴 어째요. 까짓 것 파내 버리면 되지요."

 "파다니? 남의 묘를? 그것도 신 부자네 묘를 파내고 온전할려고?"

이는 '장하(杖下)에 죽고 싶어서 그러느냐'는 뜻으로 반문하는 말이었다.

 "온전치 않으면요? 걱정 마십시오."

하더니만 선걸음에 뒷산으로 가더니 신 씨네 묘를 파내 버렸다.

 아니나 다를까? 그 이튿날로 신 씨네 상주가 와서 보니까 묘가 헐렸는지라, 물어보나마나 방학중의 짓임에 틀림없기에, 영해 부사에게 고하는 바람에 방학중은 즉각 체포되어 큰칼을 쓰고 하옥되고 말았다.

"네 이놈, 단매에 쳐 죽일 놈! 네 아무리 무식하더라도, 사대부의 묘를 건드리면 어떻게 되는지 알고 있겠지? 그래 묘는 파서 어떻게 했는지 이실직고하렸다."

하는 부사의 호령이 추상같다. 그러자 눈썹만 움찔하던 방학중이 하는 말이,

"예, 어쩌긴 어째요, 파서는 통째로 살라 먹어버렸지요." 라며 매우 떳떳하게 나왔다.

"아니 뭐라고? 저 무식한 상놈이 뭘 살라 먹어? 양반의 뼈를 살라 먹다니? 앵?" 하며 거세게 나왔다.

"나는 본디 무식한 까닭에 다른 도리는 없고 해서 그냥 살라먹었을 뿐이외다." 하는 것이 아닌가?

이에 신 씨네와 한 통속인 영해 부사가 화가 머리끝까지 치민 나머지 아무리 난장으로 매를 때린들 방도가 있어야 말이지. 방학중이

란 작자는,

"조상 뼈를 찾으려거든 내 배를 갈라보시오."

라고 막무가내로 소리를 지르며 십여 일을 버티니 이제는 나쁜 소문만 온 영해 영덕을 뒤덮게 되어 오히려 자기가 난감해졌다. 남의 산소 꼭대기에 묘를 쓴 우를 범한 것은 신 씨네였으니까.

한 보름 옥고를 치렀으니, 계속 우격다짐으로 밀어붙이기만 할 일이 아니라, 이제는 좋은 말로 슬슬 회유하면 파낸 뼈를 어디다가 숨겼는지 불어 놓을 듯했기 때문이었다. 조상 뼈를 잃고 안달이 난 신 씨네가 이젠 거꾸로 부사에게 달라붙어,

"제발 저 사람을 좀 풀어놓아 줍시사."고 뇌물을 안기고 청탁을 해 오므로, 영해 부사도 못이기는 척 양반네 편을 들어주기로 했다.

그래 방학중을 석방했는데, 이런 일이 있나?

"잡아 올 때는 언제고 나가랄 때는 언제?"냐며 무죄 방면이 아니면 나가지 않겠다는 것이었다. 이에 옥에서 나가라느니 안 나가겠다고 옥신각신하다가, 끝내는 다시 잡아 가두지 않겠다는 각서를 받아 내고서야 옥문을 나서는 것이었다.

이렇게 풀려난 방학중에게 신 씨네가 한 상 잘 차려서 대접을 한 뒤에 '아버지 뼈를 어쨌느냐?' 고 사정을 해도, 방학중은 한결같이 '살라먹어 버렸다'고만 주장할 뿐이었으니, 아무리 양반의 권세라 한들 그를 죽일 수도 살릴 수도 없었으니 결국 두 손을 들고 말았던 것이다.

이렇듯 방학중은 상대를 말재간과 기지로 속여 넘겼으며, 때로는 상대가 그럴 수밖에 없겠다고 시인을 하도록 이끌어 가는 등 임기응변에 능하였다.

 어느 날은 동행과 길을 가다가 땅거미는 지고, 배에서는 미꾸라지 소리가 나자, 어느 소상(小祥 : 사람이 죽은 뒤 1년 후에 지내는 제사. 일주기) 집을 찾아들어서는, 서슴없이 빈소에 들어서서 '어이어이' 하며 서럽게 곡을 하더니만 정갈하게 유지에 싼 것을 제상 위에다 공손히 올려놓고,

 "아이구 이 어른아! 살아생전에 당신이 그렇게도 원하던 것을 오늘에야 겨우 구해왔으니, 이제는 눈을 꼭 감으시구려."

하는지라, 둘러선 상주들은 이 사람들이 고인과는 막역(莫逆 : 허물이 없이 매우 친하다)한 사이인 줄로만 믿고, 술이며 고기며 갖은 음식을 칙사처럼 대접했을 밖에……. 그래, 시장하던 김이라 겸상을 받은 두 나그네가 느긋하게 배를 불린 다음, 대문을 빠져나오기 바쁘게 줄행랑을 놓았음은 물론이었다.

 한편 상주들은, 무엇을 두고 평생소원이라 했을까 싶어 낯선 손들이 나간 뒤에야 겨우 조심조심 유지에 싼 것을 풀어봤다. 유지를 한 겹 풀고, 두 겹 풀고, 세 겹을 푼 다음 겹겹이 풀어나가도 한이 없으니 그동안에 '잡보'와 그 일행은 소 한 울음 거리[一牛鳴]는 좋게 도망을 치고 말았을 터였다.

 방학중의 주 활동무대는 저자거리였고 한다는 짓거리가 이렇듯

잡스러워 별명조차 '잡보'였겠지만 어찌 좁은 영해 저자만 휩쓸고 서야 한에 차겠는가? 아주 드넓은 데를 주름잡아 봐야지. 그래서 나온 것이 거미줄에 걸린 다듬잇돌이다. 그러나 방학중이 가진 것이라고는 아무 것도 없었다. 배운 것은 물론 먹을 것도 입을 것도 없었다. 단지 가진 것이라면 입심과 배짱밖에 없었다. 술은 꼭 있어야 했지만 맨 정신에도 적잖은 익살을 잘도 토해냈다.

이승과 저승의 갈림길에서조차 신소리로 판막이를 했던 그가, 그의 이름대로 만약 글줄 깨나 읽었다면 저승 문 앞에서는 또 어떤 신소리를 퍼질렀을까? 입심만 갖고 살다 간 그의 한 많은 육신은 지금 경북 영덕군 남정면 원척리, 동해가 바라보이는 '지푸심골'에 묻혀 있다.

● 도움말 : 박오중, 이기수, 김학봉, 박용순

남의 묘에 벌초

　어느 초여름의 점심참에, 익어 가는 보리밭을 끼고 꼬부라진 산자락 길을 따라, 때에 전 도포를 걸친 두 과객이 허기진 걸음을 느릿느릿 옮기고 있었다. 때는 신미양요(辛未洋擾) 이듬해로 어수선하던 조선조 말엽의 고종 9년(1872)이었다.
　산모롱이를 돌아선 곳에 주막이 한 채 있었고, 그 건너 산의 양지바른 등성이에는 마침 화려한 꽃상여가 놓여 있었는데, 그 옆의 차일 밑에선 하얗게 깔린 사람들이 초상을 치느라고 몹시 분주한 모습들이었다.
　주막에 채 못 미쳐서, 걸음을 멈추고는 좌우 산천의 지세를 찬찬히 살피고 난 과객 가운데 하나가,
　"여보게 지봉이(지번이)?"
하고 은근한 목소리로 동행을 뒤돌아본다.
　"응, 왜 그러나, 만서!" 하니, 만서라 불린 과객이 코맹맹이 소리로,
　"저기 가서 우리, 술값 좀 벌어서 갈까?"

"그거, 조옿지. 암!"
주고받는 말에 서로 죽이 척척 맞아떨어졌다. 그렇듯 내밀하게 눈길을 마주친 두 과객의 입 언저리에는 음흉한 웃음이 번지는 것이었다. 아무래도 무슨 사단이 벌어질 조짐인가 보다.

그러고 나서, 곧 주막에 들린 과객들은, 대뜸 허기진 배를 채울 막걸리 사발을 청하는 것이 당연한 노릇임에도 불구하고, 엉뚱하게도 낫 두 가락과 마른 명태 한 마리, 그리고 술 한 병을 청한 다음, 초상집의 내력과 생활 정도 등을 주모에게 소상히 묻더니, 뜻하지 않게 '애기 값'이라며 엽전 한 움큼을 주모에게 던져주고는 황급히 장지(葬地)로 향하는 것이 아닌가.

날이 시퍼렇게 선 낫을 들고, 상두꾼(상여꾼)들이 파놓은 구덩이 앞으로 엎어질 듯 다가들며 통곡을 벌이는 과객 패거리를 맞은 초상집 사람들은, 도무지 안면이 없으니 '기이한 문상객(조문객)도 다 있다'는 생각을 했으나, 정작 과객들은 주위를 완전히 무시한 채, 구덩이의 바로 코밑에 있는 해묵은 무덤 앞에 이르러, 낫으로 잡초를 건성건성 베어 내더니만, 술잔을 부어 놓고 엎드려 흐느끼며 하는 말인즉,

"저희 형제가 불민한(어리석고 둔하여 빠르지 못하다) 연고로······. 흑흑, 십 수 년 간 성묘도 못하고. 흑흑."

그러자 또 한 과객은,

"살아 기실 적에는 도저히 엄두조차 못 내던 놈들이······. 감히 어른 산소의 콧등에다 묘를······."

하며 코까지 훌쩍훌쩍 들이마셔 가며 꺼이꺼이 목 놓아 우는 것이 아닌가?

그런데, 이들의 잔사설을 귀담아듣고 있던 상주들은, 단박 얼굴색이 창백해지면서 초여름인데도 사시나무처럼 와들와들 떨기 시작했으니, 그건 당시의 불문율(不文律)에 따르면 남의 산소의 콧등에다 묘를 쓴다는 것이 크나큰 사회적 죄악으로 엄하게 금지되어 있었음은 물론, 경우에 따라서는 그로 말미암아 가산마저도 온전하게 남아날 수 없는 노릇이기 때문이었다.

사실 상주로서야, 지관(地官 : 풍수설에 따라 집터나 묏자리 따위의 좋고 나쁨을 가려내는 사람)이 이 묏자리를 처음 살필 때부터, 그 묵은 묘의 존재가 꺼림칙하긴 했으나, 지관이 이르기를

'그 산소는 자리를 잘못 잡아 자손이 오래 전에 끊어진 묘로서, 그 산소의 위쪽으로 대여섯 자 올린 지점에다 묘를 쓰면, 3대동안 큰 복록을 유지할 명당'이라는 설명이었으니, 이에 현혹된 상주(喪主)가 그만 잡초 우거진 묵은 산소의 주저앉은 존재를 완전히 무시한 것이 잘못의 시초였다.

낭패는 이미 났으니, 결과야 어찌 되든 간에 일단 한 번 부딪쳐나 보자고, 간담이 비교적 큰 편인 둘째 상주가 쭈뼛쭈뼛 나서며,

"저어……. 인사 올립니다. 사실 저희는 묵은 무덤이기에……."

하고 더듬거리는데, 눈을 부라린 정만서가 호기만장(豪氣萬丈 : 꺼드럭거리며 뽐내는 기세가 매우 높음)한 어조로,

"앙이 뭐라꼬? 너 이놈! 비록 묵은 산소기로서니! 응? 남의 산소

꼭대기에다 감히……. 이 쥑일 놈들……."
하며, 낫을 치켜들고 찍을 듯이 달려들며 으르딱딱이니, 상주란 작자들은 두 손을 마주 비비며, 사정을 하는 수밖에 도리가 없었다.

오랫동안 구구하게 사정을 했으나마, 정만서와의 협상에서는 별 진전이 없자, 이번에는 그 아우인 듯한 이지번(李之蕃, 정만서는 이 친구를 꼭 '지봉'이라 부른다)을 한 쪽으로 불러내어, 탁 까놓고 은밀한 목소리로,

"눈만 감아 주시고, 용서만 해 주신다면 까짓 것, 돈은 노형께서 분부하는 대로 드릴 용의가 있사옵니다."고 슬쩍 비추는 것이었다. 이 소리를 들은 이지번은 속으로,

'네까짓 놈들이 암, 그럼, 그렇지!'
하며, 정만서와 곁눈으로 눈길을 마주친 다음, 다소 누그러진 목소리로,

"당신네들이 하는 소치로 볼라치면, 관가에 고해 집안을 모조리 쑥대밭으로 맨들어도 시원찮을 일이로되, 사실 십 수 년 동안 조상의 산소를 묵혔으니, 우리 쪽에도 잘못이 전혀 없다고 할 수 있는 입장은 못 되고……. 흠흠, 허흠……. 그러나 보다시피 우리 성님이란 어른이 워낙 깐깐한 양반이 돼놔서……. 그게……. 좀……."

'척 하면 삼척'이라고, 이 소리에 실마리를 잡은 상주네는 꽉 달라붙었고, 협상은 그 바람에 급속히 진행되어 결국,

"상주의 정성이 지극하고 허흠……. 우리는 이미 객지를 떠다니는 신세니 만큼, 첫째 당신네 묘에 성묘를 올 때마다, 우리 산소에도 꼭 같은 제물을 바칠 것과 더불어, 둘째 오늘 해 지기 전까지 경주 성내에 있는 대추나무 객줏집으로 돈 천 냥을 보낼 것을 이 자리에서 다짐 둔다면, 이번 일을 묵과해 줄 수 없는 것도 아닌데……. 그 말씀이야……. 허흠허흠……."

하는지라, 상주로서야 이것이 얼마나 기다렸던 분부이며, 불감청이어든(不敢請) 고소원(固所願)이 아닐까 보냐?

'앞으로 3대까지 호박이 넝쿨째로 굴러들어 올 명당자리인데, 돈 천 냥이면, 그건 약과고 공짜나 다름없지 않느냐…….'고 속으로 생각하고,

"암, 여부가 있겠습니까요! 해가 지기는 무슨 해가 질 때까지……. 지금 당장 이 자리에서 해 올리지요……. 예에, 예……."

이렇게 하여, 세상을 등쳐서 남의 생돈 천 냥을 거뜬히 챙긴 괴짜 인생 정만서와 이지번의 웃기는 이바구(이야기)는 초당방에서 대를

물리며, 소화(笑話)가 아닌 실화로서 전해내려 오고 있다.

● 도움말 : 李基守, 李慶五, 이원주

언양 멧돼지 '똘똘또올'

　세계에 산재한 화약 공장의 공실(工室) 문은 모조리 밖으로만 열리게끔 돼 있는데, 그것은 위험한 순간을 당하면 쉽사리 밖으로 박차고 나갈 수 있도록 하기 위함이란다. 그런데 우리 고향 집 사립은 밖에서 안쪽으로 밀리게 되어 있는 반면 도시의 현관문들은 화약 공장처럼 안에서 밖으로 열리는 구조다.

　우리는 개화기 때나 지금이나 밖에서 돌아가는 시류는 아랑곳하지 않고, 무조건 빗장을 걸어 잠그기에만 급급했던 데 비해, 서양에선 변함없이 밖으로 내달아 우리 쪽의 사립을 '북대바질(뜸베질)'로 밀치려는 데 여념이 없어 왔다.

　그래서 백 년 전의 '개화 바람'이나 지금의 '무역 개방 물결'을 막론하고 바깥에서 세차게 밀면 안으로 쉽사리 밀리게 되어 있는 한국식 사립문 구조 때문에, 우리가 아무리 안에서 발버둥이를 쳐 봐도 별 소용이 없는 걸 어찌하리!

　조선조 말엽은 쇄국정책에다 세도정치의 전성기였던 까닭에, 관리들의 가렴주구가 심해진 나머지 끝내는 비쩍 마른 백성들의 등골까지도 파먹기에 이르렀다.

그 무렵 쉰여덟 살의 정만서는 돈을 주고 감투를 산다. 그때 조선에서는 돈만 주면, '처녀 불알' 이외의 것은 무엇이든지 살 수 있던 시절이었으니까……

서양에서는 '신세계로'의 물결이 도도히 흐르고 있을 때, 우리는 시장 개방이라는 물결에 턱없이 떠밀려 세계 열강들한테 억지 개화를 하지 않곤 못 배겼던 바, 얘기가 나온 김에 진상(進上)가는 멧돼지 얘기나 살펴보기로 하자.

개화기 때 경주의 대표적인 개그맨은 정만서였고, 언양 대표는 이지번이었는데, 이 두 괴짜는 서로 짝패가 되어 붙어 다니길 좋아했다. 옛날에는 세모(歲暮·세밑)가 되면 세찬(歲饌)이란 것이 오갔었다. 지방의 관찰사나 수령은 조정의 관헌이나 친인척에게 토산품을 보냈다. 이를테면, 대추, 곶감, 전복이나 육포 또는 어포 같은 것이 흔했는데, 한편 임금님께는 따로 각 지방에서 특산물을 바쳤으니 이를 일러 진상(進上)이라 했다.

"많아야 진상이냐?"는 속담처럼, 진상은 양이 아니라 질이었다. 진귀한 것이 생기면 임금님께 올려 보내는 것이 법도였다. 언양에서는 예로부터 멧돼지가 지천이라, 초가을부터 포수들이 잡은 살찐 멧돼지를 한양으로 실어 올려야만 했다. 본디 진상이란 나라님께 올려 보내서 맛이나 보시라던 것인데, 조선 말엽에 이르러서는 부패한 관

리들로 인해 강제 징수품으로 둔갑했던 것이다.

 언양서 잡은 멧돼지를 한양까지 싣고 가긴 가야 하겠으나, 문경 새재도 넘기 전에 상해버리는 것을 어쩌나? 뇌물을 바쳐 벼슬길에 오른 언양 원님짜리는 상한 돼지고기 때문에 당장 파직을 당할 형편이라 고민이 많은 참이었다. 그때 정만서의 짝패인 이지번이 시쳇말로 자원봉사를 하겠노라고 나서는 것이었다.

 짝패인 정 공이 이지번에게 '갑자기 어인 연고냐'고 넌지시 물은 즉……. 그가 지난 초봄에 멧돼지 새끼를 주워다가 뒤꼍에서 기르자니까, 야성이 워낙 강해 놔서 첨에는 사람을 도무지 따르지 않더란다. 그래서 갖은 궁리 끝에 놈이 허기에 지쳐 있는 식전 무렵을 택해, 시키는 말을 잘 들으면 도토리 한 알씩 주는 보상 제도로 고된 조련을 시켰더란다.

 비록 미물일망정 먹이로 유혹을 해 대니 말을 안 듣고는 못 배겼으며, 힘겹고 어려운 재주는 아니라도 "지번이 돼지 똘똘또올." 하면

강아지처럼 졸졸 따르게까지 되었다. 이로써 멧돼지의 심리에서 조련술까지 터득한 그는 "지번이 돼지 똘똘또올." 하는 헛손질만으로도 그 저돌스러운 멧돼지를 한길로 몰고 다닐 수 있게 되었던 것이란다.

그간의 과정을 소상히 전해 듣긴 했지만, 그래도 미심쩍은 언양 원님이, 지번에게 직접 멧돼지를 몰아 보라고 했다. 이에 지번은 동헌 마당에서 멧돼지를 마치 암내 난 집돼지 접붙이러 갈 때처럼 슬슬 몰고 가는 것이 아닌가?

이에 탄복한 언양 원님은 도중에 상해버리는 죽은 멧돼지가 아니라 눈이 시퍼런 놈을 나라님께 진상하게 생겼으니 "얼씨구나!"였겠지 뭐! 이에 언양 원은 속으로 '살아 있는 멧돼지'를 진상하게 되면 '경상감사' 자리쯤은 맡아 놓은 당상이라고 믿은 나머지, 새 옷 일습에다 노자까지 듬뿍 얹어 이지번에게 특사 자격을 부여하더란다.

그런데 어지빠른(정도가 넘고 처져서 어느 한쪽에도 맞지 아니하다) 이지번이가 과연 그 맛 좋은 안줏감을 몰고서 한양 천리 길을 갔을라고? 한양은커녕 언양서 80리 상거인 경주까지만 가서는 짝패인 정만서와 어울렸으니, 정만서로 말하자면 연 전에 '깨진 벼루를 진상했던' (33쪽 참조) 경력의 소유자가 아닌가 말이다.

두 짝패가 얼려 말술[斗酒]의 안주로 살찐 멧돼지를 '꿀길'로 보냈으니 남은 건 '꿩 구워 먹은 자리'였지 뭘, 쩝쩝쩝…….

이런 경지에 이른 이지번에게 있어, 남의 집 돼지쯤 몰고 가는 것은 누워서 떡 먹기였으니, 볶은 콩 한 줌만 있으면, 어떤 골목 안에서

든 돼지란 돼지는 모조리 불러낼 수 있었던 것이다. 그 후로도 정 공과 이 공은 술 생각이 날 때마다 "지번이 돼지 똘똘또올." 하는 헛손질에 재미를 붙여 출출한 목을 축이곤 했다.

자연이 굼벵이에게 구르는 재주를 점지해 주었 듯이, 술꾼에게 말술 값을 챙기는 솜씨를 준 것이 아니었을까?

◉ 도움말 : 徐시노, 李基守

미동 동무와 삼대 벌초

'술 익는 마을마다 타는 저녁 놀'이란 시구(詩句)로, 술꾼들의 목젖을 타게 한 「나그네」의 시인 박목월(朴木月) 선비와 공교롭게도 같은 고향(慶州市 乾川邑) 사람들 가운데, '식초'라도 '술'이라면 사족을 쓰지 못함은 물론, 조선조 말엽에 동성연애 즉 '호모섹스'까지 즐긴 두 괴짜가 있었으니…….

요새 와서 세계적 문제로 대두 된 후천성 면역 결핍증(AIDS)은 동성연애(호모섹스)의 산물이라던데, 그 시절엔 AIDS가 없었기에 그랬던지 모르지만, 문제의 두 술꾼은 미동(美童) 동무 사이였다.

동성연애를 옛날에는 천하게 '비역질'이라 했는데, 예나 이제나 호모섹스에 눈뜬 위인이라면, 제 딴에는 전위(前衛)입네 하고 설칠지 몰라도, 기실은 퇴폐족의 변태 허울을 벗기 힘든 족속임에 틀림없을 것이다.

문제의 두 술꾼이 누군고 하니, '숫동무'를 맡은 쪽이 경주가 낳은 희대의 해학가로서, 당시에 이미 오십 줄에 접어든 정만서였고, '암

동무' 역할을 행한 쪽이 이팔청춘의 앳된 소년이었던 박원동(가명)인데, 그들의 나이 차이가 무려 38 살이나 된다는 것을 눈여겨볼 일이다.

술이란 참으로 묘한 속성을 지닌 것이어서, 얼큰히 취하고 보면 수치심이 무디어짐과 더불어 기분이 자꾸만 의기양양해져서 어떤 장애라도 쉽사리 극복할 만한 자신감이 넘쳐나게 됨으로써, 평소에 하지 않던 짓거리까지도 서슴없이 벌일 수 있게 하는 마력의 액체다.

술의 한자 풀이를 볼라치면, 해가 설핏 진 다음인 유시(酉時)쯤을 기점으로 하여 마시는 음료가 바로 술[酒]인 바, 우리도 해질 무렵이면 가끔 술 생각이 나는 것으로 미루어, 미상불 그럴듯한 생각인 성 싶고, 술 주(酒)자 속엔 '잔치'란 뜻도 포함되어 있다는 것을 볼 때, 잔치는 본디 저물녘에 벌여 온 것이 상례였을 것으로 믿어진다.

그래서 술이란 건 아무래도, 마시는 때와 장소를 가리게 마련이라 주도(酒道)란 불문율이 존재해 왔던 것일 터이다.

어느 중국의 시인은, 봄 술은 뜨락(뜰)에서, 여름 술은 들녘에서, 가을 술은 조각배 위에서, 그리고 겨울 술은 사랑방에서 마셔야 제격이며, 밤술은 달빛을 벗 삼아 마시는 것이 좋다고 했건만, 우리 같은 서민들이 어찌 사계를 일일이 따질 수야 있으랴만, 아무래도 낮술보다야 해거름녘의 한 잔 술에 감칠맛을 느끼지 않을쏘냐!

어쨌거나 옛 선비님들은 술에 취하면 수치를 당할까 두려워 행실을 삼가는 것이 도리였으나, 이 얘기의 주인공은 주도(酒道)란 걸 따로 두지 않은 주당들이었다.

발효공학(發酵工學)을 연구하는 선비님들은 탄화수소가 당화 과정을 거치면서 수소 원자가 수산기(水酸基)로 치환된 형태의 화합물을 '알코올'이라 부른다지만, 그건 어딘가 무미건조한 반면, '술이 익어 가는' 과정에서 풍기는 그 달짝지근한 향기야말로, 술꾼들을 참으로 못 견디게 하는 미약(媚藥)과도 같다 하겠다.

그래서 앞서 말한 박목월(朴木月) 선비는,

'강나루 건너서 밀밭 길에……, 술 익는 마을마다 타는 저녁 놀'을 노래했고,

정철(鄭澈) 선비는

'재 너머 성권농(成勸農) 집의 술 닉단 말 어제 듣고,

누운 쇼 발로 박차 언치 노하 지즐 타고'

라 노래했다.

술 한 말을 지고 가지야 못할망정, 마시고 갈 주당쯤은 오늘날에도 더러더러 있게 마련이며, 내로라하는 괴짜치고 술과 못 사귄 괴짜란 없는 법이다.

경주의 '밀구 마을'에, 등 너머 마을로 시집보낸 딸내미를 둔 중늙은이가 살고 있었다. 그 딸은 친정아버지가 워낙 술을 좋아하는 성민 줄 아는 까닭에, 친정 나들이를 올 때마다 차반(떡) 대신 막걸리 한 동이씩을 꼭꼭 여다 날랐는데, 그 중늙은이는 사돈댁 술동이를 앉은 자리에서 바닥을 봐야만 직성이 풀리는 성미의 호주가(好酒家)였다.

왜정 말엽의 어느 해 보릿고개 때, 이 늙은이는 마침 일본에 국비 장학생으로 유학하고 있던 아들이 장학금을 탄 돈 가운데서 몇 푼 보내 준 것으로, 잡곡이나마 몇 줌 사다가 나물죽에라도 섞음으로써 부황이나 면해 보자는 심산으로 이십 리 길이나 되는 아화장(阿火場)엘 갔다. 식전에 이십 리를 걸어 아화 장터에 당도하고 보니 뱃속이 헛헛하여 도저히 견딜 수가 없었다. 그래서 해장으로 한 잔 걸친다는 것이 그만 한 잔 두 잔 거푸 마시는 겨를에 온통 취하도록 퍼마시고 말았던 것이다. 그렇게 취한 정신에도, 어떻게 남은 돈 몇 푼으로 좁쌀 두어 되를 자루에 담아 메고 나서긴 했으나, 자갈밭 길에 꼬꾸라지고 자빠지기를 거듭하는 동안, 그만 자루에 '돌을 쳐서(다듬이질을 할 때, 능숙하지 못한 사람이 어느 지점을 너무 모질게 두드려서, 단 한 번에 다듬잇감이 헤지거나 구멍이 생기게 하다)' 구멍이 나고 말았다. 맨 정신에도 알아차리기 힘든 '돌 친 구멍'으로 솔솔 새어 나가는 좁쌀의 존재를 갑신(잔뜩) 취한 화상이 어찌 알 수 있었으랴! 흥얼흥얼, 콧노래를 부르며 비틀거리는 동안 자루 속의 좁쌀은 모조리 다 새어나갔으니, 집이라고 당도하여 그 아낙이 받아 든 자루에는 좁쌀이 한 톨도 남아 있지 않았을 밖에……. 이에 기가 찬 그 아낙은 숨통이 막혀,
 "아이고, 여보소. 이 답답한 양반아 좁쌀은 다 유얏능기요(어쨌어요)?"
라며, 시쳇말로 바가지를 긁었으나, 당자는 정작,
 "으응……. 아암……. 쩝쩝……."
하더라니 그게 대답인 셈이지, 뭘!

 그런 몇 달 뒤 보리 타작을 끝낸 등 너머의 큰딸이 또 보리로 빚은 막걸리 동이를 이고 친정엘 왔다가 이 '좁쌀 자루' 얘길 듣고서,
 "술이 참 원수로다! 우리 아버지는 차라리 술독 속에다 텀벙 가두어 놓는 것이 상책이겠다."

고 혀끝을 두드리며 넋두리를 늘어놓았는데, 먼발치에서 그 소릴 훔쳐 들은 그 화상은 오히려 흐드러지게 너털웃음을 터뜨리며,

"우후후후, 제발, 제발 그렇게만 해 준다면, 누가 참말로 좋으라꼬……. 우후후훗."

마치 고무신밖에 모르다가 운동화를 처음 얻어 신게 된 소년처럼 좋아서, 좋아서 어쩔 줄을 모르더란다. 그때 이래로,

술 잘 먹는 영감에게 술 못 먹게 하느라고
술독에다 넣었다가 사흘 만에 건져내니
아, 안주우 주소 안주우 주소.

라는 우스개 노래가 유행됐다 한다.

여기서 얘기한 화상이 누군고 하니, 바로 젊은 시절에 정만서와 미동(美童) 동무를 했다는 박원동이란 인물이다.

어느 해 이맘때쯤, 박원동네 집에서 잔치가 벌어졌으니, 그것도 아마 해거름녘이었을 테지! 박원동 영감집 잔치라니까 장터에서 만났던 술친구들이 모조리 막걸리 동이를 지고 사방팔방에서 몰려들었는 바, 부조로 들어온 술이 독마다 그득하였을 밖에…….

인근에서 출입 깨나 한다는 홑두루마기 짜리들이 구름처럼 몰려들어 사흘 낮과 사흘 밤을 퍼마시게 되었단다!

그럭저럭 흐드러진 술잔치가 파하고 손들은 모두 돌아갔는데도, 아직까지 술이 한 독이나 남았는데, 날씨 탓으로 그게 그만 '식초'처

럼 옥맛(매우 신맛)이 들고 말았으니 이걸 장차 어쩐다지? 뒷설거지를 하다 말고, 마지막 술독의 뚜껑을 열어 본 주인 아낙이 시큼한 냄새에 코를 감싸 쥐며,

"아이고 어쩌나? 술이 독 째로 시어버렸네, 이걸 어쩌나, 소나 줄까, 차암?"

하며 체념 섞인 탄식을 쏟았는데, 툇마루 귀퉁이에서 곰방대를 빨던 박원동 영감은 이 말을 듣고, 짐짓 뒤돌아서서 그 특유의 걸걸한 목소리로,

"우후후훗, 아이구 좋아라아! 아이구 좋아라아, 왜 이처럼 좋으냐, 우후후후훗……. 좋아서 못 살겠네……."

하며 눈물을 찔끔거리다가 결국 진저리까지 치더라는 것이었다.

왜 그런고 하니, 아무리 시어 터진 술일지라도 술은 '술'임에는 틀림이 없으며, 이미 연 사흘을 퍼마신 터라, 어느 누구도 더 이상 시어진 술을 넘볼 사람이 없을뿐더러, 나아가 그걸 영감의 승낙 없이 소에게 퍼다 줄 아낙도 없는 터이고 보면, 바야흐로 자기 단독으로 평생소원이던 술독에 들어앉을 기회가 드디어 찾아 왔기 때문이었다.

이렇듯 술버릇이 개차반 같은 박원동이었지만, 의리 하나만은 철저했던가 본데, 생전에 늙다리이던 정만서가 어린 원동에게 에멜무지로,

"내가 죽거들랑 벌초는……. 내 무덤의 벌초는 네가 좀 해 다오."
했던 모양인데, 그걸 쉽사리 "그러마." 고 했던 모양이다.

그런데, 정만서가 눈을 감은 1896년부터 박원동이 세상을 떠난

1939년까지 무려 사십 수년간을 한 번도 거르지 않고, 정만서 묘의 벌초를 박원동이 도맡아서 하였다니 참으로 놀라운 일이 아닐 수 없다.

미국의 모텔에서 한국 남자들 둘이서 2인 1실에 들겠다면 '호모'라고 눈총을 준다던데, 조선조 말이라고 '미동 동무'하는 사람에게 어찌 눈총이 없었으리오?

'장군 나면 용마 난다'더니 유명한 골계 처사가 탄생하면 그 짝꿍도 나타나게 마련인가? 박원동이 사회적인 수모를 감내한 것은 연상의 애인에 대한 호모끼리의 사랑이었을까, 아니면 술꾼으로서의 의리였을까? 어쨌거나 놀랍고도 놀랍다.

호모끼리의 정이란 것이 나름대로 차진 구석이 없지야 않을 테지만, 정만서의 묘에 대한 벌초가 박원동 당대에 그치지 않고 그의 아들 대를 거쳐 내려 어쩌면 그 손자 대에까지 이어지고 있는 바, 하찮을 법한 언약을 지킴이 이 지경에 이르면, 그건 참으로 거룩한 존경까지 받을 만한 일이다.

건성으로 하는 벌초를 가리켜 '처삼촌 묘의 벌초'라 하는 것은 이미 옛말이 됐을뿐더러, 지금은 제 부모 산소의 벌초조차도 거르는 사람이 허다한 판국인데……. 누가 죽은 아비나 할아비의 동성 애인의 묘까지 벌초를 해주겠는가?

경주의 '밀구 마을' 뒤 '군시뱅이'란 양지 녘에 자리한 정만서의 묏등에는 잡초 한 포기 없이 함초롬한 금잔디가 가지런해 오기를 무려 백십 수 년에 이르고 있음을 볼 때, 대를 이으며 벌초를 해 오는

박 씨가(朴氏家)의 삼 대야말로 거룩한 칭송을 받아 마땅할 주인공들이 아닐 수 없다. 그 박 씨가에 하늘의 도움이 있을진저…….

🌑 도움말 : 金鶴鳳, 李瓦柱, 金學述, 朴萬鐘

벙거지 속의 예쁜 새

 19세기 말엽에 우리나라에 왔던 캐나다 선교사인 '게일'이 쓴 <코리아 스케치>에 보면, '갓'에 관하여 이런 대목이 나온다.
 '조선 사람은 말총으로 짠 띠[망건]로 머리카락을 정수리에 잔뜩 조여 묶은 위에다, 끈이 달려 태가 넓고 얼금얼금한 모자를 쓰는데, 옻칠을 해서 새까만 그 모자[갓]는 햇살을 막기 위함이 아니라 단지 위의(威儀)를 갖추기 위함이더라. 또 서양에서는 실내에 들어설 때 모자를 벗는 것이 예의인데 반하여 조선에선 방안에서도 그 모자[갓]를 벗기는커녕 계속 쓰고 있더라.'
고 적고 있다. 우리가 모자를 쓰고 벗는 습관에 대하여 다음과 같은 이바구(얘기)가 전해 온다.

 때는 부산과 원산항 등이 개항된 뒤라, 거세기 짝이 없는 개화바람이 불어 닥치는 즈음이었다.
 우리 강토를 일본이 강점한 뒤로는 길에다 함부로 침을 뱉거나 방뇨를 하다가 일본 헌병 놈에게 들키는 날엔, 호된 수모와 더불어 벌금까지 물어야 했고, 까딱하다간 유치장 신세를 지기가 십상이던 때다.

아무리 개화 바람이 밀물같이 불어 닥쳐도 의관(衣冠)을 존중해 온 우리의 오랜 습관을 버릴 수 없는 데다, 아직 단발령이 내리기(1895) 전이어서 바깥출입을 하는 남정네들은 누구나 '게일'이 적었듯이 갓이나 무슨 모자를 꼭 쓰고 다녔지, 결코 맨상투 바람으로 나다닌다는 법이 없었던 시절이다.

무슨 마음으로 그랬던지, 그날 정만서는 찢어진 갓 대신에 헌 벙거지를 눌러쓰고 '할일 없는 장에 볼일 없이 쏘다니'듯 거리를 배회하고 있었다. 갈 곳이 마땅찮은 정 공이 그날은 대구 동촌의 영남제일관문(嶺南第一關門) 부근을 어정거리며 술 마실 궁리에 골몰하던 터였는데, 점심참에 얻어먹은 콩국수가 잘못되었던지 아랫배가 살살 아파 오기 시작했다. 주위를 살펴본즉 소풍객도 더위 탓에 별반 눈에 띄지 않는지라 땀도 식힐 겸해서 인적이 드문 언덕배기 나무 뒤에 앉아 볼일을 시원스레 마쳤다. 그러고 나서 막 바짓말을 추스르며 허리를 곧게 펴려는 찰나에 언덕 밑으로 무심히 눈길을 보내다가, 긴 칼을 찬 일본 헌병이 철거덕거리며 올라오고 있는 것을 발견하게 됐다. 헌병에게 현장을 들켰다간 꼼짝없이 분견대(分遣隊)로 끌려가서 콩밥 깨나 먹을 것은 물론, 적잖은 벌금까지 꼽다시(곱다시) 물어야 할 판세기에, 정 공은 기지(奇智)를 짜서 임기응변으로 대처키로 작정을 하였다.

썩 내키지는 않으나마 급한 김에 어째? 얼른 벙거지를 벗어 문제의

증거물을 얌전히 덮은 다음, 입술을 오목하게 내밀어 서투른 휘파람을 부는 체하였다. 하지만 눈치 빠르기로 이름난 일본 헌병이 정 공의 섣부른 수작을 모를 리 있으며, 그의 수상쩍은 낌새를 놓칠쏘냐? 대뜸,

"당신이노 사람이노가, 여기서노 뭐로 하소까?"

라며, 정 공의 아래위를 훑어보는 것이었다. 이에 질세라 정 공도 여유 있게,

"아노내애, 고꼬니 기래이나 도리가 이마수요(여보시오, 여기 예쁘장한 새가 이 모자 밑에 들어 있다)." 하고 나왔다.

그건 일본 사람이란 본시, '새'라고 하면 귀여워서 사족을 못 쓰는 종족이란 것을 간파한 정 공의 치밀한 계산에서 나온 말이었다.

반면, 일본 헌병은 또 제 나름대로 조선 사람은 워낙 의관을 귀히 여겨 함부로 벗지 않는 민족인데, 벙거지를 벗어 덮어둘 정도라면 새

라도 보통 새가 아닐 것이 틀림없다는 지레짐작을 했던 것이다.

'약빠른 고양이 밤눈 어두운' 격이랄까?

"내가 저 아래 가서 그물망을 구해 가지고 올 모양이니, 그 때까지 이 모자 속의 새를 잘 지키고 있겠는가?" 이건 반 이상이 명령이다.

"하이, 그것쯤이노사 몬따이 아리마생(문제 삼을 것 없다). 요시 못때 고이(좋다 가지고 오라)." 이거였다.

옆구리에 긴 칼을 늘어뜨린 작자가 두 손으로 벙거지를 누른 채 하릴없이 한 담뱃참을 느긋이 기다렸으나 예쁜 새의 주인은 나타날 기미가 도통 보이지 않았고, 정 공은 이때 벌써 줄행랑을 놓은 지 오래였으니까. 그러나 나름대로 철저한 정직함을 자랑하는 일본 칼 찬 녀석은 차츰 지루하고 좀이 쑤시기 시작했지만,

'기다리는 김에 주인이노가 올 때까지 조금만 더' 하며 기다리다가 그럭저럭 두어 식경을 좋게 흘렸으니, 이젠 도저히 더 견딜 도리가 없었다.

머리 위의 나뭇가지에서는 말매미 소리가 째지게 울려 퍼졌고, 방낮(한낮)의 작열하는 태양은 언덕 아래로 뻗은 하얀 길 위에서 눈부시게 부서지는데, 길에는 더위 탓인지 개미 새끼 한 마리 얼씬거리지 않았다.

'허, 이거, 순찰이노 중에 너무노 지체노 하면 낭팬데? 에라 이놈의 것. 얼마나 예쁜 샌지노, 한 번이노, 만져나 볼밖에 없다.'

생각하고 벙거지 모서리를 살포시 들치며 한 손을 들이미니까, 이것 참, 따뜻하고 몽실몽실한 것이 처녀 젖가슴처럼 손끝에 와 닿지

않는가 말이다.
 '히야아! 요곤, 볼 것도 없이 정말이노 예쁜 새임에 틀림이노가 없으렸다!'
싶은지라 행여 놓칠세라 볼끈 움켜쥐며,
 "요놈이노를 잡았다아!"
하려는데 뭔가가 뭉클하며 손가락 사이로 빠져나가는 것이 있지 않은가.
 "이크, 이게 뭐야?"
하곤 진저리를 치는데, 아뿔싸, 이럴 수가……?
 "크으으, 이 내앰새…….'

● 도움말 : 朴五仲

정만서의 비문

1938년 음력 윤칠월에 정만서의 둘째 아들인 재선(관명은 在奎) 씨가 세운 정만서의 비면 앞에는, 내리쓰기로 굵게 '증가선대부동래정공지묘(贈嘉善大夫東來鄭公之墓)'라 새겨져 있고, 오석으로 만든 비석의 뒷면에는 다음과 같은 내용이 적혀 있다.

이 비석은 정 공의 묘소인 경주시 건천읍 용명리 군시방 골짜기에 있다.

공의 이름은 용서(容瑞)이고 자(字)가 만서(萬瑞)며, 호는 춘강(春岡)인데 본향은 동래다. 공의 시조 되는 이는 정회문(鄭繪文)이고, 중시조로 정목(鄭穆)이란 분은 고려조 때 문과에 급제하여 '상서복야

대부경(尙書僕射大府卿)'을 지냈으며, 시호를 문안(文安)이라 하였다. 또 중시조인 정택(鄭澤)은 문하급사중태자찬선대부(門下給事中太子贊善大夫)였다. 한편 중시조인 정량생(鄭良生)이란 분은 서성보리 찬성공신 중대광(瑞誠輔理贊成功臣重大匡) 봉원군(蓬原君)에 봉해졌고, 공의 12대조인 정자(鄭子)란 분은 당호가 청송문(靑松文)이었는데, 교리 벼슬을 지냈건만 연산군 때에는 거짓으로 미친 척하며 세상을 깔보기도 한 인물인데, 학문에만 전념한 결과 문집을 남겼다. 정준(鄭俊)은 공의 9대조로 무도장(武都長) 벼슬을 지냈다.

공의 고조부인 정태도(鄭泰道) 때부터 비로소 경주에서 살기 시작하였다. 공의 증조부 이름은 정석희(鄭錫禧)이고, 할아버지 되는 분이 정익(鄭瀷)인데 양자로 나왔으니 생부(生父)의 이름은 정형동(鄭亨東)인데, 공의 아버지는 이름이 정대래(鄭大來)다.

공은 조선조 헌종 때인 1836년 음력 동짓달 스무이렛 날에 태어났는데, 천성이 관후(寬厚)하고 순수하였으며, 어렸을 때부터 어버이에게 효경스러웠다. 그리하여, 살아 계실 때 섬기는 일과 돌아가신 다음에 치르는 장례와 제사 지내는 일에 그 까다롭고도 번거로운 형식과 절차에 전혀 구애됨이 없이 한결같이 슬픔을 다하고 정성을 극진히 쏟았으므로 공을 칭송하지 않는 사람이 없었다.

공은 또한 성품이 호협하고 의로운 일을 좋아하여, 위급한 상황에 놓인 사람을 잘 구해 줬을 뿐만 아니라 가난한 사람들을 잘 도와주었다. 나아가서 사람들과 담소함에 있어서는 말씨가 부드럽고 웃음기를 머금어 화기애애하고 또한 항상 해학이 넘쳐흘렀음은 물론 그의 변론은 마치 흐르는 물처럼 전혀 막힘이 없었다. 또 외부의 명리(名利)에 연연함이 없었으며, 남이 비방하거나 칭찬하거나, 기쁜 일이나 슬픈 일 등, 그 어느 것도 공의 마음을 동요 시키지 못하였다. 이를 두고 어찌 공이 평소부터 존심양성(存心養性)에 힘쓴 결과라 하지 않을 수 있으리오. 아, 참으로 훌륭한 인품이로다.

공은 고종 때인 1892년에 현릉참봉으로 임명되었는데, 나중에 가선대부(嘉善大夫)를 추증 받았다. 공이 일생을 마친 때가 1896년 섣달 스무하루였으니, 향년은 예순한 살이었다.

공의 무덤은 경주시 건천읍 용명리 밀구 뒷산에 동남향으로 모셨다. 공의 부인은 경주이씨 선진(李善珍)의 딸로 슬하에는 두 아들을 두었다. 맏이의 이름은 자규(子奎·아명은 범이)라 했는데 어려서 죽었고, 둘째의 이름은 재규(在奎)로 궁내부 수옥헌(水玉軒)의 주정(主政)으로 있다가 얼마 뒤에 사직단 참봉의 직을 제수 받았다. 재규는 아들 셋을 두었는 바, 첫째인 호상(鎬祥)은 위에 말한 자규의 뒤를 잇기 위해 양자로 나갔으며, 둘째인 호인(鎬仁)과 셋째인 호경(鎬敬)은 모두 참 총명하였다. 공의 부인인 경주 이 씨의 묘소는 경주시 산내면 내일리 마을 앞산에 동향으로 앉아 있다.

공의 둘째 아들인 재규(在奎) 씨가 공의 뜻을 계승하는 동시에 공의 업적을 기록함으로써 그 부친이 남긴 자취가 사라지지 않도록 하고자, 정성을 다해 비석을 만들어 세우고 내게 비문을 지어 달라고 청해 왔기에, 내 비록 문장은 짧은 편이나 남의 착한 일을 착하게 여겨 공이 남긴 대강의 행적을 여기 간략하게 적고, 아울러 돌아가신

이를 위하여 다음과 같이 명을 짓는 바이다.

청산은 우뚝우뚝
강물은 출렁출렁
덩그렇게 솟은 봉분
어진 이의 무덤일세
그 영혼 이따금씩 오르내리는 곳
바로 옥황상제 계신 궁궐
남기신 그 은덕 사라짐이 바이없어
자자손손 남은 경사 끝이 없어라
한 마디로 말하자면
영원토록 잊지 못하리.

마지막으로 정만서에 관한 우스갯소리는 어지간히 모았는 바, 이를 토대로 어디 적절한 곳에 그를 기리는 뜻에서 '정만서 태마 공원'을 하나 만들었으면 하는 바람을 감히 가져본다. 그 주체야 행정관서든 문화원이든, 로터리클럽이나 라이온스클럽은 물론 어느 단체나 개인 독지가라도 상관없을 듯하다.

비문 번역 : 김동석(한국학중앙연구원 박사과정 수료)

도움말을 주신 분

이석순(남), 1878년생.
서시노(남), 1899년생.
박오중(남), 1902년생.
김민환(남), 1910년생.
이기수(남), 1912년생.
김학봉(남), 1913년생.
이와주(여), 1917년생.
박용순(남), 1917년생.
우성조(남), 1918년생.
이경오(남), 1922년생.
김학술(남), 1925년생.
박만종(남), 1927년생.
이원주(남), 1930년생.
이준기(남), 1933년생.
최만일(남), 1933년생.
박동준(남), 1934년생.
임경택(남), 1938년생.
손영식(남), 1940년생.
이영식(남), 1942년생.
김성렬(남), 1944년생.

김주석(金珠石)　　　　　　　김성영(金成榮)

경주 출생(1938)　　　　　　거창 출생(1941)
연세대학교 화학공학과 졸업　　연세대학교 전기공학과 졸업
한화 그룹 공채 1기 입사　　　연세대학교 대학원 공학박사
경인에너지 CPO 역임　　　　(사)한국미술협회 회원(현)
경상석유 CEO 역임　　　　　한국야외 수채화가회 회원(현)
한국화약 CPO 역임　　　　　한국토요 화가회 회원(현)
조양화학 CEO 역임　　　　　심상문학회 회원(현)
　　　　　　　　　　　　　　E-mail : 711sky@daum.net

저서
『만화 같은 인생 정만서 해학』 공저(1989)
『새롭게 바뀐 취업 면접』(1996)
『경주 속담 · 말 사전』 공편저(2001)
『경주 지역어 텍스트-1』 공편저(2007)
『경주어 대사전』 공편저(근간 예정)
E-mail : saturi76@naver.com

거꾸로 본, 정만서 세상
ⓒ 김주석

초판 1쇄 발행 2011년 10월 27일
초판 2쇄 발행 2011년 11월 10일

지 은 이 김주석
펴 낸 이 최종숙
펴 낸 곳 글누림출판사

책임편집 이태곤
디 자 인 안혜진 이홍주
편   집 안혜진 임애정 전희성
마 케 팅 박태훈 안현진
관   리 이덕성

주   소 서울시 서초구 반포4동 577-25 문창빌딩 2층(137-807)
전   화 02-3409-2055(대표), 2058(영업), 2060(편집)
팩   스 02-3409-2059
전자메일 nurim3888@hanmail.net
홈페이지 www.geulnurim.co.kr
등록번호 제303-2005-000038호(2005. 10. 5)

값 15,000원
ISBN 978-89-6327-147-7 03810

＊이 책의 판권은 저작권자와 글누림출판사에 있습니다. 서면 동의 없는 무단 전재 및 복제를 금합니다.
＊잘못된 책은 바꿔드립니다.

ⓒ 글누림출판사, 2011. Printed in Seoul, Korea